LA GRÈVE

DE

SAMAREZ.

PARIS, IMPRIMERIE DE JOUAUST ET FILS, RUE SAINT-HONORÉ, 338.

LA GRÈVE

DE

SAMAREZ,

POÈME PHILOSOPHIQUE,

PAR

PIERRE LEROUX.

Vitam impendere vero.

TOME PREMIER.

PARIS,
A LA LIBRAIRIE DE E. DENTU,
PALAIS-ROYAL, GALERIE D'ORLÉANS.

1863.

DÉDICACE.

―

A L'AUTEUR DE *TERRE ET CIEL*.

Cher ami, tu me permettras de comparer ton beau livre au chant du rossignol. Tu sais que les Anglais appellent le Rossignol le chanteur de la nuit, *Nightingale*. Les Grecs le nommaient *Philomèle*, le mélodieux; mot plus doux peut-être, mais moins significatif. Car la suavité de son chant est remarquable sans doute, mais l'instinct spécial qui le porte à chanter la nuit, comme s'il célébrait les étoiles, l'est encore davantage. Les autres oiseaux (je ne parle pas du hibou) fêtent l'astre du jour. As-tu jamais écouté le concert qu'ils font tous à l'envi, au moment où le soleil s'apprête à déserter l'horizon?

A Boussac, j'étais assourdi par une multitude de moineaux abrités dans le toit de notre imprimerie. Ils commençaient environ une demi-heure avant le coucher du soleil, et cessaient juste au moment où son disque achevait de disparaître : c'était comme le coup de canon que j'entends ici, tous les soirs, tirer du rivage pour annoncer la fin du jour. Bien que leur ramage m'impatientât quelquefois, j'étais touché de cette sorte de culte religieux rendu par ces petits êtres à la Lumière et à l'astre qui la manifeste. Ces moineaux me rappelaient la belle prière des Brahmes au Soleil, au Soleil à la fois visible et invisible, esprit et matière.

La prière des moineaux finie, une autre commençait, mais après un intervalle, quand la nuit était descendue, quand les étoiles brillaient, et que la lune s'insinuait doucement dans le feuillage des grands peupliers qui se balançaient sur notre cabane. C'était alors le tour de Philomèle, de Nightingale, l'orgueilleuse et la solitaire. La scène apparemment lui paraissait digne d'elle; la voix des autres était captive dans leurs gosiers, sa voix en aurait plus d'éclat; et, après avoir préludé, elle se livrait à ce chant mélancolique que les poètes ont toujours aimé, depuis Virgile jusqu'à Châteaubriand.

Ainsi as-tu fait, toi, mon cher Reynaud, toi le chantre de la vie future dans les étoiles.

A la suite de l'astronomie, de la chimie, de la physiologie, de la géologie, et de toutes les sciences qui ont pris le pas sur la philosophie et sur la théologie, les hommes de notre temps, qui se croient si éclairés, sont arrivés à une nuit noire.... la nuit, la grande nuit, comme disait Goëthe en mourant. Ils ne connaissent plus que le carbone, l'hydrogène, l'oxygène, et l'azote. Leurs oracles s'écrient : « Nous sommes de l'air condensé. » Qu'ont-ils donc découvert au fond de toute leur science? La nuit.

Alors tu t'es tourné vers les étoiles, tu as essayé de prendre une route métaphysique au moyen du télescope.

Combien de fois, dans notre jeunesse, quand nous voyagions ensemble, t'ai-je vu, non sans de fraternelles sollicitudes, m'échapper pour gravir les plus âpres sommets! Te souvient-il de ce rocher abrupte en face du pont de Valence où tu effrayas les bergers?.... Te souvient-il de la Reuss?.... Ah! que souvent ta vaillance m'a fait frémir, moi que la nature avait fait beaucoup moins ingambe et plus circonspect! Ce n'est pas non plus sans crainte que je t'ai considéré tentant d'escalader le ciel de la Vie à la façon des géants de la Fable. L'Antiquité avait placé au firmament le vaisseau Argo et ses héros navigateurs ; tu as voulu naviguer avec eux. Tu as érigé je ne sais quelle échelle fantastique (bien différente assurément de celle que Jacob vit dans son rêve), sur les rais de laquelle chacun, suivant sa force et sa dextérité individuelle, s'élancerait de planète en planète, de soleil en soleil.

Longtemps nous discutâmes ensemble sur cette grave question de la vie future. Je n'ai pas pu te persuader, et tu n'as pas pu me convaincre. Nous avions vécu des années entières dans une si parfaite communion, que nous fûmes étonnés de notre divergence sur ce point capital de la religion, divergence qui en implique une égale sur le point capital de la philosophie, la vie en elle-même, et sur toutes les conséquences qui dérivent des principes.

Il fallut donc renoncer à ce commerce habituel d'idées et de travaux qui avait fait notre force et notre bonheur. Combien cette séparation fut douloureuse!

Mais nous n'avons pas cessé de nous aimer, et nous nous en donnons encore des preuves mutuelles. Je n'ai pu, après une longue interruption, revenir dans ces derniers temps au travail intellectuel, que parce que toi et quelques autres amis m'avez aidé à supporter les difficultés matérielles de l'existence.

J'examine, au moins indirectement, dans ce Livre, le fondement de tes opinions. Il est donc naturel que je t'en fasse hommage. Ce n'est pas, Dieu en est témoin, un orgueilleux qui vient à toi d'un air de triomphe et parce qu'il se croit vainqueur. Non, c'est toujours ton frère, ton ami, qui converse avec toi encore une fois avant de mourir. Mourir! permets-moi d'ajouter, contre ton sentiment, pour renaître un jour avec toi *sur la terre et dans l'Humanité.*

Jersey, 1857.

PROLOGUE.

Voltaire ne voulait pas qu'on se servît de cette expression : *mettre la main à la plume*. Il trouvait cette locution barbare. Cependant, pour écrire, il faut bien mettre la main à quelque chose.

Cherchons une périphrase, ou prenons celle que tout le monde connaît.

Au moment où l'auteur, après mille aventures qui ne lui permettaient pas d'avoir une écritoire, recourt de nouveau

à l'art ingénieux
De peindre la parole et de parler aux yeux.

il éprouve comme une espèce d'hallucination. Il s'imagine entendre là, près de lui, ricaner son habituel Critique, celui qui, caché dans des officines de journaux, le poursuivit, pendant quinze ans, de tant de flèches anonymes; celui qui s'appelait Léon Durocher (du Rocher, dur rocher) dans le *National*, et n'avait pas de nom dans le *Constitutionnel;* qui se révéla Louis Reybaud dans les *Socialistes Modernes*, et fit le plongeon pour raconter l'histoire de *Jérôme Paturot*, puis sortit de l'eau pour se glorifier devant la Réaction d'avoir fait cette véridique histoire.

— Ah! vous voilà! Vous n'êtes donc pas en Afrique, où je voulais vous envoyer?

— Non. Je suis à Jersey, où je ris quelquefois de vos facéties; elles m'ont servi à populariser un engrais très-utile; vous savez.... le *circulus*.

— Vous êtes donc toujours, comme Paturot, à la recherche de la meilleure des républiques?

— Toujours. Saint Paul cherchait la cité future : il était pourtant citoyen romain. J'ai l'avantage de n'être citoyen d'aucune cité : raison de plus pour chercher la bonne.... Mais vous! comment allez-vous? où vous ont conduit vos plaisanteries? êtes-vous heureux? faites-vous des affaires de bourse? vous livrez-vous toujours à ces aimables et pudiques passe-temps qui coûtèrent tant de larmes au pauvre Fortoul?

— Fortoul?.... Il vous aurait conté cela!... Il m'avait pardonné, nous étions au mieux. Le voilà mort! On a tiré cent coups de canon sur son cercueil.

— C'est bien du bruit.... Mais laissez-moi penser à ma Préface.

— Vous allez sans doute la diviser en trois points, par vénération pour le nombre trois. *Il croyait au nombre trois....*

— *Et s'y plaisait à l'égal d'un dieu. Son discours avait trois points, et chaque point trois propositions indéfiniment démontrables. Partout le nombre cabalistique se retrouvait.* Vous voyez que je vous ai lu.

— Et cela ne vous a pas corrigé. Votre Préface....

— Aura, comme dit Aristote, et comme dit le bon sens,

un commencement, un milieu, et une fin. Et pourtant je ne la diviserai pas en trois parties.

— En ce cas, vous la diviserez en quatre, par vénération pour le nombre quatre, pour la *tétrade*, si chère à Pythagore.

— Vous parlez, mon Critique, de choses graves, et que vous n'entendez pas, malgré tous les soins que j'ai pris pour vous instruire…. Mais finissons cet entretien. Vous savez ce que les musiciens appellent le *motif*. Eh bien, le motif m'est venu…. Je sens en moi ma Préface; elle veut sortir et se manifester. Je commence, *favete linguis*.

— Ce qui veut dire, en bon français, qu'il faut que je me taise, et que je vous écoute.

— C'est votre métier de m'écouter, mon Critique. Mais viendra votre tour; et, quand j'aurai fini, vous tomberez sur moi comme un noir corbeau.

FIN DU PROLOGUE.

PRÉFACE.

AU LECTEUR.

CHAPITRE I.

LES US ET COUTUMES D'AUTREFOIS.

Au seizième siècle, et même plus tard encore, c'eût été une profanation que de commencer un ouvrage sans s'adresser révérencieusement au Lecteur. Tout livre avait alors son cortége obligé de Dédicace, Préface, et Témoignages.

La Dédicace attestait presque toujours la pauvreté du savant et son humilité forcée devant les puissants de la terre. Corneille s'inclinant devant je ne sais quel Midas aux oreilles d'âne, aux poches pleines d'or, et aux mains avares, est un triste exemple, souvent cité, de la destinée des gens de lettres.

Il est dur, j'en conviens, de voir le génie prosterné devant la sottise et la fatuité, d'entendre ceux qui éclairent l'humanité et la consolent mendier leur pain à ceux qui l'assassinent et la dépouillent. Il semble que ce soit le monde renversé. Vous aimeriez mieux, j'en suis sûr, ce qui se passait dans les Champs Elysées de la Vision d'Epistémon, où le pape Jules II « était crieur de petits « pâtés, et ne portait plus sa grande et bougrisque barbe »; où Cléopatra « était revenderesse d'oignons »; et où Alexandre le Grand « rapetassait de vieilles chausses, et « ainsi gagnait sa pauvre vie »; tandis que Diogène « se « prélassait en magnificence avec une grande robe de « pourpre et un sceptre en sa dextre, et faisait enrager « Alexandre quand il n'avait bien rapetassé ses chausses, « et le payait en grands coups de bâton. »

Bravo, Rabelais! voilà une belle revanche, mais qui n'empêchera pas un autre pape Jules de porter encore sa grande barbe, une autre Cléopatra de vendre à César ou à Antoine autre chose que des oignons, un autre Alexandre d'ôter à Diogène jusqu'à son soleil.

Ce sont là, en effet, jeux d'enfants! Rabelais retourne le monde, mais c'est toujours le même monde. Qu'importe que ce soit Diogène qui fasse l'Alexandre, si Diogène se conduit comme Alexandre? Ce n'est point par telles représailles que le monde sera sauvé.

Mais laissons ces pensées, et revenons à l'ordonnance des livres d'autrefois.

Après la Dédicace, la Préface, qui appartenait invariablement au Lecteur. Là le savant se relevait; il prenait une attitude digne; il se sentait devant une intelligence; et l'hommage libre qu'il rendait à cette intelligence était pur et désintéressé. Que pouvait-il, en effet, espérer de son Lecteur? Ce Lecteur, comme celui que demandait Képler, viendrait peut-être dans cent ans. L'auteur ne pouvait attendre de lui qu'un peu de gloire pour son nom et quelque respect pour ses idées, si elles en méritaient.

Quant aux Témoignages, l'usage en a cessé, du moins en apparence. C'était une partie importante de ce qu'on pourrait appeler l'art de lancer un livre, art qui n'est pas perdu. Mais on ne s'y prend plus aujourd'hui comme on faisait jadis. Nos pères y allaient franchement. Sur le point d'accoucher de leurs productions, ils priaient leurs amis de leur venir en aide; et ceux-ci, saisissant la lyre et autres instruments dont se servent les poètes, faisaient entendre devant le nouveau-né un harmonieux concert en grec, en latin, en hébreu : tel un charlatan se fait précéder à la foire par des tambours et des trompettes. Or voyez ce qui peut arriver. Quand le *Pantagruel* parut, maître Hugues Salel, valet de chambre du roi, abbé de Saint-Chéron, et traducteur de l'Iliade, daigna diriger un rayon de son auréole sur ce jeune gars un peu joufflu qui venait de naître. Ce grand homme donc fit un dizain en l'honneur du petit Pantagruel. Eh bien, de tous les vers de maître Hugues Salel, ce sont les seuls qui n'aient pas péri rongés des vers; et c'est Rabelais, que personne alors n'osa louer ostensiblement, excepté maître Hugues Salel, qui a sauvé ce dizain et maître Hugues lui-même du naufrage. En somme, ces fanfares amicales me paraissent remplacées avantageusement aujourd'hui par les annonces des libraires, et par les habiles réclames que les amis des auteurs, je ne dirai pas les auteurs eux-mêmes, savent si à propos faire éclore dans tous les pays à la fois, et dans tous les journaux, blancs ou rouges, l'auteur fût-il rouge ou blanc.

Il n'est pas non plus sans exemple que les lecteurs fussent gratifiés doublement, qu'ils eussent la Dédicace en outre de la Préface. Ainsi Rabelais, et pour cause, n'a dédié son *Gargantua* à personne en particulier, mais *aux Lecteurs*, dans un dizain où il s'excuse d'avoir entrepris de les faire rire, en donnant pour motif la tristesse du temps (je le crois bien ! la place de l'Estrapade, où l'on brûlait les hérétiques, n'était pas gaie) :

> Vrai est qu'ici peu de perfection
> Vous apprendrez, sinon en cas de rire :
> Autre argument ne peut mon cœur élire,
> Voyant le deuil qui vous mine et consomme.

Ce qui ne l'empêche pas ensuite, dans son *Prologue*, de s'adresser derechef à ses lecteurs, qu'il qualifie alors spécialement de *buveurs très-illustres*, et autres épithètes drôlatiques que savez.

Mais personne n'a été plus aimable sous ce rapport que le grand, le bon, le noble Cervantès, que j'appellerais volontiers Rabelais à l'état héroïque ; car à qui le comparer, sinon à Rabelais, et à qui comparer Rabelais, sinon à Cervantès ? Combien de fois, dans tout le cours de son livre, ne s'interrompt-il pas, ce grand homme, pour s'entretenir agréablement avec son lecteur ! Il est vrai que celui-ci aimerait peut-être encore mieux qu'il continuât, sans jamais les suspendre, ses amusants, ses émouvants récits.

A quelque époque donc et dans quelque pays du monde qu'un lecteur pût se rencontrer pour leurs écrits, nos pères étaient là, causant avec lui : car ils se regardaient comme présents dans leur livre ; leur livre, c'était eux.

CHAPITRE II.

NOUS SOMMES DANS NOS LIVRES.

J'aime cette forme, abandonnée aujourd'hui. Nous sommes, en effet, dans nos livres, et tous ces auteurs que j'ai là dans ma bibliothèque sont actuellement vivants.

Oui, vivants, Lecteur. Je n'entends point parler métaphoriquement, comme quand Chénier dit :

> Trois mille ans ont passé sur la cendre d'Homère,
> Et, depuis trois mille ans, Homère, respecté,
> Est jeune encor de gloire et d'immortalité.

Chénier, en s'exprimant ainsi, savait bien qu'il ne faisait qu'une figure de rhétorique. Il ne croyait pas plus à l'immortalité réelle d'Homère qu'à l'immortalité figurée des Quarante de l'Académie Française. Chénier était de son temps, on lui avait formé l'esprit avec M. Locke et avec Condillac.

Pour ces gens-là, un livre, c'est du noir sur du blanc, des caractères alphabétiques tracés sur une substance textile, lesquels, par une magie qu'en vérité on n'explique pas, me donnent des idées, absolument comme vous feriez, Lecteur, si vous me parliez en personne.

Moi, je crois à une autre magie, en vertu de laquelle les morts, bien que morts, sont encore vivants. Pour moi, un livre, c'est un homme qui parle. A M. Locke, à Condillac, et à toute cette école, j'oppose Horace, qui s'écrie : *Non omnis moriar* : « Je ne mourrai pas tout entier, » et qui ne croit pas faire une figure !

Le moins donc que je puisse vous dire de tous ces écrivains qui sont autour de moi, et qui, certes, ne sont pas tous des Homère ni des Horace, c'est que je les vois comme s'ils étaient toujours vivants sur les différents rivages où le temps les a laissés. Ils me paraissent comme des compagnons de voyage que j'aurais quittés l'un dans un pays, l'autre ailleurs, mais qui, ainsi que moi, vivraient encore. De ces rives lointaines, leur âme se tourne encore vers nous, et leurs livres ne sont autre chose que les lettres, plus ou moins intéressantes, qu'ils nous adressent, pour nous donner de leurs nouvelles, nous consoler et nous instruire dans notre long pèlerinage.

A cette explosion, peut-être intempestive, vous me demandez quel est le mode réel d'existence que j'attribue aux morts, si je suis Swédemborgiste, si je fais des évocations comme la Pythonisse d'Endor ou comme Fabre d'Olivet, si je crois aux tables tournantes, si je les ai fait tourner.... Je ne répondrai à aucune de vos questions, me contentant d'en prendre note.

Nous sommes en train de parler de nos pères, et de ce qu'ils pouvaient penser avant que M. Locke....

Par exemple, sans digression, je puis vous faire connaître, chemin faisant, pourquoi je dis M. Locke, et non pas Locke tout court.

J'avais, dans ma jeunesse, un vieil ami, qui eut l'honneur d'être nommé suppléant à l'Assemblée Constituante, celle de 1791. Cet homme vénérable a toujours représenté pour moi le Dix-huitième Siècle. Or, parfaitement convaincu que Locke, comme le dit Voltaire,

> A de l'esprit humain posé la borne heureuse,

il ne prononçait jamais ce nom sans tirer son chapeau; et

PRÉFACE.

tandis qu'il disait Voltaire, Diderot, Jean-Jacques, sans façon, il disait toujours *Monsieur Locke.*

Nos pères donc (avant M. Locke, bien entendu) étaient d'autant plus disposés à croire à leur propre présence dans leurs livres, qu'ils croyaient à la présence de Jésus-Christ dans l'Eucharistie.

CHAPITRE III.

DE L'INFLUENCE DU QUATRIÈME COMMANDEMENT DE L'ÉGLISE.

A ce mot d'Eucharistie, je vous vois sourire. Vous ne connaissiez pas encore, me dites-vous, toute l'importance du quatrième commandement de l'Église :

> Ton Créateur tu recevras
> Au moins à Pâques humblement.

Ne riez pas, Lecteur, vous auriez tort. Ne riez ni des Préfaces, ni de l'Eucharistie.

Voulez-vous donc ressembler à un certain libraire de ma connaissance?

C'était un libraire à la mode, un de ces libraires qui disent aux journaux : « Sésame! ouvre-toi, » et les journaux s'ouvrent : gros, gras, plein de lui-même, fier de ses écus, très-égoïste, et fort épicurien.

Comme j'étais prote d'imprimerie, il m'apportait souvent des manuscrits. Avant de me les confier, il ne manquait jamais d'inspecter *sa copie.* S'il trouvait une Préface, — crac! il la mettait dans sa poche, quand c'était d'un auteur dont il se regardait comme le seigneur et maître. Mais, si l'auteur faisait lui-même les frais de son édition, il n'osait se permettre pareille liberté. Savez-vous ce qu'il faisait alors? Il prenait une bonne plumée d'encre, et passait un gros trait sur le mot Préface, qu'il remplaçait par un filet anglais. Après l'avoir vu faire ainsi nombre de fois, je lui demandai enfin la raison de sa façon d'agir. Il me regarda en riant : « Une Préface! me dit-il, c'est « *rococo !* »

Longtemps après qu'il m'eut fait cette réponse, il m'arriva de revenir avec lui sur ce sujet. Il était triomphant.

« Vous le voyez, me dit-il, on n'en fait plus, c'est mauvais genre; ou, si on en fait, c'est pour se moquer du Lecteur. » Et, à l'appui, il me cita une préface qu'il me dit être d'un auteur célèbre. Suivant ce qu'il m'en rapporta, elle était conçue à peu près en ces termes : « Si l'on « demande à l'auteur pourquoi il a écrit ceci ou cela, il « répondra que l'idée lui en est venue l'autre soir, en al« lant voir coucher le soleil. »

« Voilà, ajouta-t-il, le seul genre de préface que je puisse admettre. »

J'aurais pu lui dire : « C'est vous qui êtes cause que les préfaces sont aujourd'hui si mauvais genre. » Mais il m'aurait répondu : « J'avais pressenti le goût de mon temps. »

Sous ce rapport, il ressemblait à Buloz, à qui je disais : « Vous avez corrompu les littérateurs, » et qui me répliqua : « Dites plutôt que ce sont les littérateurs qui m'ont corrompu. »

Mais combien ce grand homme (je parle de mon libraire) ne trouvait-il pas l'Eucharistie plus *rococo* encore que les Préfaces!

Je le rencontrai un soir sur le parvis Notre-Dame, causant avec un jeune poëte catholique dont il avait publié les vers.... qu'il n'avait pas vendus. Arrêtés au milieu de la place, ils discutaient avec une vivacité extraordinaire.

« Je vous soutiens que c'est de l'art, et du meilleur, s'écriait le libraire.

— Ce n'est pas mon avis, répondait le poëte.

— Messieurs, leur dis-je en m'approchant, peut-on savoir le sujet de votre conversation ?

— Nous causions du roman de Hugo, dit le libraire (*Notre-Dame de Paris* venait de paraitre). Monsieur ne trouve dans ce livre qu'une grande recherche de style, de fatigantes descriptions, aucun caractère, des aventures vulgaires, et fort peu d'intérêt. Quant à moi, je voudrais qu'il me fit un roman pareil. Cela me récompenserait.... »

Il n'acheva pas sa phrase, il en avait déjà trop dit.

Le jeune poëte, piqué du reproche, commença de nouveau à critiquer avec rage ce que le libraire admirait. Il s'acharnait sur Quasimodo, dont il ne comprenait pas, disait-il, l'anatomie, et qu'il renvoyait à Geoffroy-Saint-Hilaire. Il trouvait Phœbus stupide, Claude Frollo un garnement. Les épisodes ne le touchaient pas plus que le fond, et il ne pardonnait pas même à la chèvre d'Esméralda.

Mais ce qui achevait de l'indigner, c'était la Préface.

« Appeler un livre *Notre-Dame de Paris*, s'écriait il, et donner pour clé de ce livre le mot grec ANANKÈ, *fatalité!* Je vous demande si ce n'est pas une épigramme contre le Christianisme, mais une épigramme qui se retourne contre l'auteur. Car pourquoi prendre un pareil sujet, si l'on ne croit à rien qu'à la fatalité?

— En effet, dis-je à mon tour, le contraste est assez bizarre. Mais, Messieurs, il y a peut-être moyen de vous accorder. La littérature, comme a dit M. de Bonald, est l'expression de la société. L'art, c'est l'époque. Il y a eu jadis l'art chrétien, l'art catholique du moyen âge, puis l'art de la renaissance, l'art mixte du dix-septième siècle, l'art de la réforme même, témoin Milton, et l'art philosophique du siècle de Voltaire. Nous voici arrivés à *l'art révolutionnaire*. Il est peut-être providentiel que les artistes aujourd'hui ne voient dans les cathédrales du moyen âge que des pierres....

— C'est précisément là ce que je dis, interrompit le jeune poète, qui crut que j'abondais dans son sens. J'accuse l'auteur de *Notre-Dame* de n'avoir vu dans Notre-Dame que des tours, des ogives, des vitraux, des gargouilles, et des cloches; de s'être donné une peine infinie pour décrire, graver, sculpter tout cela, et de n'avoir rien su mettre dans ce grand monument du passé....

— Eh! qu'auriez-vous donc voulu qu'il y mît? interrompit le libraire. Là, dites-moi nettement ce que vous auriez voulu voir dans Notre-Dame.

— La foi qui l'a fait bâtir, dit le poète.

— Ah! je vous comprends, reprit le libraire, vous auriez voulu qu'il y mît la Messe!

— Et pourquoi pas? dit le poète, l'Eucharistie.... »

Nous venions de traverser les ruines de l'archevêché, nous débouchions en face de l'île Saint-Louis. La lune se montrait tout à coup à nous, au-dessus des collines d'Ivry, au milieu d'un voile de vapeurs; elle était dans son plein, grande comme une roue de moulin, et rouge comme du feu.

Au mot d'*eucharistie*, échappé des lèvres de son interlocuteur, mon libraire prend une pose solennelle, et du doigt nous montrant la lune: « Tenez! dit-il, voilà mon hostie! » Je partis d'un éclat de rire. Ce libraire communiant avec la lune me parut un géant.

Le plus beau de l'histoire, c'est que, quinze ans après...
mais je vous conterai une autre fois ce qui m'arriva quinze
ans après.

CHAPITRE IV.

CE QUE C'EST QU'UNE PRÉFACE.

Diderot aurait peut-être été de l'avis de mon libraire
sur l'Eucharistie ; mais, à coup sûr, il n'eût pas été de son
avis sur les Préfaces.

Il y avait à l'*Encyclopédie* une espèce de Maître-Jacques,
sans lequel l'ouvrage ne se serait jamais terminé : c'était
le bon chevalier de Jaucourt. Manquait-il un article, le
chevalier de Jaucourt était là, prêt à boucher tous les
trous. Il écrivait presque indifféremment sur toutes les
matières. Disciple de Boerhaave et médecin de profession,
c'est pourtant lui qui a fait presque toute la rhétorique
du colossal Dictionnaire, qui n'en est pas meilleur pour
cela.

Ce n'est pas lui qui a fait l'article *Préface*. Pourquoi ?
Parce que Diderot voulut s'en charger. S'il eût pensé
comme mon libraire, il eût laissé ce soin à son factotum.
Mais pas du tout. « Il n'y a rien, dit-il, qui demande
« plus d'art qu'une Préface (vous seriez-vous douté de
« cette opinion de Diderot ?), et où les auteurs réussissent
« moins pour l'ordinaire » ; après quoi il cherche à en
donner une définition, sans pouvoir y parvenir. « C'est,
« dit-il, une pièce qui a son goût, son caractère particu-
« lier, qui la fait distinguer de tout autre ouvrage. Elle
« n'est ni un argument, ni un discours, ni une narration,
« ni une apologie. » Mais Diderot ne dit pas ce que c'est.

Eh bien, suivant moi, ce qui fait le caractère de cette pièce, c'est la disposition d'âme qui permet à l'auteur d'entrer en communion avec ceux qui le liront.

Or c'est une faculté que n'eurent pas les anciens, parce que le Christianisme était nécessaire pour la faire naître.

CHAPITRE V.

QUE LES ANCIENS N'ONT JAMAIS FAIT DE PRÉFACE.

Je vous défie, Lecteur, de me trouver un seul ouvrage de l'antiquité qui soit précédé d'une Préface.

Prenez les poètes de cette antiquité, étudiez leur début. Ils commencent ordinairement par dire ce qu'ils vont chanter (ce que les rhéteurs appellent l'*exposition*); puis ils font une prière (ce que ces mêmes rhéteurs nomment l'*invocation*); et aussitôt ils entrent en matière. Mais rien pour leur Lecteur.

Homère, le père de tous, mêle ensemble l'invocation et l'exposition, et des deux ne fait qu'un. « Déesse, chante « la colère d'Achilles, fils de Pélée, cette colère funeste, « qui causa tant de malheurs aux Grecs. » Tel est le début de l'Iliade.

Le début de l'Odyssée a exactement la même tournure : « Muse, chante ce héros, illustre par sa prudence, qui « erra longtemps après avoir détruit la ville sacrée de « Troie…. Déesse, fille de Jupiter, raconte-nous quel- « ques-unes de ses aventures. »

Or quelle est cette déesse, cette *Théa*, sans laquelle l'Homère de l'Iliade ne saurait chanter ?

Et quelle est cette *Mousa*, cette déesse fille de Jupiter,

sans laquelle l'Homère de l'Odyssée ne saurait dire un seul mot?

Grande question, Lecteur, grande question, plus grande que vous ne pensez.

Il en est, tenez! des Invocations comme des Préfaces. Ce sont lettre morte aujourd'hui, figures de rhétorique, formes oratoires. L'esprit qui les inspira s'est échappé de nous, et a emporté avec lui leur signification. Nous n'y voyons plus que des mots, lesquels, en conséquence, nous paraissent des mensonges. Seulement il y a cette différence, que les Invocations étaient déjà mortes que les Préfaces n'existaient pas encore. Quand le Christianisme apporta les Préfaces, le Polythéisme n'était plus qu'une ombre. Aujourd'hui qu'on trouve les Préfaces *rococo*, comment ne trouverait-on pas les Invocations plus que surannées?

Si vous riez des Préfaces de nos pères, vous devez rire à plus forte raison des Invocations de nos grands-pères : les unes sont la préface des autres.

Vous vous imaginez peut-être qu'Homère invoque ce que l'on appelle une Muse, et même, puisqu'il ne la nomme pas, une Muse quelconque, par manière d'acquit, comme Boileau dans le *Lutrin*, ou Pope dans la *Boucle de cheveux enlevée*.

Vous êtes peut-être de l'avis du Père Le Bossu, qui, dans son Traité du Poème Épique, voulant prouver que « l'invocation est absolument nécessaire à ce genre de « poème », en donne trois raisons plus merveilleuses l'une que l'autre. « *Primo*, dit-il, le poète raconte des « choses si extraordinaires, qu'il ne serait pas probable « qu'il les sût, si quelque divinité ne les lui avait fait « connaître »; en sorte que, suivant le Père Le Bossu, c'est pour rendre ses récits *probables* que le poète fait cette prière. Voilà le poète un menteur !

« D'ailleurs, continue-t-il, il doit à ses lecteurs l'exem-
« ple d'une piété qui est le fondement de toute la morale
« qu'il prétend leur enseigner dans sa fable. » Voilà le poète hypocrite !

Mais sa dernière raison est encore supérieure : « Puis-
« que, enfin, dit-il, les divinités doivent être de la partie,
« il n'est pas raisonnable qu'il ose les faire agir sans leur
« en avoir demandé la permission. » Ah ! pour le coup, voilà le poète un imbécile, forcé d'obéir à des divinités œuvre de sa fantaisie.

Le Père Le Bossu était trop malin pour être la dupe de l'artifice, *obligé* suivant lui, des poètes. Aussi prétend-il que les poètes ne furent jamais dupes de leurs Invocations.

« Au surplus, dit-il, il ne faut pas s'imaginer que les
« divinités invoquées soient considérées par les poètes
« comme des personnes divines, dont ils attendent un
« véritable secours. Sous ce nom de Muses, ils souhaitent
« le génie de la poésie et toutes les conditions et les cir-
« constances nécessaires pour exécuter leur entreprise.
« Ce sont des allégories et des manières de s'exprimer
« poétiquement. Aussi les Muses sont-elles de tous les
« âges, de tous les pays, et de toutes les religions ; il y en
« a de Payennes, de Chrétiennes, de Grecques, de La-
« tines, de Françaises, etc. » Je soupçonne le Père Le Bossu, quand il faisait des vers latins, d'avoir eu une Muse Auvergnate.

Je me raille de cet excellent Père. Mais qui ne pense pas comme lui ? Voyons ! Lecteur, je parie que vous pensez comme lui. Comment appelez-vous le Polythéisme ? Ne l'appelez-vous pas la *mythologie?* Et qu'entendez-vous par mythologie? Des *fables.*

Ainsi la *Théa* qu'invoque l'Homère de l'Iliade est une fable; et la *Mousa* qu'invoque l'Homère de l'Odyssée est une muse, c'est-à-dire encore une fable. L'un et l'autre Homère, en en supposant deux (suivant l'opinion aujourd'hui de mode), ne croyaient à rien en jetant au vent cette prière; ils faisaient semblant; ils étaient menteurs, hypocrites, et pris dans leurs propres filets.

Ce que c'est que la poésie quand elle est vieille! ce que c'est que les religions quand elles sont mortes! On les regarde, la poésie comme un jeu, les religions comme des bagatelles.

CHAPITRE VI.

HOMÈRE NE DIRIGE PAS SES CHANTS VERS LA POSTÉRITÉ.

Mais, me direz-vous, Homère ne connaissait donc pas les Muses, puisque vous ne voulez pas que cette Déesse qu'il invoque dans l'Iliade et cette Muse qu'il invoque dans l'Odyssée soient des Muses?

Si fait; Homère connaissait les Muses, il en parle en vingt endroits.

Oh! je ne vous cache pas qu'il est souvent question des Muses dans Homère, et j'avoue même qu'il ne se gêne pas pour les invoquer.

Pour compléter votre étonnement, j'avoue encore qu'on trouve, dans le vingt-quatrième chant de l'Odyssée, *neuf Muses* bien comptées. C'est quand l'âme d'Atride fait à l'âme d'Achille la description des honneurs qui lui furent

rendus après sa mort : « Les filles du vieillard de la mer
« entourèrent ton corps en versant des larmes, et te revê-
« tirent de célestes vêtements; les *neuf Muses* déplorèrent
« ton trépas en faisant entendre tour à tour leurs voix
« mélodieuses; et l'on ne voyait aucun Grec qui ne ré-
« pandit des pleurs : ils étaient tous émus par les chants
« plaintifs des Muses divines. »

Aristarque, le dernier des réviseurs d'Homère, celui qui vint après tous les autres, et qui les effaça tous, prétendait que cette fin de l'Odyssée n'était pas d'Homère, que c'était une pièce surajoutée; et une des raisons principales qu'il en donnait, c'était cette désignation du nombre des Muses.

— « Homère, disait-il, ne décompose jamais les Muses, ne les divise pas. »

Mais cette raison me paraît futile. Si Homère connaissait les Muses, il devait en savoir le nombre, car ce nombre est un des éléments essentiels du mythe.

Je suis plus large et plus logique qu'Aristarque, j'admets qu'Homère connaissait les *neuf Muses*. Je ne rejette sur des interpolations de rhapsodes ni ce passage, ni tous les autres où il est question de ces filles de Jupiter. Mais cela ne fait pas que la *Théa* du commencement de l'Iliade et la *Mousa* du commencement de l'Odyssée soient des Muses.

Quelle bizarrerie ! me direz-vous : vous convenez qu'Homère connaissait les Muses, qu'il en parle en vingt endroits, qu'il les invoque dans l'occasion; et vous ne voulez pas que ce soient les Muses qu'il invoque au début de l'Iliade et de l'Odyssée?

Non, Lecteur, je ne le veux pas. Je ne veux pas qu'Homère soit un menteur, un hypocrite, et un fou.

Or, si Homère n'avait pas cru à une autre sorte d'inspiration que les Muses, qui évidemment sont pour lui, de même que ses dieux en général, des fictions, des fables, Homère serait ce que je vous dis là, un menteur, un hypocrite, et, qui plus est, un insensé. Homère serait le poëte du Père Le Bossu. Or je ne veux pas qu'il en soit ainsi.

Mais c'est tout l'Art Grec à vous expliquer et à faire sortir des nébulosités philosophiques des deux ou trois cents dissertations que nous avons le bonheur de posséder sur le génie d'Homère.

J'ai trop de choses sur les bras en ce moment, vous le sentez, pour entreprendre pareil travail; nous verrons plus tard. Pour le quart d'heure suivons notre propos.

Je vous disais donc que les anciens n'ont jamais fait de Préface, et je vous citais Homère. Homère rapporte ses chants à qui vous voudrez, mais il ne les dirige par vers la Postérité.

CHAPITRE VII.

VIRGILE A PENSÉ A LUI EN COMMENÇANT L'ÉNÉIDE, ET N'A PAS SONGÉ A SON LECTEUR.

Vous m'objecterez peut-être qu'Homère ne pouvait pas penser à ses lecteurs, attendu que l'écriture n'était pas connue en Grèce de son temps; vous ajouterez même qu'Homère n'écrivit jamais ses poèmes.

C'est l'opinion de Wolff, ce n'est pas celle de tout le monde.

Mais Wolff aurait raison sur ce point comme il a tort, cela ne ferait pas qu'Homère, sans connaître l'écriture, n'eût pas pu songer à ceux qui entendraient réciter ses vers. Qui l'empêchait, je vous le demande, d'ajouter à son Invocation une petite Préface que les Rhapsodes auraient apprise par cœur et débitée comme le reste?

Mais songez donc, d'ailleurs, qu'il ne s'agit pas d'Homère tout seul, mais de tous les poëtes qui ont marché sur ses traces. L'écriture était connue du temps de ces poëtes, si elle ne l'était pas du temps d'Homère.

Laissons Homère, et prenons Virgile.

Virgile n'a pas plus pensé à la Postérité qu'Homère.

On trouve, il est vrai, en tête de l'Enéide, quatre vers d'introduction qui pourraient, à première vue, passer pour une Préface. Mais que disent ces vers? Que l'ouvrage qu'on va lire est de l'auteur des Bucoliques et des Géorgiques, lequel est capable de prendre tous les tons, puisque, après avoir fait des pastorales, il va chanter les horreurs de la guerre : *at nunc horrentia Martis....* (1).

Que faut-il en conclure? Que Virgile, le sensible Virgile, le presque Chrétien Virgile, a beaucoup songé à lui en commençant à chanter, mais n'a pas songé à son Lecteur.

---

(1) Ces vers ne se lisent pas dans tous les manuscrits. On ne les trouve pas notamment dans les Médicis. Cela a suffi pour les faire rejeter par un certain nombre de commentateurs. Mais Scaliger proteste, et avec raison. Auguste avait chargé Varus et Tucca de donner une édition corrigée de l'Énéide. Ils ne devaient rien ajouter, pas une syllabe. Ils trouvèrent bon de retrancher ces quatre vers, sous prétexte que Virgile n'avait pas besoin de se nommer, et que personne ne penserait à lui enlever l'honneur d'avoir fait l'Enéide. Ils trouvaient aussi que le poëme commençait d'une façon plus épique par *Arma virumque cano.* C'est ce que raconte un vieux commentaire attribué, à tort ou à raison, à Donat, un grammairien du quatrième siècle, qui fut un des précepteurs de saint Jérôme.

CHAPITRE VIII.

IL EN EST DES HISTORIENS ET DES PHILOSOPHES COMME DES POËTES, SOUS CE RAPPORT DE L'OUBLI COMPLET DU LECTEUR.

Il en est des historiens comme des poëtes.

Hérodote commence ainsi sa Clio : « Voici l'histoire « qu'Hérodote d'Halicarnasse a mise en lumière, afin que « le temps n'ensevelisse pas dans l'oubli les actions des « hommes, etc. » C'est-à-dire qu'il pense à lui et à son pays, dont il joint le nom au sien; il pense aussi à ceux dont il va sauver les actions de l'oubli. Mais le Lecteur n'existe pas pour lui; il n'y a aucune communion entre Hérodote d'Halicarnasse et celui qui le lira. Il ne songeait pas plus à nous qu'aux poissons de l'Océan ; il n'avait pas l'idée du Genre Humain : son Genre Humain, c'était la grande assemblée des Jeux Olympiques, qui applaudit son livre.

Thucydide a imité le début d'Hérodote : « Thucydide, « Athénien, a écrit la guerre des Péloponésiens et des « Athéniens, etc. »

Tacite n'est pas moins sec dans ses exordes : Annales, Histoires, Vie d'Agricola, tous ses ouvrages commencent par l'énonciation pure et simple du sujet.

Enfin, il en est de même des philosophes, sous ce rapport de l'oubli complet du Lecteur.

Aristote ouvre ses livres comme un géomètre, par des définitions, ou par un premier théorème; Platon comme un artiste, par un paysage, par une fête, par une mise en scène.

CHAPITRE IX.

L'ANCIEN ET LE MODERNE.

Vous le voyez, il y a deux hommes, l'Ancien et le Moderne, et entre eux le Rubicon : *Hic sistito, vexillum sinito, arma deponito*, comme portait l'inscription qui séparait l'Italie de la Gaule.

Il y a deux hommes. L'un, celui qui ne communie pas, l'Ancien, dit : « Cette pensée que j'ai est à moi », à moins qu'il ne dise, comme Homère : « Cette pensée m'est in-
« spirée, il y a un dieu qui chante en moi. »

L'autre, celui qui communie, le Moderne, dit : « Cette
« pensée n'est pas à moi seul; elle est au Verbe qui m'in-
« spire, elle est à la Vérité qui m'éclaire; et elle me sera
« commune avec celui qui, éclairé comme moi par la
« Vérité, la partagera avec moi, et en jouira malgré le
« temps et l'espace. »

Quelle différence entre ces deux directions de l'intelligence ! Il y a, je vous le répète encore, tout un monde de différence.

CHAPITRE X.

HORACE N'A PAS ÉCRIT A LA POSTÉRITÉ.

Je renouvelle mon défi, Lecteur, nommez-moi un ancien, un seul, qui ait songé à son Lecteur.

Tenez ! Horace est un type parfait pour décider la question. Horace peut, dans cet examen, suppléer à tous les écrivains de l'antiquité.

En effet, personne de plus aimable que lui, et de plus sociable. Il est tellement sociable, qu'il ne pense pour ainsi dire qu'en société. Quelque sujet qu'il traite, il lui faut toujours un vis-à-vis. L'allocution est sa forme; et il s'est servi invariablement de cette forme dans tous les genres qu'il a traités, dans l'Ode et dans la Satire, comme dans l'Epître. S'il ne peut pas supposer un interlocuteur réel, il s'adressera à un objet insensible. Il fera une ode à sa Lyre, ou gourmandera l'Arbre qui a failli l'écraser. Il dicte l'Art Poétique, et c'est une épître aux Pisons. Quel homme épistolaire! Il a écrit des lettres à tous ses contemporains, depuis les plus puissants, comme Auguste et Mécène, ou les meilleurs, comme Virgile et Florus, jusqu'aux plus obscurs, par exemple son régisseur, *ad villicum suum*. Il s'écrit même à lui Horace, en écrivant à son livre, *ad librum suum* : c'est sa vingtième épître, et elle est charmante. Mais il n'a pas écrit à la Postérité!

CHAPITRE XI.

L'EXEGI MONUMENTUM.

— Horace! me direz-vous; eh! vous oubliez donc son *Exegi monumentum*? ne parle-t-il pas de la *Postérité* dans cette pièce? ne semble-t-il pas la remercier gracieusement de son immortalité :

>..... Usque ego postera
> Crescam laude recens, dum Capitolium,
> Etc.

— Ah! vous me fournissez vous-même l'argument final que je cherchais.

Le Batteux fait dire à Horace : « Ma gloire toujours
« nouvelle croîtra de plus en plus dans le souvenir de la
« postérité, tant que le pontife, accompagné de la mo-
« deste vestale, montera au Capitole » ; et tous les traducteurs venus après Le Batteux ont entendu cela comme lui.
Mais les traducteurs sont souvent des traîtres : *traduttori
traditori*.

Cette relique d'Horace est, au contraire, l'exemple le
plus remarquable que je puisse donner en faveur de mon
opinion. Laissez-moi vous citer le texte, et vous en offrir
une version fidèle :

> Exegi monumentum ære perennius,
> Regalique situ pyramidum altius ;
> Quod non imber edax, non aquilo impotens
> Possit diruere, aut innumerabilis
> Annorum series, et fuga temporum.
> Non omnis moriar, multaque pars mei
> Vitabit Libitinam. Usque ego postera
> Crescam laude recens, dum Capitolium
> Scandet cum tacita virgine Pontifex.
> Dicar, qua violens obstrepit Aufidus,
> Et qua pauper aquæ Daunus agrestium
> Regnavit populorum, ex humili potens,
> Princeps Æolium carmen ad Italos
> Deduxisse modos. Sume superbiam
> Quæsitam meritis, et mihi Delphica
> Lauro cinge volens, Melpomene, comam.

« J'ai achevé un monument plus durable que l'airain et
« plus haut que les pyramides où les rois sont ensevelis ;
« que ni la pluie qui ronge, ni l'impuissant aquilon, ne
« pourront détruire, ni une suite innombrable d'années,
« ni la course des temps. Je ne mourrai pas tout entier, et

« une bonne partie de moi-même échappera à Libitina. Je
« grandirai, toujours jeune d'une gloire qui viendra der-
« rière moi, tandis que le Pontife gravira le Capitole avec
« la vierge silencieuse. Où gronde le violent Aufide (1),
« et où Daunus, pauvre d'eau, régna sur des peuples
« agrestes, d'humble devenu puissant, — on parlera de
« moi, comme du premier qui introduisit le chant Éolien
« pour l'unir aux sons mesurés de la langue d'Italie.
« Prends une fierté légitime, ô Melpomène, souris-moi,
« et ceins ma tête du laurier de Delphes. »

Où voyez-vous là qu'Horace communie en aucune façon avec la Postérité ? Quant à moi, je vois tout le contraire. Horace s'enivre de cette gloire qui montera derrière lui, tandis que le Pontife n'aura pour l'accompagner au Capitole que la Vestale silencieuse : car c'est ainsi qu'il faut entendre le *postera crescam laude recens*, et le *dum Capitolium scandet cum tacita virgine Pontifex*. Les traducteurs qui font dire à Horace que *la Postérité le couvrira d'éloges aussi longtemps qu'on parlera latin* sont vraiment risibles. Est-ce qu'Horace pouvait s'imaginer que l'Italie périrait !

Horace se donne tout simplement la supériorité sur le Pontife. Le Paganisme cachait ses vérités dans le silence des sanctuaires ; lui, il a chanté bien haut la pensée des philosophes et la morale d'Epicure. Aussi, tandis que le Pontife n'a dans son escorte que des coryphées muets, lui Horace il a le chœur éclatant de tous ceux qui liront ses vers.

---

(1) Rivière de la Pouille, le pays où naquit Horace.

CHAPITRE XII.

APRÈS AVOIR CHANTÉ LA PUISSANCE DE LA MORT, HORACE DÉCOUVRE L'IMMORTALITÉ.

On conte qu'Horace et Virgile mangeaient souvent à la table d'Auguste, placés à ses côtés. Horace avait une fistule lacrymale, et Virgile la respiration fort gênée. Auguste, en plaisantant là-dessus, disait quelquefois : *Ego sum inter suspiria et lacrymas :* « Me voilà entre les « soupirs et les larmes. » Eh bien, vous venez de voir comment ce larmoyant Horace (larmoyant au physique, et peut-être au moral plus qu'on ne croit), cet Horace qui s'est peint lui-même dans ses écrits comme un petit maigre-échine, vous venez de voir, dis-je, avec quelle assurance il osait se promettre de triompher du temps !

Je ne sache pas que personne ait jamais remarqué ou compris l'effet merveilleux de cette pièce, au milieu de l'œuvre d'Horace.

Ce poëte parle à chaque instant de la mort ; personne, excepté Byron, n'a plus pensé et fait penser à la mort que lui.

On dit ordinairement qu'il propose la pensée de la mort pour engager à jouir de la vie.

Eh ! non ; suivant moi, ce n'est pas cela. S'il engage à jouir sagement de la vie, c'est pour apprendre à échapper à la pensée de la mort.

La mort l'occupe, la mort l'effraye, la mort l'obsède ; il répète à chaque instant qu'on ne peut l'éviter, il redit cela sur tous les modes....

Jugez de l'effet, lorsque tout à coup, du sein de la mort, Horace découvre l'immortalité.

Il semble, tant est fort le contraste, qu'il n'a tant chanté la mort et son invincible puissance que pour en triompher.

CHAPITRE XIII.

COMMENT L'EXEGI MONUMENTUM EST LE COURONNEMENT DE L'ŒUVRE D'HORACE.

Je sais qu'il y en a qui ne verraient volontiers dans cette pièce, comparée aux autres, qu'une antithèse. Cet homme, diraient-ils, parle toujours de la mort, et, certain de sa *gloire*, il se déclare immortel : quelle belle antithèse !

Ceux-là ont imaginé que l'Art tout entier n'est qu'une antithèse.

Et moi je dis : Cet homme qui répète partout qu'il faut mourir, qu'on ne peut échapper à la mort, et qui soudainement s'aperçoit qu'on peut lui échapper, et qu'il est immortel, c'est sublime !

Immortel ! direz-vous.

Oui, immortel, immortel dans le vrai sens du mot.

Je vous l'ai déjà dit, et je vous le répète, s'il fallait entendre cela comme Chénier entendait l'immortalité d'Homère, ce ne serait pas seulement puéril, ce serait risible.

L'immortalité d'un nom, la gloire d'un nom ! quelle fatuité ! Mais l'immortalité d'un nom, ou même d'un livre, après avoir tant chanté la puissance de la mort, quel ridicule !

CHAPITRE XIV.

POURQUOI MELPOMÈNE ÉTAIT LA MUSE D'HORACE.

Il y a un mot dans cette ode qui aurait dû éclairer les traducteurs et les commentateurs, un mot qui jette une immense clarté sur toute l'œuvre d'Horace, et qui explique l'idée profonde que lui-même s'en faisait. C'est *Melpomène*.

Quoi ! Horace, toi le poète de la volupté, d'une sage volupté, tu te fais couronner par Melpomène, par la Muse de la tragédie, par celle que l'on représentait chaussée du cothurne, avec des sceptres, des couronnes, un poignard ! Mais c'est Erato qu'il fallait appeler pour te sourire et t'embrasser, la Muse de la poésie lyrique, de la poésie érotique, couronnée elle-même de myrte et de roses, avec Cupidon ailé auprès d'elle.

Pourquoi t'adresses-tu à la Muse d'Eschyle et de Sophocle? Ah! c'est que tu es aussi un poète tragique. C'est la tragédie par excellence que ton œil a contemplée; et, tout en faisant de l'art au profit de l'épicuréisme, c'est la mort universelle qui a été ton refrain. Il est donc bien juste que, voyant partout la mort, au moment où tu aperçois ce que tu appelles l'immortalité, — ce qui le serait si tu comprenais plus profondément encore, ô sublime artiste! — il est bien juste, dis-je, qu'au dénouement de ton drame sinistre, que tu crois finir heureusement, Melpomène te couronne.

CHAPITRE XV.

IMPUISSANCE DES ANCIENS POUR SE METTRE EN RAPPORT AVEC CEUX QUI AURONT LA VIE APRÈS EUX.

Cette pièce est à la fois la plus religieuse à certains égards et la plus orgueilleuse que l'antiquité ait produite : — la plus religieuse, car c'est celle où le sentiment de l'immortalité éclate avec le plus de force ; — la plus orgueilleuse, parce que ce sentiment d'immortalité, qui est la religion en essence, est pourtant là privé de religion.

Et pourquoi est-il privé de religion? Parce qu'Horace ne s'en réfère qu'à lui-même, qu'à une force personnelle. Il y a deux termes : — *lui* et la *postérité;* — et un rapport : — le lien qui les unira, qui les unit déjà. Or il ne voit clairement qu'un des termes, *lui, lui-même;* il ne voit pas l'autre, les hommes qui auront la vie après lui. D'où il résulte qu'il ne comprend pas le rapport sur lequel cependant il se fonde pour dire (et cela, je le répète, sans figure de rhétorique) : *Non omnis moriar.*

En définitive, Horace se sent immortel, mais le comment lui échappe.

Chose remarquable que cette impuissance des anciens pour se mettre en relation avec ceux qui auront *la vie après eux!* Dans leurs plus grands accès d'enthousiasme, leur bouche ne peut pas proférer un seul mot d'amour pour la postérité.

Et pourtant ils avaient l'idée de cette postérité, ils aimaient la gloire, ils parlaient souvent de l'immortalité des grands hommes, et de la récompense donnée aux actions vertueuses par la reconnaissance des générations suivantes.

Mais ils ne communiaient pas.

Etait-ce la piété qui manquait aux anciens? Non. Toutes leurs histoires ne sont qu'un tissu de vœux et de sacrifices, d'augures et de cérémonies instituées pour demander le secours du Ciel. Jamais les dictateurs, les consuls, ni les autres généraux d'armée, ne partaient de Rome sans avoir sacrifié au Capitole, et jamais les empereurs n'y rentraient sans aller visiter ce Capitole et les autres temples.

Mais ils ne communiaient pas.

CHAPITRE XVI.

POURQUOI L'ART MODERNE DIFFÈRE SI PROFONDÉMENT DE L'ANCIEN.

Quoi! Lecteur, parce que je dis : *Les anciens ne communiaient pas*, vous riez de nouveau! mon insistance vous fait rire!

En ce cas, permettez-moi de changer de rôle, et de vous interroger.

Vous vous êtes demandé quelquefois pourquoi l'Art moderne, quand il n'est pas une copie, un calque, un pastiche de l'Art ancien, en diffère si profondément. Qui ne s'est pas demandé cela? Toute la critique, depuis cinquante ans, roule sur cette question.

On dit que l'Art moderne est *spiritualiste*, et on croit avoir dit quelque chose. Je voudrais savoir si les anciens n'ont pas fait usage de la distinction de l'âme et du corps, comme nous, et même plus que nous. Ne mettaient-il pas des âmes partout? ne peuplaient-ils pas l'univers tout entier d'esprits, non-seulement le ciel et tous les corps célestes, mais l'air, la terre, la mer, les fleuves, les sources des rivières et des fontaines, l'intérieur des mines, les champs, les bois, les maisons? N'avaient-ils pas les grands dieux, les petits dieux, les demi-dieux, une infinité de substances divinisées? Après la mort, les âmes des hommes n'allaient-elles pas se promener dans les Champs Elysées, ou errer aux bords du Styx? Et les métamorphoses, et les incarnations, et les apothéoses, s'en faisaient-ils faute?

Et leurs philosophes? Est-ce que Descartes, par hasard, est plus spiritualiste que Platon? Est-ce qu'Aristote, tout distinct qu'il soit de son maître, n'est pas aussi spiritualiste que lui? Mais, en vérité, on serait embarrassé de trouver dans toute l'antiquité un seul matérialiste, dans le sens qu'on attache à ce mot. Les atomistes mêmes, Démocrite, Epicure, avaient leurs *eidola*, qui étaient des espèces d'âmes.

La différence caractéristique de l'Art ancien et de l'Art moderne ne peut donc se trouver là.

Où est-elle?

CHAPITRE XVII.

FRÉDÉRIC SCHLEGEL ET CHATEAUBRIAND.

Avez-vous lu le gros livre de Frédéric Schlegel, surnommé l'Aristote du Romantisme (ce qui n'est pas flatteur pour Aristote)? Peut-être. Mais vous avez lu certainement le *Génie du Christianisme*, de M. de Châteaubriand.

Quel malheur que ce charmant artiste (je parle de Châteaubriand, vous vous en doutez bien, et non pas de Schlegel, qui n'est ni charmant, ni artiste), quel dommage, dis-je, que M. de Châteaubriand n'ait pas eu sur son sujet une idée fondamentale ! Que de peines, que de fatigues, cela lui aurait épargnées ! Son livre, groupé et condensé autour de cette idée, aurait une unité qu'on y cherche en vain.

Tel qu'il est, ce livre a un tel décousu et si peu de principes, que la critique a pu le prétendre écrit uniquement pour servir de cadre à *René* et à *Atala*. Ce qui est certain, c'est que, si M. de Châteaubriand a senti les *beautés de la religion chrétienne*, comme porte le second titre de son ouvrage, il n'en a pourtant pas saisi le génie.

Faute d'une idée d'ensemble, il prend une foule de poses, comme ferait un athlète, et procède par petits chapitres séparés : l'*Epoux*, le *Père*, la *Mère*, le *Fils*, la *Fille*, le *Prêtre*, le *Guerrier*, cherchant à distinguer, par la comparaison des grands écrivains anciens et modernes, les modifications que le Christianisme a apportées à ces divers caractères. Mais pourquoi n'a-t-il pas un chapitre intitulé l'*Auteur*, où se trouverait la psychologie d'un écrivain de l'antiquité comparée à celle d'un écrivain chrétien ?

Il me semble qu'il aurait dû commencer par là, car enfin l'auteur est bien pour quelque chose dans ce qu'il écrit : il n'est pas seulement peintre du monde au milieu duquel il vit ; il est, avant tout, son propre peintre ; il rend son caractère, il exprime sa vie.

CHAPITRE XVIII.

COMMENT CHATEAUBRIAND A DÉCOUVERT QUE LE CHRISTIANISME ÉTAIT UNE RELIGION AIMABLE.

Ah! c'est cela! me direz-vous, nous y voilà! ce que c'est qu'un homme qui s'enivre de son propre vin! vous auriez voulu (la chose est plaisante!) que Châteaubriand cherchât, comme vous, pourquoi les anciens n'ont pas fait de Préface!!!

Et pourquoi pas? Ce problème, pour lui, en valait bien un autre. Il a fait tant de parallèles! que n'a-t-il fait celui-là! il en aurait peut-être tiré plus de fruit que vous ne pensez.

En effet, quelle est sa méthode? L'analyse; assurément ce n'est pas la synthèse : il suit des filons, cherchant à découvrir une mine.... qu'il n'a pas trouvée. Eh bien, quant à suivre un filon, il n'en pouvait pas suivre de meilleur. Observer l'alchimie de la pensée humaine dans la pensée même ou dans le penseur, c'était s'approcher de la CAUSE; au lieu qu'en étudiant l'*époux*, le *père*, la *mère*, le *fils*, la *fille*, et le reste, il ne pouvait saisir que des effets, et tourner autour du but sans l'atteindre.

Au lieu donc de voir *comment le Christianisme a opéré pour transformer les hommes*, Châteaubriand a tout simplement vu que le Christianisme était une religion aimable, qui tendait à unir tous les hommes.

Il a ainsi mérité le jugement dédaigneux que Frédéric Schlegel a prononcé sur lui : « Châteaubriand, dit-il, a
« présenté le Christianisme sous son aspect aimable et
« dans ses résultats bienfaisants; il s'est beaucoup plus

« occupé de l'extérieur de la religion qu'il n'a pénétré
« dans son esprit, dans son essence, et dans sa profon-
« deur. »

Il est vrai que je ne trouve rien dans le gros livre de
Schlegel qui me montre qu'il ait mieux compris le Christianisme que Châteaubriand lui-même.

CHAPITRE XIX.

UN MOINE DU DIXIÈME SIÈCLE ET VIRGILE.

Donc vous êtes bien persuadé que l'illustre auteur du *Génie du Christianisme* aurait perdu son temps s'il avait suivi mon idée ?

Eh bien, voyons si je perdrai le mien, et si je vous ferai perdre le vôtre, en traçant ce parallèle.

Tentons l'aventure, puisqu'il me l'a laissée. Assurément je n'y mettrai pas le même art que lui ; mais la vérité n'en ressortira que mieux.

Le hasard m'amène la Préface d'un moine du dixième siècle : je prends ce que le hasard m'amène. Le hasard souvent, peut-être toujours, c'est la Providence.

Il faut que vous sachiez que, tout en causant avec vous, je furetais dans l'*Histoire de la Peinture au Moyen Age* d'Émeric David, un livre assez sec, mais assez savant. Et, tout en furetant, je tombe sur cette phrase : « L'amour
« de la religion inspira cet écrit au BON Théophile. »

De quel écrit s'agit-il? quel est ce Théophile? et d'où vient cet accès de sensibilité à M. Émeric David, qui, tout occupé de ses catalogues d'œuvres d'art, ordinairement n'en a guère ?

L'écrit, c'est un traité *sur toute la science de l'art de la peinture :* DE OMNI SCIENTIA PICTURÆ ARTIS (1);

L'auteur, un moine dont on ne sait rien, sinon qu'il était né peut-être en Allemagne, plus vraisemblablement en Lombardie, qu'il s'appelait Théophile, et qu'il a vécu indubitablement au dixième siècle.

Quant à l'accès de sensibilité de M. Émeric David, c'est la Préface de cet ouvrage, qu'il s'est donné la peine de traduire, qui en est cause.

Je lis cette Préface, et, avec lui, je m'écrie : « O le bon Théophile ! »

Voyons ! dans toute l'antiquité, qui opposerai-je à ce pauvre moine si privé de gloire ?

Je lui opposerai le Cygne de Mantoue.... (rien que cela !).... le rival d'Homère au siècle d'Auguste, le chantre du pieux Énée, celui que Dante, et non sans raison, a pris pour guide à travers les enfers et le purgatoire, et qui ne le quitte qu'à la porte du ciel.

Certes, toutes les chances sont contre moi.

Le dixième siècle ! mais c'est le siècle de la barbarie même; c'est le siècle que Baronius, Guillaume Cavé, et tous les écrivains ecclésiastiques, baptisent des noms les plus abominables. Arrivé à l'an 900, Baronius s'écrie : *Novum inchoatur sæculum, quod sui asperitate ac boni sterilitate ferreum, malique exundantis deformitate plumbeum, atque inopia scriptorum appellari consuevit obscurum :* « Un

---

(1) Il en existe un manuscrit à la Bibliothèque de la rue de Richelieu à Paris, un autre dans celle de Cambridge. L'ouvrage, au surplus, a été imprimé en Allemagne, dans les *Mémoires tirés de la bibliothèque du duc de Wolfenbuttel*, d'après un autre manuscrit que renfermait cette bibliothèque.

« nouveau siècle commence, qu'à cause de sa rudesse et
« de la stérilité du bien, on a coutume d'appeler *siècle de*
« *fer;* qu'on nomme *siècle de plomb* à cause de la diffor-
« mité du mal qui ressemble à une inondation, et qu'enfin
« on signale comme le *siècle obscur* par-dessus tous les
« autres, à cause de la disette de monuments et de la
« rareté des écrivains. »

N'importe! ce siècle de ténèbres est pourtant celui où les dernières nations barbares se convertissaient au Christianisme; où les Normands sous Rollon (en 912), les Russes (vers 969), suivis bientôt des Polonais, des Danois, des Hongrois, et des autres peuples du Nord, recevaient le baptême.

C'est aussi le siècle où l'on commençait à discuter avec chaleur la question de la présence réelle de Jésus-Christ dans l'Eucharistie : excellente raison pour moi de l'accepter.

Je l'accepte, et, sans plus de préambule, j'introduis les jouteurs en champ clos.

CHAPITRE XX.

L'EXORDE DU POÈTE ET LA PRÉFACE DU MOINE.

Le poète Virgile :

>Ille ego qui, quondam gracili modulatus avena
>Carmen, et, egressus sylvis, vicina coegi
>Ut, quamvis avido, parerent arva colono,
>Gratum opus agricolis, at nunc horrentia Martis
>Arma virumque cano Trojæ qui primus ab oris,
>Italiam, fato profugus, Lavinia venit
>Littora. Multum ille et terris jactatus et alto,

PRÉFACE.

Vi superûm, sævæ memorem Junonis ob iram;
Multa quoque et bello passus, dum conderet urbem,
Inferretque Deos Latio : genus unde Latinum,
Albanique patres, atque altæ mœnia Romæ.
Musa, mihi causas memora, quo numine læso,
Quidve dolens regina Deûm tot volvere casus
Insignem pietate virum, tot adire labores,
Impulerit. Tantæne animis cœlestibus iræ?

« Moi, — le même qui, autrefois, modulai des chants
« sur un grêle chalumeau, puis, sorti des forêts, forçai
« les guérets d'alentour d'obéir au colon, tout avide qu'il
« fût, — œuvre agréable au laboureur, — maintenant,
« épris d'un sujet bien différent, je chante les sanglants
« exploits de Mars, et le héros qui, conduit par le destin,
« comme d'autres exilés, des bords de Troie en Italie,
« toucha le premier les rivages Laviniens. Il souffrit beau-
« coup, chassé de pays en pays et de mer en mer, par la
« force des puissances supérieures, à cause de la colère
« inoublieuse de la cruelle Junon. Il souffrit beaucoup
« aussi par la guerre, pour parvenir à fonder une ville et
« introduire ses dieux dans le Latium : d'où le peuple
« Latin, et nos pères Albains, et les murailles des collines
« de Rome.

« Muse, rappelle-moi les causes; dis-moi pour quelle
« offense à la religion ou par quel ressentiment la reine
« des Dieux força un héros d'une piété insigne à parcourir
« le cercle de tant de périls, à accomplir de si rudes tra-
« vaux. De telles colères entrent-elles dans les âmes cé-
« lestes ! »

LE MOINE THÉOPHILE :

« O toi qui liras cet ouvrage, qui que tu sois, ô mon

« cher fils ! je ne te cacherai rien de ce qu'il m'a été possi-
« ble d'apprendre.

« Je t'enseignerai ce que savent les Grecs dans l'art de
« choisir et de mélanger les couleurs ; les Italiens, dans la
« fabrication des vases, dans l'art de dorer, dans celui de
« sculpter l'ivoire et les pierres précieuses ; les Toscans,
« dans l'art de nieller et celui de travailler l'ambre ; les
« Arabes, dans la ciselure et les incrustations. Je te dirai
« ce que pratique la France, dans la fabrication des pré-
« cieux vitraux qui ornent ses fenêtres ; l'industrieuse
« Germanie, dans l'emploi de l'or, de l'argent, du cuivre,
« du fer, et dans l'art de sculpter le bois.

« Conserve, ô mon cher fils ! et transmets à tes disciples
« ces connaissances, que nous ont léguées nos anciens.
« Nécessaires à l'ornement des temples, elles sont l'héri-
« tage du Seigneur. »

CHAPITRE XXI.

LE MOINE DU DIXIÈME SIÈCLE EST UN HOMME PLUS COMPLET QUE LE GRAND POÈTE DU SIÈCLE D'AUGUSTE.

Malheureux vous êtes si vous ne sentez pas combien ce moine du dixième siècle est un homme plus complet, plus homme par conséquent, que le grand poète du siècle d'Auguste !

Je ne vous dirai pas que Virgile chante la guerre, et que la guerre est une abominable chose. Virgile le sent lui-même, puisqu'il s'étonne de la chanter, puisqu'il en marque la hideur dans son *at nunc horrentia Martis*, puisque d'ailleurs il a choisi un héros pieux, que la guerre fait souffrir : *multa quoque et bello passus*, et qui ne la fait qu'à contre-cœur.

Je ne vous dirai pas non plus que Virgile adore de singulières divinités, témoin la cruelle Junon, qui n'oublie pas sa colère : *sævæ memorem Junonis ob iram;* cette Junon qui poursuit un héros malgré son insigne piété : *insignem pietate virum*, et qui se trouve disposer, pour une si laide passion, de la force des puissances supérieures : *vi superûm*.

Je n'ajouterai pas que Virgile se moque en secret, comme Homère (ce qu'on n'a pas assez remarqué d'Homère ni de lui), des divinités qu'il adore; témoin le *tantæne animis cœlestibus iræ*, que Boileau n'a eu qu'à traduire pour en faire un trait de satire, et qui est d'ailleurs une réminiscence évidente du : *tantum relligio potuit suadere malorum*, de Lucrèce; si bien qu'en lançant contre les dieux cette accusation de cruauté, Virgile semble répéter après Lucrèce : « Tant la religion a pu conseiller de maux et « inspirer aux hommes de barbarie ! »

Non, je ne vous dirai pas tout cela. Je m'accommode aux temps, et fais la part du siècle.

Virgile fut incontestablement le génie le plus avancé de toute l'Antiquité Payenne. Il ne pouvait pas être Chrétien, puisqu'il ne l'était pas.

Mais c'est là précisément que la différence se marque. Mon moine est Chrétien, et voilà pourquoi il s'intéresse si tendrement à la Postérité. Voilà pourquoi il appelle son Lecteur *mon fils*. Voilà pourquoi il se met si facilement et de prime abord en relation avec lui, pourquoi il pense à lui avant toute chose : *O toi qui liras cet ouvrage, qui que tu sois, ô mon cher fils !* Voilà pourquoi, ne gardant rien en réserve, il lui communique tous ses trésors : *Je ne te ca-*

cherai rien de ce qu'il m'a été possible d'apprendre. Voilà aussi pourquoi il lui dit de conserver précieusement le dépôt du savoir, afin de le communiquer à son tour aux autres : *Conserve, ô mon cher fils, et transmets à tes disciples, ces connaissances que nous ont léguées nos anciens.* Voilà pourquoi enfin il ajoute que ces choses ne sont à personne en particulier : *nécessaires à l'ornement des temples, elles sont l'héritage du Seigneur.*

CHAPITRE XXII.

EN QUOI LE POÈTE ET LE MOINE SE DISTINGUENT.

Puisque nous avons mis ce moine et Virgile en comparaison, achevons de les comparer.

Que voyez-vous, Lecteur, dans l'exorde du poète et dans l'exorde du moine ? Moi, je vais vous dire ce que j'y vois.

Virgile est *le poète des mots attendrissants.* C'est M. de Châteaubriand qui a trouvé ce mot exprès pour Virgile.

Et en effet le *non ignara mali, miseris succurrere disco*, est devenu proverbial. Le *dulces moriens reminiscitur Argos* est dans toutes les mémoires. M. de Châteaubriand fait grand cas du *dis aliter visum;* du *disce, puer, virtutem ex me, fortunam ex aliis;* du *Lyrnessi domus alta, solo Laurente sepulcrum*, et d'autres traits empreints de mélancolie qui lui font dire : « Virgile est *l'ami du solitaire*, le com-
« pagnon des heures secrètes de la vie. Racine est peut-être
« au-dessus du poète latin, parce qu'il a fait Athalie ;
« mais Virgile a quelque chose qui remue plus douce-
« ment le cœur. »

Soit; Virgile excelle à remuer le cœur, sans doute parce qu'il est attendri lui-même.

Mais mon moine aussi est attendri, et je trouve, quant à moi, qu'il excelle à remuer le cœur, car je ne puis lire sa Préface sans qu'il me vienne une larme à l'œil.

Je suis sûr que je n'oublierai jamais le moine Théophile, et qu'il sera désormais aussi présent à ma mémoire que le poète Virgile.

Mais voici la différence que je remarque entre eux.

Si Virgile est, comme dit M. de Châteaubriand, *l'ami du solitaire*, je trouve que ce bon moine est *l'ami de l'humanité*.

Tous les hommes qui doivent naître sont ses fils. Il les aime comme de petits enfants; il ne veut pas qu'on les dépouille, il veut au contraire qu'on les enrichisse de tous les dons du Père commun. Voilà pourquoi il aime l'Art.

Il y a un mot bien touchant dans l'Evangile : c'est le *Sinite parvulos venire ad me :* « Laissez venir à moi les petits enfants. » C'est un mot du cœur, et, dans l'Evangile, c'est un mot symbolique. Eh bien, savez-vous? la Préface de Théophile, c'est ce mot développé dans toute sa splendeur et sous tous ses aspects, autant du moins qu'on pouvait le développer sans sortir de la révélation Chrétienne.

Aussi, quand je l'entends me dire *mon fils*, moi son lecteur après tant de siècles, je sens que cet homme qui vivait il y a près de mille ans m'a véritablement aimé; et, du sein du passé, du froid glacial de la tombe, de la poudre des ruines, la voix d'un ami pour moi se fait entendre.

On se plaint souvent que les morts ne reviennent pas nous donner de leurs nouvelles et nous assurer de leur souvenir : je trouve que Théophile, cet ami qui m'aimait il y a mille ans, s'y est bien pris pour revenir, malgré la mort, malgré la tombe, m'assurer de son amitié.

Voici une autre différence.

Pourquoi M. de Châteaubriand donne-t-il à Virgile cette dénomination un peu mystérieuse de *compagnon des heures secrètes de la vie?* Il est possible de le deviner. Les traits que M. de Châteaubriand cite le font entendre. C'est parce que Virgile nous console de notre impuissance en la rejetant sur la fatalité : *dis aliter visum.* C'est parce qu'il flatte le sentiment que nous avons de notre supériorité, et nous venge des injures de la fortune : *disce, puer, virtutem ex me, fortunam ex aliis.* Mais c'est là une consolation qui ne manque pas d'amertume. Il est possible que Virgile ait ainsi consolé M. de Châteaubriand pendant son exil. Moi, je trouve que mon moine, avec sa parfaite confiance dans la Providence, me console mieux.

CHAPITRE XXIII

LE MOINE VOIT PLUS LOIN QUE LE POÈTE.

Il me console d'autant mieux qu'il est tourné vers l'avenir, tandis que Virgile, le mélancolique Virgile, est tourné vers le passé. L'un me fait l'effet du crépuscule, et l'autre de l'aurore.

Qu'on me cite, dans tout Virgile, un seul trait d'attendrissement se rapportant à ce sentiment : *l'amour de la Postérité*; tandis que j'en citerai vingt se rapportant au sentiment inverse : *le respect et l'amour des Aïeux.*

Cet exorde même de l'Énéide en est un remarquable exemple.

Voyez! qu'y a-t-il de beau, de véritablement beau, dans cet exorde? Le sentiment du passé, le respect des ancêtres, l'amour de ceux qui eurent la vie avant nous, et qui nous la communiquèrent.

Virgile fait remonter à Énée l'empire Romain.

Les Romains se disaient fils de Romulus, fils de Mars. Virgile a voulu leur donner un ancêtre plus pieux, plus pacifique, plus sage.

Voilà le motif de son poème, c'est aussi ce qui en fait la grandeur. Et cette idée paraît dès l'exorde, par cette sublime vision des ancêtres qui termine l'exposition :

> .... *genus unde Latinum,*
> *Albanique patres, atque altæ mœnia Romæ.*

Ces pères d'Albe, ces ancêtres qui habitaient le Latium, et ces collines de l'ancienne Rome que la guerre couronna de remparts, voilà le fond, le résumé et la quintessence de cet exorde, si bien en harmonie avec le poème.

Je ne vous dis pas que ce sentiment ne soit pas un grand sentiment de la vie. Il est si grand, que toute l'antiquité n'a pas conçu la vie autrement, et que l'Orient encore aujourd'hui ne la conçoit que de cette manière.

Je viens de vous citer les Romains, je pourrais vous citer les Grecs et toutes les nations de l'antiquité. Un peuple, c'était son fondateur. Qu'étaient les Juifs? Des fils d'Abraham. Et aujourd'hui encore, quand un Chinois se signale par une belle action, on anoblit ses ancêtres.

Mais je vous dis que ce sentiment de la vie est incomplet; je vous dis ce que je vous ai déjà dit, que mon moine est un homme beaucoup plus complet que Virgile, parce que, s'il a comme lui le sentiment de ceux qui eurent la vie avant lui, il a, ce que Virgile n'a pas, le sentiment de ceux qui auront la vie après lui.

L'un voit derrière lui, et ne voit pas devant. L'autre sait qu'il y a une chaîne qui l'unit à l'humanité passée ; mais il regarde l'humanité future, et il est ému, profondément ému, quand il s'adresse à l'homme qui sera. Il est monté plus haut dans l'échelle de Jacob, et il voit plus loin.

CHAPITRE XXIV.

L'ÉCHELLE DE JACOB.

Jacob s'endormit à Béthel, et il vit en songe une échelle qui était appuyée sur la terre, et dont le haut touchait jusqu'aux cieux, et les envoyés de Dieu montaient et descendaient par cette échelle.

Il paraît que ces envoyés de Dieu, ou, comme traduisent les traducteurs, ces anges de Dieu, sont toutes les familles de la terre.

Car, au verset suivant, quand Dieu explique à Jacob son rêve, il lui dit : « Et ta postérité sera comme la pous-
« sière de la terre, et tu t'étendras de l'occident à l'orient,
« du septentrion au midi ; et toutes les familles de la terre
« seront bénies dans ta postérité. »

Cette humanité qui, sur la terre, s'étend dans l'espace, ce sont donc, dans le temps, ces envoyés de Dieu qui montent et descendent l'échelle dont le haut touche jusqu'aux cieux, et sur laquelle l'Éternel se tient lui-même, comme dit la Bible.

Eh bien, Théophile, ce pauvre moine, a les yeux tournés vers le faîte de l'échelle, tandis que Virgile semble regretter le chemin qu'il a déjà fait et en mesurer la profondeur.

CHAPITRE XXV.

n'oubliez pas les alpes!

Je sais qu'il y a des gens qui me diront : Comment pouvez-vous sérieusement comparer un indigne prosateur à un grand poète?

Ces gens-là font apparemment consister la poésie dans le mécanisme des vers.

— Non pas précisément dans les vers, me diront-ils, mais dans la forme. Ce moine ne connaît pas la forme; ce n'est ni un peintre, ni un sculpteur, ni un architecte, ni un musicien, ni un poète.

Si je leur demandais ce qu'il est, j'en sais qui seraient de force à me répondre : C'est un moine.

L'Art, pour ces gens-là, c'est la forme; tandis que, pour moi, la forme, c'est la forme de l'Art. L'essence de l'Art, c'est autre chose.

Qu'ils me permettent, au moins, de leur faire une comparaison.

Quand on voyage dans les montagnes, on arrive au point de partage des eaux. A droite, à gauche, des pentes, des vallées, et, dans ces vallées, des ruisseaux, des torrents, lesquels finissent par faire des fleuves. Et voilà le Rhin qui court vers l'Océan, tandis que le Rhône roule vers la Méditerranée. Nés à trois pas l'un de l'autre, pourquoi ces deux fleuves se précipitent-ils en sens contraire? Ce sont les glaciers qui en sont cause. Les montagnes envoient le tribut des nuages fertiliser des régions différentes. C'est la ligne de sommets des Alpes qui, en divisant les eaux, donne le Rhin à l'Allemagne, et le Rhône à la France.

Or vous voilà qui vous écriez : « Oh! que le Rhône est rapide! — Oh! que le Rhin est majestueux! »

A la bonne heure, mais n'oubliez pas les Alpes!

Eh bien, les Alpes de l'esprit humain, ce sont ceux qui, comme cet humble moine, ont la tête dans le Ciel. Ce sont ceux-là qui donnent au monde l'Art, et qui le partagent. Ce sont ceux-là qui, en assemblant ce que vous appelez des nuages, d'où ils font descendre une pluie céleste sur la terre, engendrent ces fleuves devant l'abondance desquels vous vous extasiez, et les lancent dans l'espace.

Ce ne sont pas des artistes, me dites-vous.

Eh! non, sans doute; mais ils en sont la semence; et, si vous ne voyez pas l'Art en eux, c'est que vous n'avez pas la faculté de sentir ce qui fait l'essence de l'Art.

Sachez que l'Art est en eux comme le chêne le plus altier est dans le gland qui l'engendre.

Est-ce que le chêne, quand il paraît dans sa semence, a la forme qu'il aura plus tard? Non; la forme qui lui convient alors, c'est la forme qu'il a, c'est la forme du gland.

Et voilà pourquoi l'Évangile n'est pas écrit en vers, et n'est nullement remarquable par la forme, ni la Préface de ce moine non plus.

Si Sénèque, ou Lucain, ou Stace, eussent jeté les yeux sur les légendes du Christ qui couraient de leur temps; qu'en auraient-ils dit?

Auraient-ils vu là ce qui y était pourtant?

PRÉFACE. 57

Vous êtes aussi aveugles que Sénèque, ou Lucain, ou Stace, si dans ce moine du dixième siècle vous ne voyez pas l'Art. Car je me charge de vous montrer que le même sentiment qui a produit la touchante Préface de ce moine a produit aussi la sublime Triade : Dante — Pétrarque — Camoens, et cette autre sublime Triade : Léonard de Vinci — Raphael — et Michel Ange.

CHAPITRE XXVI.

EN COMMUNIANT AVEC DIEU, NOS PÈRES COMMUNIAIENT AVEC LES HOMMES.

A quoi, grand Dieu ! mon amitié pour ce bon Théophile vient-elle de m'engager !

Je voyais le dédain de tous ces faiseurs d'antithèses pour ce pauvre moine qui ne sait pas faire d'antithèses. Cela m'a échauffé les oreilles, et j'ai voulu leur montrer qu'il y avait plus d'Art dans un de ses cheveux que dans toute leur perruque.

Le vin est versé, il faut le boire.

Eh bien, oui, je soutiens sérieusement que la même disposition d'âme qui a permis à nos pères de faire des Préfaces et de s'entretenir dans leurs livres avec leurs lecteurs, chose refusée aux anciens, que la même disposition d'âme a créé l'Art moderne.

Songez donc, songez qu'en communiant avec Dieu, nos pères communiaient avec les hommes.

Que de communions, en effet, dans la communion !

Communion avec Jésus-Christ, communion d'esprit à esprit, et de corps à corps ;

Communion par Jésus-Christ avec toute l'Église, avec tous les membres dont Jésus était la tête, le chef, comme on disait alors;

Communion, en même temps, avec tous les saints, avec tous les morts dûment justifiés;

Enfin communion anticipée de la communion qui devait avoir lieu un jour dans le ciel, c'est-à-dire sur la terre, après la résurrection; ce que les docteurs appelaient la communion éternelle et consommante.

Ne voyez-vous pas que l'homme, ainsi uni à tous les hommes, ou du moins à tous les Chrétiens, était essentiellement différent du Païen, qui n'était uni qu'à son propre individu, ou tout au plus à sa caste et à sa patrie?

Castes, patries, petites religions, en comparaison du Christianisme!

Et surtout ne voyez-vous pas la différence radicale d'un homme qui, comme le Païen, ne considère que le passé et le présent, et d'un homme qui, comme le Chrétien, est dirigé vers le ciel, c'est-à-dire vers l'avenir?

Le Christianisme a changé l'évolution du Genre Humain, en tournant les regards de l'homme vers l'avenir. Toute notre doctrine actuelle de la Perfectibilité est le fruit de ses entrailles.

CHAPITRE XXVII.

CE QUI ARRIVA A L'AUTEUR A PROPOS DE LA TRINITÉ.

J'allais poursuivre, mais je m'arrête épouvanté. Un souvenir me glace d'effroi.

Je pense qu'un jour à l'Assemblée dite Constituante (celle de 1848, cette fois, mais qui ne constitua rien, pas plus que n'avait fait l'autre), il m'arriva imprudemment de parler de la Trinité, comme d'un principe qui n'était pas à mépriser, et dont on pouvait tirer, pour l'organisation sociale, d'utiles conséquences.

Il y avait dans cette Assemblée beaucoup de prêtres, reconnaissables à leur costume. Il était naturel que je cherchasse à remarquer le degré d'attention qu'ils me prêtaient.

Je regarde l'évêque d'Orléans, placé au bas de la tribune, tout près du banc des ministres : je le vois éclater de rire. Cela ne m'étonna pas. C'était un bon vivant, que je trouvais tous les jours, à la Bibliothèque, lisant avec délices le *Charivari*.

Mais l'évêque de Langres passait pour un homme grave et un théologien. Je le cherche des yeux ; il riait en se pinçant les lèvres. La Trinité est-elle donc si risible ?

Au milieu de l'hémicycle brillait un groupe de curés venus du Puy, de l'Auvergne, de la Corrèze ; ceux-là se tenaient les côtes de rire.

Alors, de désespoir, je m'adresse du regard à l'abbé Cazalès et à l'abbé Sibour, deux jeunes et beaux abbés, placés aux bancs les plus élevés de l'extrême droite, et qui avaient l'habitude de dormir pendant qu'on pérorait. Cette fois, ils ne dormaient pas, ils riaient.

Ainsi tout le clergé de l'assemblée riait ; je vous demande les laïcs !

L'assemblée tout entière prise d'une hilarité qui ne finissait pas, — neuf cent cinquante législateurs, nommés par les trente-six millions de Français, riant d'un rire homérique parce que j'avais parlé de la Trinité !

Vous me direz : « Il y en avait au moins un, sur les neuf cent cinquante, qui ne riait pas.... l'orateur. »

Eh! si; l'orateur riait en les voyant tous rire. Je riais, moitié indigné, moitié triste; je riais de notre siècle, qui rit de lui-même, puisqu'il rit de son culte, de ce culte qu'il a conservé sans y croire, de cette religion dont il garde les fers sans la comprendre. Je riais de la mobilité de l'esprit humain, qui produit Voltaire après Jésus, et qui ne voit plus que du ridicule où il avait vu si longtemps les plus augustes mystères.

Nullement décontenancé, je fus pourtant forcé, après de vains efforts, de descendre de la tribune.

S'il allait m'arriver pareille chose avec vous, Lecteur, à propos de l'Eucharistie!

CHAPITRE XXVIII.

L'OBJECTION DE M. LOCKE.

Oui, j'en ai peur; me voilà dans un guêpier! Déjà les oreilles me bourdonnent.

J'entends une voix aigre, hautaine, pédantesque, qui m'arrête tout court pour me dire :

— « Vous rêvez! le Christianisme ne consiste nullement dans cet inconcevable mystère. »

C'est M. Locke qui vous souffle cela, Lecteur. M. Locke n'est pas seulement auteur d'un *Essai sur l'entendement humain,* il est encore auteur d'un *Christianisme raisonnable.*

Allons, voyons, monsieur Locke, ne vous cachez pas sous le manteau de mon Lecteur; entrez en scène, et dites-moi pourquoi, Chrétien *raisonnable* comme vous êtes, vous avez supprimé l'Eucharistie.

M. Locke me répond que c'est « parce qu'il ne comprend pas un dogme pareil, ni un pareil sacrement ». Il ajoute « qu'il a réduit la religion à des choses très-simples et très-sensibles; que Jésus est pour lui un divin docteur, une personne extraordinaire envoyée du Ciel pour achever et perfectionner le système de la *loi naturelle*; que ce même Jésus et ses apôtres n'annonçaient d'autre article de foi que de croire que Jésus était le Messie, le roi, le libérateur promis », et que, pour lui M. Locke, « il se contente de cela, et n'en veut pas savoir davantage » (1).

En vérité, monsieur Locke, vous me rappelez l'abbé Châtel et son Eglise Française. Un jour mon vieil ami Merlin de Thionville, qui avait été moine avant d'être membre de la Convention et de défendre Mayence, alla voir cet abbé; c'était un dimanche matin. Il le trouva qui déjeunait avec un poulet gras, un peu de dessert, et une bouteille de vin.

« Bon appétit, dit-il, l'abbé.

— Vous voyez, répondit l'autre, que j'ai supprimé le jeûne avant de dire ma Messe. Je défie, en effet, qu'on me donne aucune raison plausible pour ne pas déjeuner avant d'officier.

— Vous avez fort bien fait de supprimer le jeûne, reprit Merlin; mais pourquoi n'avez-vous pas supprimé la Messe? »

De te fabula narratur. Vous aussi, monsieur Locke, prédécesseur de cet abbé Châtel, vous qui avez supprimé tant de choses dans le Christianisme, vous auriez dû supprimer le reste.

---

(1) Extrait textuellement du *Christianisme Raisonnable* de Locke.

Allons, je vois que votre Christianisme raisonnable, qui prend l'Eucharistie pour un pur badinage, est lui-même un Christianisme pour rire. Je vous conseille, monsieur Locke, de vous borner désormais à votre rôle de philosophe, et de vous contenter d'être, à vos risques et périls, l'auteur de l'*Essai sur l'entendement humain*. Mais ne vous mêlez pas de théologie ; et s'il m'arrive de dire que l'essence du Christianisme, c'est l'Incarnation de Jésus-Christ, et que l'Eucharistie n'est que cette Incarnation répétée, étendue d'un homme à tous les hommes, vous serez mal venu, vous et Jean Calvin, et tout autre qui aurait rejeté du Christianisme l'Eucharistie, à vous mêler de la question, attendu qu'ayant rejeté l'Eucharistie, vous auriez dû également rejeter l'Incarnation.

CHAPITRE XXIX.

UNE OBJECTION PLUS FORTE ENCORE DES ESPRITS FORTS.

« Mais si nous étions moins timides ou moins hypocrites que M. Locke, si nous rejetions *le reste*, Incarnation, Eucharistie, tout à la fois ; si nous nous réduisions à la vraie *loi naturelle*, sans intervention du Ciel (qu'est-ce que le Ciel ?) ; si nous n'admettions pas de personne extraordinaire, pas d'envoyé, de missionnaire, de Messie, de roi ou Christ, de Sauveur, qu'auriez-vous à dire?.... »

Cette fois, c'est la voix de Pope, ou celle de Voltaire.

Eh bien, j'aurais à dire que vous êtes moins inconséquents que M. Locke, mais que vous n'êtes pas plus sages.

Croyez-moi, c'était une doctrine à perfectionner, à

élucider, à débarrasser de l'idolâtrie, s'il s'y en était mêlé : au lieu de cela, on l'a détruite.

Cette doctrine nous rendait immortels : nous mourons.

Elle nous unissait : nous sommes dans l'anarchie.

Elle nous sauvait : nous somnes damnés.

CHAPITRE XXX.

MON LECTEUR SE RÉVOLTE.

Ah! pour cette fois, malheur à moi! mon Lecteur se révolte.

— Quoi! me dit-il, ce n'est donc pas une plaisanterie! Vous croyez à l'Eucharistie, ou peu s'en faut, et vous voulez que j'y croie! Pour le moins, vous attachez à ce dogme une importance telle, que vous en faites découler la civilisation tout entière. Car ce que vous venez de soutenir sur l'Art, à plus forte raison le soutiendriez-vous de la Législation, de la Morale, et de toute la Sociabilité.

MOI.

Assurément, Lecteur; et si j'avais le talent de M. de Châteaubriand, c'est à ce point de vue que j'écrirais, dans un nouveau Génie du Christianisme, une foule de petits chapitres sur les caractères modernes comparés aux anciens : l'*époux*, le *père*, la *mère*, le *fils*, la *fille*, le *prêtre*, le *guerrier*. Je montrerais comment l'Eucharistie a passé partout, et a tout transformé. Pour le coup, la phrase de Montesquieu, que M. de Châteaubriand a prise pour épigraphe de son livre : « Chose admirable! la religion Chré-
« tienne, qui ne semble avoir d'objet que la félicité de

« l'autre vie, fait encore notre bonheur dans celle-ci », cette phrase serait expliquée.

LE LECTEUR.

Ainsi une erreur, un mensonge, aurait été la cause principale du progrès du Genre Humain !

MOI.

Mais vous ai-je dit que ce fût une erreur ? Il me semble que je vous ai insinué le contraire.

LE LECTEUR.

Vous seriez bien osé, en effet, de prétendre rattacher la marche de l'Humanité à une folie ! Force vous est donc de soutenir que ce dogme a du bon, qu'il est fondé en essence, qu'il est vrai, ou qu'il contient au moins quelque chose de vrai.

MOI.

C'est précisément là mon opinion. Mais ayez la patience de m'entendre.

CHAPITRE XXXI.

UN AUTRE MOINE.

Et d'abord résumons-nous. A quoi avons-nous employé notre temps jusqu'ici ?

LE LECTEUR.

Dites-le vous-même.

PRÉFACE.

MOI.

J'imagine que quelque génie nous avait donné mission d'apprécier les progrès de l'esprit humain à travers le cours des âges. Tant de gens se sont arrogé cette mission, qu'on a bien pu nous la confier. Je me figure donc que nous tenions en nos mains une balance. Que faire d'une balance? Nous avons mis le Paganisme dans un plateau, le Christianisme dans l'autre. Un pauvre moine s'est trouvé peser plus lourd que Virgile. Or savez-vous ce qu'il me suggère, ce pauvre moine?

LE LECTEUR.

Je ne m'en doute pas.

MOI.

Il me montre un autre, encapuchonné comme lui du capuce de saint Benoît. « Tu vois celui-ci, me dit-il;
« c'est notre maître à tous! C'est lui qui nous a appris la
« vérité et la profondeur du plus grand de tous les Mys-
« tères. Prends-le donc, cet esprit sublime, digne de
« marcher au rang des Apôtres, et mets-le dans la balance
« avec Horace, comme tu m'as mis avec Virgile.... » Voilà ce qu'on me conseille. Comprenez-vous, Lecteur?

LE LECTEUR.

Mais oui, je comprends... C'est toujours votre même plan. Vous allez poursuivre votre parallèle de l'Ancien et du Moderne Vous m'avez prouvé, j'en conviens, l'influence moralisatrice du dogme Chrétien; mais il s'agit maintenant de sa vérité.

MOI.

Et c'est une autre paire de manches, n'est-ce pas! Mais réfléchissez donc! Comment ce dogme pourrait-il avoir été si utile, s'il n'était pas vrai?... Allons, mon cher Théophile, tu seras satisfait. Je mettrai le moine que tu me désignes dans la balance avec Horace.

CHAPITRE XXXII.

OU JE SOUTIENS AU LECTEUR QUE NOUS SOMMES DAMNÉS.

Maintenant, à nous deux, Lecteur!

Vous ne voulez pas de Sauveur, et il n'y en a pas, je le suppose.

Donc vous ne serez pas sauvé.

Car enfin regardez bien, regardez de tous vos yeux : ce qui règne, *c'est la mort*.

Après une génération, une autre. Vivriez-vous cent ans, et plus, il faut mourir.

Donc il faut que la vie présente (qui va devenir passée) soit reliée à la vie future (qui va devenir présente) par quelque chose qui la perpétue, et qui, en ce sens, la sauve, en la faisant se survivre (en d'autres termes; renaître, vivre de nouveau, revivre); ou, de toute nécessité, à mesure que la vie s'écoule, la mort triomphe, la vie est retranchée; elle tombe par anneaux, au lieu de former une chaîne; et chaque anneau, à mesure qu'il se détache, se perd et disparait.

C'est pour cela que je dis que nous sommes damnés.

Pour que l'homme ne soit pas mortel, brutalement

mortel, esclave de la mort, et pour ainsi dire plutôt mort que vivant, alors même qu'il existe ; pour que son existence ne soit pas purement phénoménale, il faut qu'il y ait ...

LE LECTEUR, *interrompant avec brusquerie.*

Un Messie !

MOI, *en riant.*

Les *incrédules* sont malheureux,
Rien ne saurait les satisfaire.

LE LECTEUR.

Mais oui, un Messie, je dis bien. (*Me regardant avec malice :*) Soyez franc, ne le pensez-vous pas ?

MOI.

Il est certain que, de notre nature (telle du moins que l'imaginent vos savants et vos philosophes), nous sommes livrés à la Mort, dévolus à la Mort, sa proie et son gibier ! N'entendez-vous pas le chœur des Épicuriens du dernier siècle, répercuté par l'Institut :

Nous n'avons qu'un temps à vivre,

et le reste ?

LE LECTEUR.

Ainsi, pour que nous ne soyons pas damnés, il faut un Messie tombé du ciel, comme ces boucliers qu'on conservait chez les Romains dans une arche apparemment.

MOI.

Mon Lecteur !

LE LECTEUR.

Ne faites point la petite bouche : ne venez-vous pas de me le dire... là... tout à l'heure... lorsque vous vous moquiez de ce pauvre Locke et de son *Christianisme Raisonnable*; ne m'avez-vous pas dit qu'un simple docteur, un sage, un philosophe, ne suffisait pas à nous sauver?

MOI.

Oh! quant à nous sauver de la Mort, je crois en effet qu'il y faut quelque chose de plus qu'un homme, et que celui qui nous a faits, et faits ce que nous sommes, à savoir non pas des animaux, mais des hommes, pourrait bien encore être ici nécessaire.

LE LECTEUR.

Bon! voilà qui va bien! Mais nous ne sommes pas au bout : il faut que ce Messie s'incarne.

MOI.

A quoi servirait ce Messie, s'il ne s'incarnait pas?

LE LECTEUR.

Beau Messie, en effet, s'il ne faisait pas corps avec nous.

MOI.

Vous dites la chose comme elle est.

LE LECTEUR.

Si nous ne pouvions manger sa chair et boire son sang.

PRÉFACE.

MOI.

De grâce, Lecteur...

LE LECTEUR.

Boire son sang! je me trompe, ce sont les prêtres qui ont ce privilége.

MOI.

Ah! vous rappelez-là de tristes souvenirs. La revendication de la Coupe a causé de grands maux à l'Eglise.

LE LECTEUR.

Mais ils nous permettent et même nous font commandement exprès de nous nourrir de sa chair, ne fût-ce qu'une fois l'an.

MOI.

De grâce, cessez.... Comment dirai-je ?... cessez de tirer ainsi au mur. J'appelle tirer au mur l'exercice gymnastique auquel vous vous livrez. Savez-vous, mon Lecteur, que je vous trouve bien maladroit dans vos interruptions? Que ne me dites-vous aussi que le Messie dont je vous parle doit être nécessairement de la race de David? Supposez qu'il s'agisse du ciel astronomique; vous me feriez cette objection : « Il n'y a pas de cieux de cristal, pas de cycles et d'épicycles, comme le prétend Ptolémée; » vous seriez bien avancé! En ce moment, je vous expose un problème....

LE LECTEUR.

Quel problème?

MOI.

Eh! par Dieu! celui qui vous intéresse le plus, le problême de la Vie. Est-ce la Vie ou la Mort qui a en soi et qui aura finalement raison ? Je vous montre la Mort ouvrant une large bouche, comme un boa, l'homme aspirant à l'immortalité. J'en conclus.... laissez-moi cette fois achever ma phrase... j'en conclus qu'il faut qu'il y ait quelque chose comme ce que Paschase Ratberg.....

LE LECTEUR, *ne se possédant plus.*

Nous y voilà ! Paschase Ratberg !... l'inventeur de la Présence réelle (1).... C'est donc là ce beau Moine que vous prétendez mettre dans la balance avec Horace ! Quelle confiance est la vôtre ! A la fin du dix-neuvième siècle, parler, autrement que pour en rire, des rêveries d'un moine... (*S'interrompant :*) De quel siècle était-il, votre Paschase Ratberg ?

MOI.

Du neuvième.

LE LECTEUR.

D'un moine du neuvième siècle ! Quelle folie ! quel ridicule !

MOI.

Votre humeur m'en donne à mon tour.

---

(1) C'est ce que chercha à établir le célèbre ministre Claude (suivi par la plupart des controversistes protestants) dans sa *Réponse* au *Traité de la perpétuité de la foi sur l'Eucharistie* (d'Arnauld et Nicole). Je mets ici cette note à cause du reproche que des personnes peu instruites pourraient me faire de supposition en pareille matière.

CHAPITRE XXXIII.

SUITE.

A qui ressemblez-vous quand vous ne voulez pas seulement me permettre d'achever ma phrase? Aux neuf cent quarante-neuf législateurs qui riaient si fort... Je vous contais cette scène il n'y a qu'un instant... Ah! vous faites fi de Paschase Ratberg! N'y avait-il donc, au temps de Charlemagne, que Charlemagne qui eût de la grandeur et quelque sublimité? Depuis que j'ai contracté alliance et amitié avec ce bon moine Théophile, je n'aime pas qu'on dise à tort et à travers du mal des moines, et je pense particulièrement du bien de ceux du temps de Charlemagne. Je vous en supplie, soyez plus sérieux, plus raisonnable que ces législateurs étourdis qui se moquèrent quand je leur indiquai le dogme de la Trinité comme pouvant leur être utile pour les diriger dans leur Constitution. Ils mirent sur le papier une Constitution qui n'était pas fondée sur la Trinité, et ils en ont maintenant une autre....

LE LECTEUR.

Qui n'est pas non plus fondée sur la Trinité.

MOI.

Prenez garde, mon Lecteur, que, ne voulant rien entendre au Mystère de l'Eucharistie....

LE LECTEUR.

Achevez vite votre phrase.

CHAPITRE XXXIV.

OU LE LECTEUR ME PROMET UN MERLE BLANC.

MOI.

Donc je disais : Pour que l'homme ne soit pas mortel, brutalement mortel, esclave de la mort, et pour ainsi dire plutôt mort que vivant, alors même qu'il existe ; pour que son existence ne soit pas purement phénoménale, il faut qu'il y ait....

LE LECTEUR.

Ecoutez! écoutez !

MOI.

Il faut qu'il y ait quelque chose comme ce que Paschase Ratberg trouva un jour....

LE LECTEUR.

Ecoutez!

MOI, *d'une voix stridente.*

En lisant Horace.

LE LECTEUR, *déconcerté.*

Paschase Ratberg aurait trouvé l'Eucharistie en lisant Horace.... Quelle folie !

MOI.

Je veux dire : lorsqu'il lisait Horace. Entendons-nous bien ; je ne dis pas que l'Eucharistie soit dans Horace,

PRÉFACE.

puisqu'elle y brille par son absence. Que me donnerez-vous, Lecteur peu ami des moines, si je vous montre que le conseil de mon ami Théophile est bon à suivre, et qu'en effet cet Horace, si vanté chez vous, ne pèse pas devant le moine qui mit en honneur le dogme de l'Eucharistie?

LE LECTEUR.

Je vous donnerai un merle blanc.

CHAPITRE XXXV.

UNE QUESTION CAPITALE.

MOI.

De fil en aiguille, nous sommes arrivés à une question vraiment capitale,

Qui nous intéresse sous tous les rapports :

Que nous regardions le passé, le présent, ou l'avenir ;

Que nous nous placions au point de vue subjectif ou au point de vue objectif ;

Que nous considérions l'histoire ou la réalité ;

Que nous nous occupions en savants de ce qu'a été le Genre Humain et de ce qu'il doit devenir, ou que nous nous inquiétions, faibles mortels, de notre propre destinée.

Vraiment je suis effrayé de la grandeur de cette question. Ce que c'est que la conversation ! Quand je considère où nous sommes arrivés, je m'imagine les hardis navigateurs cherchant le passage au pôle, et rencontrant une mer de glace.

Et pourtant nous sommes partis d'un port bien tranquille, d'une chose bien simple : de ce que pensaient nos pères.

LE LECTEUR.

Je me creuse le cerveau pour savoir quelle est cette Question dont vous parlez avec tant d'insistance,... à moins que ce ne soit celle qui fait dire à Hamlet : *That is the Question!* Mais, en ce cas, je vous trouve fort emphatique. Car ce passage au pôle, tout le monde le tente ; il n'est pas si grand imbécile qui, une vingtaine de fois au moins dans sa vie, ne se pose ce Problème ; et chacun, sans l'avoir résolu, finit par le résoudre suivant le mot de La Fontaine :

Jean s'en alla comme il était venu.

CHAPITRE XXXVI.

TO BE OR NOT TO BE.

MOI.

Sans doute, au fond c'est le *To be or not to be* qui se dresse devant nous. Mais nous y sommes arrivés par une route qui nous permettra de voir plus clair que dans le crâne du pauvre Yorik.

LE LECTEUR.

Alas! poor Yorik, qui a jamais vu clair dans ton crâne? De grâce, expliquez-vous.

CHAPITRE XXXVII.

ENCORE HORACE ET VIRGILE.

MOI.

Pouvez-vous nier qu'Horace ne pose le problème de la vie future quand, dans son œuvre tout entière, ainsi que je vous le montrais tout à l'heure, il chante la Mort sur tous les tons, et finit par se déclarer immortel?

LE LECTEUR.

J'avoue qu'il serait difficile de rejeter le sens, tout nouveau pourtant, que vous avez donné à l'œuvre éminente du plus raffiné des poètes de l'antiquité.

MOI.

Mais ce que je dis d'Horace, je le dis aussi de Virgile. Est-ce que la partie la plus perfectionnée, la plus achevée, de l'œuvre de ce poète, n'est pas ce Sixième Livre de l'Énéide consacré à la Renaissance dans l'Humanité, où Virgile a exposé la doctrine de Pythagore et de Platon,… la doctrine de bien d'autres.

LE LECTEUR.

La vôtre.

MOI.

Deux hommes à la fois poètes et philosophes, Horace et Virgile, résument l'antiquité; un mot résume Horace, un mot résume Virgile. Le mot qui résume Horace, je vous l'ai dit à satiété, c'est le *Non omnis moriar*.

LE LECTEUR.

Et quel est le mot qui résume Virgile ?

MOI.

Le *Tu Marcellus eris.*

CHAPITRE XXXVIII.

LE TU MARCELLUS ERIS.

LE LECTEUR.

Je ne m'en serais jamais douté. M. de Châteaubriand, qui a remarqué tant de mots attendrissants dans Virgile, a-t-il senti l'importance de celui-ci ?

MOI.

Nullement.

LE LECTEUR.

Je suis comme M. de Châteaubriand.

MOI.

Que pensez-vous donc sur cet hémistiche célèbre ?

LE LECTEUR.

Je pense comme tout le monde.

MOI.

Que pense tout le monde ?

LE LECTEUR.

Quand Auguste revint de sa guerre contre les Cantabres, Virgile lui fit lecture des Second, Quatrième et Sixième Livres de son Enéide, en présence d'Octavie, sa sœur, laquelle venait de perdre Marcellus, son fils unique. Le poëte avait placé l'éloge de ce jeune prince à la fin de son Sixième Livre avec tant d'art, et l'avait tourné d'une manière si touchante, que ce morceau fit fondre en larmes l'empereur et Octavie.

MOI.

Est-ce tout?

LE LECTEUR.

On rapporte que cette princesse récompensa Virgile en lui faisant compter dix grands sesterces pour chaque vers, ce qui faisait une somme de trente à quarante mille francs de notre monnaie. Voilà des vers bien payés!

MOI.

Est-ce tout?

LE LECTEUR.

J'oubliais de vous dire qu'Octavie s'était évanouie à ces mots : *Tu Marcellus eris*. Une louange vulgaire n'aurait pas produit un tel effet.

MOI.

Mais est-ce tout?

LE LECTEUR.

Ma foi! oui, c'est tout. Je n'ai rien lu d'autre sur le *Tu Marcellus eris*.

MOI.

Si vous ne pensez que cela, et si tout le monde n'en pense pas davantage, tout le monde et vous ne pensez pas grand'chose. C'est penser moins que rien que de savoir un fait sans le comprendre.

LE LECTEUR.

Vous nous traitez, moi et tout le monde, bien dédaigneusement.

CHAPITRE XXXIX.

UNE LOI DE CONTINUITÉ.

MOI.

Ne voyez-vous pas que, dans la profondeur, vous ne comprenez pas plus Virgile que vous ne comprenez Horace !

LE LECTEUR.

Ah ! Trissotin et Vadius, où êtes-vous ! On vient vous dire que vous ne connaissez même pas les idoles que vous adorez !... Mais je suppose que Désiré Nisard et Sainte-Beuve (que, certes, je ne compare pas à Trissotin et Vadius) fussent là devant nous ; que leur diriez-vous ?

MOI.

Je leur dirais :

« Vous ne connaîtrez véritablement la valeur de ces deux grands poètes (Horace et Virgile) que lorsque vous saisirez la *Loi de Continuité qui unit le Christianisme au Paganisme sur la question de l'Immortalité ;* et vous ne saisirez cette loi que lorsque la *Conception de la véritable Immortalité réservée à notre espèce sera pour vous devenue claire.* »

LE LECTEUR.

Ce sont gens d'esprit. Peut-être vous comprendraient-ils.

CHAPITRE XL.

UNE PAGE D'UN LIVRE QUI PARUT IL Y A VINGT ANS.

MOI.

Tenez! quand une chose est bien dite, il faut la répéter. Lisez cette page d'un livre publié il y a une vingtaine d'années.

LE LECTEUR, *lisant.*

« Virgile, le poète théologien que les premiers Chré-
« tiens admettaient volontiers pour inspiré, qu'ils pla-
« çaient au rang des sibylles et des prophètes, et que
« Dante, au moyen âge, par un symbole plein de vérité,
« prend pour son introducteur dans le paradis, Virgile a
« résumé, dans un admirable morceau, les opinions de
« toute l'Antiquité sur ce sujet de la vie future. Je dis de
« toute l'Antiquité, je ne dis pas seulement des Grecs et
« des Romains. En effet, ce poète vivait dans l'âge le plus
« éclairé, et au moment où le Paganisme, encore floris-
« sant, allait céder au Christianisme; à une époque où
« toutes les traditions subsistaient encore avec autorité,
« mais étaient interrogées et scrutées avec une curiosité
« inquiète. Il était initié aux mystères dans lesquels se
« conservait, depuis tant de siècles, le sens du Poly-
« théisme et de l'ancienne Théologie. Il s'était fait de
« cœur disciple de l'école de Pythagore et de Platon. Il
« avait à sa disposition tout ce que l'on savait de l'Inde,
« tout ce qui en avait pénétré en Grèce par l'expédition
« d'Alexandre et par les voyages. L'Egypte n'était pas
« encore voilée, de son temps, sous le mystère de ses
« hiéroglyphes; elle était encore toute vivante, mais elle

« n'était plus concentrée. Ses savants avaient reflué dans
« la Grèce et dans l'Italie, et Rome puisait à profusion
« dans les bibliothèques d'Alexandrie. Enfin, Virgile, le
« plus érudit peut-être de cet âge d'érudition, n'avait
« épargné aucun soin pour retrouver tous les vestiges
« de l'Italie primitive ; et, comme il s'était enquis des
« moindres détails de faits ou de lieux qui se rappor-
« taient à son poëme, il avait dû interroger les traditions
« des antiques religions Italiennes, soit de Rome même,
« soit de l'Etrurie et de la Grande-Grèce.

« Or donc, à cette époque où Rome, c'est-à-dire le
« Monde, prétendait se résumer et se constituer dans l'Em-
« pire, Virgile, le poëte de Rome, vient lire à Auguste,
« le César, l'empereur, son Sixième Livre de l'*Enéide*.
« Et sur quoi roule cette partie de l'Épopée nationale ?
« Sur la religion, sur Dieu, sur la vie future. Les destins
« de Rome sont là mêlés et identifiés avec la religion
« même. Et c'est Virgile, une des âmes les plus reli-
« gieuses et les plus saintes qui aient éclairé l'humanité,
« qui porte la parole. Evidemment c'est l'Antiquité qui
« parle par sa bouche.

« Que dit donc ce morceau mémorable, que les âges
« venus ensuite ont toujours contemplé avec respect, et
« pour lequel les Chrétiens eux-mêmes ont toujours pro-
« fessé une admiration profonde, sentant bien que c'était
« là en effet, non une œuvre individuelle, le rêve isolé
« d'un poëte, mais un de ces symboles immortels de foi
« que l'humanité profère par la bouche d'un homme choisi
« et prédestiné pour être son organe ? Ce morceau mé-
« morable enseigne positivement, sous de poétiques
« voiles, la vérité que nous soutenons ici, savoir que les
« hommes revivent dans l'humanité. Telle a été, en effet,
« je le répète, l'opinion orthodoxe de toute l'Antiquité. »

CHAPITRE XLI.

POURQUOI LA SCÈNE D'AUGUSTE, D'OCTAVIE, ET DE VIRGILE, A TRAVERSÉ LES SIÈCLES.

Eh bien ! ce que je disais il y a vingt ans, je le dis aujourd'hui encore. Ce Sixième Livre de l'Enéide, centre lumineux du poème Virgilien, c'est l'Antiquité édictant son *oracle*; à quoi j'ajoute : Et le *Tu Marcellus eris* est le trait fulgurant de ce Sixième Livre (1).

---

(1) Si Virgile conduit Énée aux Enfers, ce n'est pas seulement pour lui faire entendre la plus pure essence des doctrines antiques sur la vie future; c'est aussi pour *vivifier* tout son poème; je prends cette expression dans le sens du mot de l'Evangile : *C'est l'Esprit qui vivifie*. Troie reparaîtra aux Enfers, destinée à renaître dans Rome. L'Enéide est un poème *résurrectionniste*. Virgile aurait pu prendre pour épigraphe le *Resurgens non moritur* que je lisais l'autre jour dans le Mandement d'un évêque (d'Alger). Cet évêque donne, et avec raison, cette belle devise pour celle des Chrétiens, et j'ai remarqué avec plaisir qu'il en tire des conclusions *fort terrestres*.

Au surplus, pour se convaincre du caractère *résurrectionniste* de l'Enéide (je répète à dessein ce terme) et du rapport intime qui existe entre l'*action* de ce poème et son *idée plastique*, il n'y a qu'à jeter les yeux sur le passage dont je vais traduire le commencement :

Interea videt Æneas in valle reducta
Seclusum nemus, etc.

« Cependant Énée voit, au point où la vallée se resserre, un groupe isolé de grands
« arbres, entouré d'une forêt d'arbrisseaux retentissants, et le fleuve Léthé qui baigne
« les confins des demeures heureuses. Autour de ce fleuve volaient des races, des peu-
« ples innombrables ; et, comme dans les prairies, lorsque les abeilles, dans un beau
« jour d'été, se posent sur des fleurs et se versent sur les lis, ainsi l'air résonne du
« bourdonnement des ombres. Énée, à cette vue, frémit, et, plein d'étonnement, de-
« mande la cause de ce prodige : quel est ce fleuve qui s'étend au loin, et quels sont
« ces hommes qui ont couvert ses rives d'une si grande foule ? Alors Anchise : — Mon
« fils, les âmes à qui, par le destin, sont dus d'autres corps, boivent dans l'onde du
« fleuve Léthé le calme de l'ignorance et un profond oubli. Depuis longtemps je désire
« te les faire remarquer, les indiquer à tes regards, et énumérer devant toi la suite de

Voilà pourquoi cette scène d'Auguste, d'Octavie, et de Virgile, a de la grandeur ; voilà pourquoi elle a traversé les siècles.

CHAPITRE XLII.

GRANDEUR DE VIRGILE.

Tout à l'heure je comparais Virgile au moine Théophile, et je vous montrais le déficit de Virgile. L'amour et le respect des aïeux dominent chez lui, tandis que chez Théophile l'amour de la postérité est infiniment plus développé.

J'avais raison, il y a défaut dans Virgile ; mais je dois ajouter :

Virgile est grand parce qu'il s'est efforcé de combler son défaut.

C'est dans ce travail qu'il expira, s'affaissant tout à

« ma postérité, afin que tu te félicites encore plus avec moi d'avoir trouvé l'Italie. — « O mon père, est-il croyable que quelque âme d'élite veuille retourner d'ici sur la « terre, et consente à se charger de nouveau du poids et des liens du corps ? Quel « amour insensé de la vie égare ces malheureux ? — Sans te tenir en suspens, je vais « t'expliquer ce que tu ne comprends pas, répond Anchise ; et il lui expose chaque « chose avec ordre, etc., etc. »

Cette Exposition, faite par Anchise, commence par le *Mens agitat molem*, dont il a été question pour nous tout à l'heure, et finit par le *Tu Marcellus eris*.

Et, en effet, entre l'axiome et le fait, le rapport est clair, évident.

C'est l'Esprit qui vivifie : l'Esprit donc agira, l'Esprit ressuscitera ; les morts renaîtront par l'infusion de cet Esprit, se particularisant dans de nouveaux corps, sans que les personnalités antérieures se perdent dans cette renaissance. Ainsi Troie, passée à l'état de vide, à l'état *latent* (le *Léthé*), reparaîtra dans Rome ; et, par la revivification de Troyens, Anchise prolongera sa postérité. Aussi félicite-t-il Énée d'avoir *trouvé l'Italie*, une terre favorable pour cette reproduction.

coup. Et si son poëme n'a pas été achevé, si ce poëme lui inspira un tel dédain, qu'il aurait désiré qu'on le brûlât après sa mort, c'est parce qu'il se rendait, jusqu'à un certain point, un compte exact de l'œuvre qu'il accomplissait, et qu'il n'était pas satisfait du résultat.

Et cette imperfection du résultat est chose si vraie, que vous, aujourd'hui, Lecteur, après tant de rhéteurs qui ont parlé de ce poëme, il y a un instant vous n'en sentiez pas la valeur.

Le grand, le divin dans Virgile, c'est, étant attaché au passé comme il l'était, comme l'était tout le Genre Humain jusque là, d'avoir tendu les bras à l'avenir.

Mais l'Enéide même révèle profondément son impuissance.

CHAPITRE XLIII.

SON IMPUISSANCE.

Considérez-la encore une fois cette impuissance, qui lui est commune avec Horace.

Horace dit : *Non omnis moriar :* « Je ne mourrai pas. »

Sur ce, on demande à Horace : « Comment ne mourrez-vous pas? comment triompherez-vous de la mort? *comment?*

Horace ne répond pas, et ne peut rien répondre; ou s'il répond quelque chose, c'est pur badinage, ou théorie orgueilleuse de l'Art.

Virgile, à son tour, dit d'un homme qui a déjà vécu : « Il renaîtra homme sur la terre (car il n'y a pas d'autre « renaissance); *il sera Marcellus.* »

On lui demande : *Comment?*

Virgile ne répond pas, et ne peut rien répondre.

CHAPITRE XLIV.

SUITE.

C'est le Christianisme qui a répondu, c'est lui qui a apporté le *Comment*.

LE LECTEUR.

Ma foi! vous avez raison pour Virgile comme pour Horace. Voilà encore un de ces aperçus sur les grandes œuvres de l'Antiquité auxquels nous ne sommes pas habitués.

CHAPITRE XLV.

L'ANARCHIE DE MON LECTEUR.

MOI.

Profitez-en donc, Lecteur, pour unir ce qui est séparé en vous.

LE LECTEUR.

Que voulez-vous dire?

MOI.

On vous a divisé, fragmenté. Vos jugements n'ont pas d'unité. Vous êtes une anarchie.

LE LECTEUR.

Expliquez-vous.

MOI.

Vous admirez les Anciens, vous vénérez Virgile, vous adorez Horace.

LE LECTEUR.

Sans doute. Qu'avez-vous à dire?

MOI.

Rien. Seulement, pourquoi ne pensez-vous pas comme eux sur un point essentiel, la religion?

LE LECTEUR.

C'est que je suis Moderne.

MOI.

Bien. Mais que veut dire ce mot, sinon que vous avez passé ou que les générations antérieures à la vôtre ont passé par le Christianisme? Ainsi donc vous aimez, vous admirez, vous vénérez les Païens, ou du moins certains Païens, et pourtant vous êtes Chrétien.

LE LECTEUR.

Je ne saurais en disconvenir, et cela se montre dans nos collèges, dans nos musées, dans nos palais, dans nos jardins publics, dans nos théâtres, dans nos arts, dans toute notre littérature, dans nos lois, dans notre politique, et.... jusque dans nos boudoirs.... partout enfin.

MOI.

Souffrez donc que je m'étonne. Car, sous le rapport essentiel dont je parlais tout à l'heure, il me semble que, dans vos idées au moins, le Paganisme et le Christianisme c'est comme le feu et l'eau. Comment conciliez-vous des éléments si contraires?

LE LECTEUR.

Je vous avoue que je n'ai jamais réfléchi à cela.

MOI.

Vous ne vous êtes jamais douté qu'il pourrait bien se faire que, sans le savoir, vous obéissiez à une attraction résultant du fond des choses, et qui fait que cette eau et ce feu peuvent fort bien aller ensemble.

LE LECTEUR.

Comment le Christianisme et le Paganisme s'entendraient-ils en quelque chose ?

MOI.

Cependant ils s'entendent en vous, dans vos mœurs, dans vos lois, dans vos arts, dans votre littérature, et dans le reste : c'est vous qui venez de le dire.

CHAPITRE XLVI.

ENCORE UNE ÉNIGME.

LE LECTEUR.

Encore une énigme que vous venez de me faire remarquer. Expliquez-la moi, chemin faisant.

MOI.

C'est que sous l'écorce (entendez-vous bien, *sous l'écorce*) il y a un lien secret entre l'Antiquité et la Modernité, entre la religion des Anciens et la religion des Modernes.

Ce lien existe si véritablement, qu'il en est résulté un troisième terme, qui n'est ni le Paganisme ni le Christianisme, mais qui participe des deux : la *Renaissance*.

CHAPITRE XLVII.

LA RENAISSANCE.

Qu'est-ce, je vous le demande, que cette époque de l'Art et de l'Esprit humain que vous appelez la Renaissance, sinon une sorte de mariage *morganatique* du Polythéisme et du Christianisme?

Pour que ce mariage ait pu avoir lieu, il faut bien qu'il y ait quelque chose d'équivalent à un consentement mutuel entre les deux parties contractantes.

Ce quelque chose, je suis en train de vous le découvrir.

CHAPITRE XLVIII.

QUI A DONNÉ LA SUITE DE VIRGILE ET D'HORACE?

Reprenons.

Donc, l'œuvre de Virgile à la main, je dis :

Virgile, comme Horace, appelait une conclusion, une suite.

Qui l'a donnée cette suite, cette conclusion?

LE LECTEUR.

Oui, qui?

MOI.

L'Évangile d'abord.

LE LECTEUR.

Et ensuite....

MOI.

Mon Moine.

LE LECTEUR.

Vous avez la parole pour me le prouver.

CHAPITRE XLIX.

COMMENT LE DOGME DE L'EUCHARISTIE AURAIT PU SORTIR DE LA MÉDITATION D'UNE ODE D'HORACE.

Aux siècles du Moyen Age, quand les moines lisaient Horace et Virgile (il fallait bien qu'ils les lussent quelquefois, puisque ce sont eux qui nous les ont conservés), je me figure un moine érudit, dans un couvent de France ou d'Allemagne, méditant sur l'*Exegi monumentum*.

— « Quoi ! s'écrie ce moine, un Païen a pu penser cela,
« et cela s'est trouvé vrai ! Cet impie a triomphé, ainsi
« qu'il s'en vante, de Libitina, la déesse des funérailles ;
« et le voilà qui communique avec moi, malgré moi-
« même (car je me reproche souvent de laisser les saints
« livres pour sa fausse morale). Il vit en moi, il habite
« en moi, et il vivra de même dans tous ceux qui le li-
« ront.... Cependant le Fils de Dieu restera silencieux
« dans le ciel jusqu'à la résurrection !

« La résurrection ! elle est bien lente à venir ! Saint Pierre
« l'attendait, et elle ne vint pas. Saint Augustin, quatre
« siècles après saint Pierre, l'attendait encore, et elle ne
« vint pas. Nous l'attendons toujours !

« Oh ! il est impossible que cela ne cache pas quelque
« mystère. Quintus Horatius Flaccus est mort, et il vit ; et
« celui qui vit éternellement et par qui tout vit, celui qui
« était avant les temps, celui qui a créé et les cieux et
« la terre, celui qui soutient la vie de tout ce qui existe,
« celui qui a fait l'homme et qui s'est fait homme, celui
« qui apparemment a permis à ce Païen d'accomplir cette
« pérennité de son être en moi et dans tous ceux qui
« liront ses vers, et par eux dans les autres hommes ;
« celui-là, le seul saint, le seul divin, le seul vivant, le
« Verbe, n'aura avec mon âme aucun entretien, aucun
« rapport, aucune communication directe !.....

« Oh ! non ; encore une fois, cela est impossible.... »

Appelez ce moine Paschase Ratberg ; qu'il relise incessamment l'Evangile et les Pères, pour découvrir l'explication de l'énigme qui l'obsède : que trouvera-t-il dans

l'Evangile et dans les Pères? D'abord dans les Pères une Doctrine, et voici cette Doctrine :

L'intervention en nous d'un esprit vivifiant et sauveur, que les Pères uniformément appellent LE VERBE, *qui nous arrache à la mort, nous relie malgré les siècles et les distances, et finira par nous faire concevoir notre immortalité.*

Oh! quant à cette Doctrine, Lecteur, je la partage. Si je ne la partageais pas, je ne m'entretiendrais pas avec vous. Et il me suffit de sentir que je m'entretiens avec vous sérieusement, et non par figure de rhétorique, pour admettre cette Doctrine.

Mais laissons les Pères, et voyons l'Evangile.

CHAPITRE L.

JÉSUS VEUT QUE L'ON MANGE LA CHAIR DU FILS DE L'HOMME.

Jésus, dans l'Evangile(1), dit à ses disciples qu'il veut qu'ils mangent la chair du Fils de l'Homme (2), c'est-à-dire qu'*ils le mangent*, lui qui est ou se croit cet esprit unifiant, cet esprit vivifiant, ce sauveur. Ses disciples hésitent et sont scandalisés (3). Paschase, lui, n'est pas

---

(1) Saint Jean, ch. VI.

(2) Vers. 53 et suiv. : « Jésus leur dit : En vérité, en vérité, si vous « ne mangez (ἐὰν μὴ φάγητε) la chair du Fils de l'Homme, et ne buvez « son sang, vous n'aurez point la vie en vous-mêmes; etc. »

(3) Vers. 59 et suiv. : « Jésus dit ces choses, enseignant dans la syna-« gogue à Capernaüm. Plusieurs de ses disciples, l'ayant ouï, dirent « entre eux : « Cette parole est dure; qui peut l'écouter? » Mais Jésus, « connaissant en lui-même que ses disciples murmuraient de cela, leur « dit : « Ceci vous scandalise-t-il? etc. »

scandalisé. Il accepte l'explication, que Jésus donne : « La « chair n'est rien, c'est l'esprit qui vivifie. »

Si c'est l'esprit qui vivifie, si la chair n'est rien, ce qu'on appelle miracle n'est pas miracle; tout est miracle. Ainsi pense Paschase; et de même qu'il a, avec tous les Chrétiens, accepté un premier miracle, l'Incarnation, de même il accepte la *ré-incarnation*, et la ré-incarnation multiple, à chaque instant, en tout lieu, en mille millions d'endroits différents, sur toute la terre et dans toutes les planètes (si on eût pensé alors qu'il y eût des hommes dans les planètes).

Que le prêtre donc monte à l'autel, et qu'il fasse descendre du ciel le corps vivant de Jésus-Christ, afin que le disciple le mange, et s'apprête ainsi pour cette résurrection où, suivant saint Paul, nous serons en chair et en os, et où pourtant nos corps seront *des corps spirituels*.

Ainsi a dû naturellement surgir, dans l'esprit du moine de Corbie, la croyance à la Présence Réelle dans l'Eucharistie, en supposant que cette croyance fût nouvelle, et que Paschase n'ait pas eu raison de dire ce qu'il a dit dans son livre, qu'il n'avait écrit que ce que tout le monde croyait depuis les Apôtres : *quod totus orbis credit et confitetur*. Et, comme une épidémie, cette croyance a dû se répandre par contagion dans le monde Chrétien tout entier : croyance merveilleuse et pourtant bien simple, qu'un avenir prochain, je le pense, expliquera aux esprits les plus difficiles.

LE LECTEUR, *en riant.*

Attendez-moi sous l'orme !

MOI.

Au fond, vous le voyez, Lecteur, ce mystique a raison.

Ce n'est pas un homme individuel, ce n'est ni Horace, ni Virgile, ni Homère, ni personne, qui a pu créer la pérennité de la vie, c'est la Vie même. Il y a donc quelque chose d'éternellement vivant qui nous relie tous, esprit et corps, et nous fait communier, et nous fait vivre, malgré les distances du temps et de l'espace.

CHAPITRE LI.

SUITE.

LE LECTEUR.

Et vous croyez que, pour si peu, vous aurez mon merle blanc ! Nenni !

MOI.

Convenez au moins que votre Horace, qui ouvre un large bec, comme le corbeau de la fable, pour chanter : « Je suis immortel, » sans savoir dire comment...

LE LECTEUR.

Mon Horace pose un problème qu'il ne résout pas ; mais votre Moine ne le résout pas davantage.

MOI.

Que dites-vous pourtant de ce quelque chose qui nous fait vivre, malgré les distances du temps et de l'espace...

LE LECTEUR.

Existe-t-il ? Dans tous les cas, et de votre aveu même, savoir que ce quelque chose existe, et l'appeler le *Logos* ou le Verbe, ou même le *Fils de Dieu*, ce n'est pas en savoir plus que Platon n'en savait.

MOI.

Mais affirmer que non-seulement il existe, mais qu'il a

paru sur la terre, qu'il s'est incarné, qu'il s'est fait homme...

LE LECTEUR.

C'est être Chrétien à la façon des Apôtres et de ceux qu'ils endoctrinèrent; c'est posséder une foi aveugle, cette foi qui transporte les montagnes; ce n'est pas posséder une certitude, et, au lieu d'avoir une plus grande connaissance, c'est peut-être manquer de connaissance. Dans tous les cas, de ce que le Verbe existe, et même de ce qu'il a paru sur la terre, conclure qu'il peut à chaque instant y descendre du ciel en esprit et en corps, d'une façon invisible, à la voix d'un prêtre, c'est franchir toutes les bornes du possible sans raison suffisante.

MOI.

Mais Jésus qui veut qu'on mange la chair du Fils de l'Homme...

LE LECTEUR.

Jésus, qui veut qu'on mange la chair du Fils de l'Homme, me scandalise comme il scandalisa ses disciples. Si ce n'est pas une sorte de festin de sa chair qu'il indique, je ne sais ce qu'il veut dire. Ses apôtres, ou du moins la très-grande majorité de ses apôtres, pensèrent qu'il s'agissait de manducation véritable. Tout portait, en effet, à croire à une proposition aussi repoussante.

MOI.

Mais l'explication que l'Evangile prête à Jésus....

LE LECTEUR.

L'explication de l'Evangile : « La chair n'est rien, c'est l'esprit qui vivifie, » me semble tout à fait défectueuse. La chair est bien quelque chose, quoi qu'en dise l'esprit; et il faut avoir perdu le sens ou être un grand magicien pour croire que la chair obéit instantanément à l'esprit, quand il est si amplement démontré que l'esprit, à son tour, obéit à la chair. D'ailleurs, si la chair n'est rien (qu'une illusion apparemment), pourquoi est-il question de chair ici? Si la chair n'est rien, c'est l'esprit de Jésus que nous mangeons et buvons, ce n'est point sa chair et son sang. Que cet esprit nous vivifie et change même notre chair et notre sang (le propre de l'esprit, suivant cet axiome, étant de *vivifier* une chair qui par elle-même est nulle, si elle n'est pas rebelle), je l'accorde; mais enfin ce n'est pas le corps et le sang du Christ qui intervient, c'est seulement son esprit. Si donc c'est son esprit, il ne devrait pas s'agir de son corps. Par conséquent on ne conçoit pas que Jésus veuille qu'on le mange, qu'on mange son corps, qu'on boive son sang. Donc l'Eucharistie n'est, comme le pensent les Protestants, qu'une Cène, un repas en commun, institué soit pour graver dans les cœurs notre communauté d'origine, soit pour rappeler la passion de celui qui donna sa vie en témoignage de sa doctrine : « *Faites ceci en mémoire de moi,* » comme dit ce même Évangile, au moment où Jésus prononce le : *Ceci est mon corps, ceci est mon sang*. En un mot, il n'y a dans tout cela rien que de figuratif, bien que, par l'assemblage incohérent des idées diverses que soulève ce texte, le tout ensemble reste parfaitement obscur. Quant aux pensées que vous prêtez à Paschase Ratberg pour, de la présence *réelle* d'Horace (réelle, entendons-nous bien, réelle sans l'être, réelle par l'effet de notre réalité à nous-mêmes qui lisons ses vers), conclure la présence *réelle* du Verbe dans le signe institué par le Christ (le pain et le vin du sacrifice), je ne vois à mériter considération que cette aspiration enthousiaste d'un homme ennuyé de la terre, qui croit pouvoir s'assimiler Dieu afin de devenir Dieu lui-même : sublime aspiration, si vous voulez, mais folie. Voilà mon sentiment, puisque vous voulez le savoir ; et Horace me paraît infiniment plus vrai et plus raisonnable que votre Moine, qui prend son hallucination pour une réalité et son désir pour un fait. Ce sera, si vous voulez, un *homme de désir*, comme vous autres mystiques dites quelquefois avec éloge ; mais un homme de connaissance, non.

MOI.

Eh ! mon Lecteur, vous parlez d'or. J'avoue que je n'ai pas encore mérité le merle que vous m'avez promis. Mais quoi ! croyez-vous que Paschase soit arrivé du premier bond au point culminant de son idée ? Souffrez que je l'imite en lui prêtant une seconde Méditation plus décisive que la première. Voyons si le javelot de mon esprit, ou qui va sortir de mon esprit, ira plus loin que l'autre, et s'il pénétrera mieux que cet autre au cœur de l'auguste mystère.

CHAPITRE LII.

COMMENT LE DOGME DE L'EUCHARISTIE AURAIT PU SORTIR DE LA MÉDITATION D'UN VERS DE VIRGILE.

Je suppose Paschase les yeux fixés sur ce vers de Virgile :

Mens agitat molem, et toto se in corpore miscet (1).

LE LECTEUR.

Pourquoi ce vers l'attire-t-il et le captive-t-il plus qu'un autre ?

---

(1) *Æn.*, lib. VI.

MOI.

C'est que Paschase vient de relire, pour la dixième fois peut-être, le Sixième Livre de l'Énéide, et qu'il est profondément ému.

LE LECTEUR, *en souriant.*

Je le crois bien : cette attraction secrète que vous prétendez me faire apercevoir....

MOI.

C'est, d'ailleurs, que cet axiome est la pierre angulaire de la doctrine exposée dans ce Sixième Livre. Etes-vous content?

LE LECTEUR.

J'admets votre hypothèse.

MOI.

Tout à coup Paschase s'écrie :
« Voilà qui est merveilleux! L'Esprit, qui avait
« inspiré cette pensée à Virgile, en a *lui-même*, dans
« la personne de Jésus, donné la traduction fidèle; car il
« est impossible de mieux expliquer le *Mens agitat molem*
« que ne fait l'Évangile : *La chair n'est rien, c'est l'esprit*
« *qui vivifie.* Il est donc vrai, ces Païens avaient pressenti,
« sinon deviné, le Christianisme. Dieu les avait, à leur
« insu, pénétrés de la Lumière Chrétienne, avant même
« que le Christ vint éclairer la terre. Ils n'étaient point
« dans les ténèbres, ils étaient dans le clair-obscur. Je ne
« peux lire Horace sans voir, par son défaut même de
« logique, qu'il *nécessite* notre salut; je ne puis jeter les
« yeux sur Virgile sans découvrir qu'il *prophétise* le mes-
« sager de ce salut. Oh! ce n'est point son Églogue à

« Pollion, où tant de Pères de l'Église ont vu l'annonce
« manifeste de la venue du Christ; ce n'est pas cette
« Églogue, toute splendide qu'elle soit, qui me frappe :
« non, c'est la profonde doctrine du disciple de Pythagore
« et de Platon sur le vrai gouvernement de l'Univers.
« *Mens agitat molem*, dit-il, *et toto se in corpore miscet*;
« c'est-à-dire littéralement : — L'Esprit agite, met en
« mouvement, anime la Matière (car *Moles*, c'est bien ce
« qu'Aristote appelle Ὕλη, d'où, avec le signe réprobatif,
« les Grecs ont fait Μῶλος et les Latins *Moles*). L'Esprit,
« donc, anime ou vivifie la matière, et se mêle (de ma-
« nière à ne faire qu'un) avec tous les corps divers qui
« forment le Corps universel. — O grand sage à la fois et
« grand insensé Virgile, qui n'as point vu qu'en par-
« lant ainsi, *tu parlais du Verbe!* Mais c'était le Verbe
« lui-même qui te forçait à préconiser indirectement ce
« Jésus qui allait te suivre de si près.... »

LE LECTEUR, *interrompant*.

Vous me la donnez belle! Et c'est un moine du neuvième siècle que vous faites parler ainsi!

MOI.

Et pourquoi pas? Je vous assure que ces moines en
savaient long.

LE LECTEUR.

Nos grands historiens ne disent pas cela.

MOI.

Vos grands historiens sont des paresseux qui n'ont pas
lu ce dont ils parlent, ou qui se sont trouvés incapables,
faute d'être un peu théologiens, de rien comprendre à ce

qu'ils lisaient. Mais que trouvez-vous d'étonnant dans ce que je fais penser à Paschase?

LE LECTEUR.

D'abord connaissait-il si bien Virgile?

MOI.

Comment n'aurait-il pas connu son maître en vers latins?

LE LECTEUR.

Ce Paschase était donc poète?...

MOI.

Théologien avant tout, mais poète dans l'occasion; nous avons de lui des vers assez bien tournés.

LE LECTEUR.

Mais, pour admirer ainsi le *Mens agitat molem*, il était donc Panthéiste?

MOI.

Oh! que non! il était Chrétien.

CHAPITRE LIII.

AU PANTHÉISME!!!

Dès qu'on vous montre Dieu avec de la matière, ou de la matière avec Dieu, vous criez au Panthéisme; mais montrez-moi donc de la matière sans Dieu.

Voilà un animal, une plante : est-ce que Dieu n'est pas là?

Voilà une pierre : Dieu est là.

Dieu est esprit, me dites-vous.

Eh ! qui vous dit le contraire ?

Dieu n'est pas matière, ajoutez-vous.

Vous dis-je qu'il soit matière ?

Mais vous poursuivez ainsi : Dieu, étant esprit PUR, n'a aucun rapport avec la matière. Il n'a pas de corps....

Oh ! là-dessus je vous arrête.

Vous me donnez bien et vous vous donnez à vous-même une âme et un corps : pourquoi Dieu, ayant une âme, n'aurait-il pas un corps, un corps divin, un corps *spirituel*, mais enfin un corps ?

Ah ! mon Lecteur, mon Lecteur, que Descartes vous a fait de mal avec sa raison *pure,* et avec son idée que Dieu gouverne le monde par des *Lois*, sans y intervenir, sans y vivre, sans y être !

LE LECTEUR, *en riant.*

Descartes nous a dérangé la tête, n'est-ce pas, avant que *monsieur* Locke achevât de nous la faire perdre.

MOI.

Vous dites peut-être plus vrai que vous ne croyez.

LE LECTEUR.

Mais Spinosa ?

MOI.

Spinosa, en pensant tout à l'inverse de son maître sur l'Esprit et sur la Matière, ne vous a pas remis en meilleure voie. Vous avez délaissé, et il y a de cela longtemps, Descartes et sa philosophie ; mais il vous en est resté ceci : — l'idée d'un esprit qui agit sans matière, et d'une matière qui agit sans esprit; — deux idées fausses, absurdes, insoutenables, et qui conduisent à toutes les erreurs, à un spiritualisme insensé comme à un matérialisme stupide. Quant à Spinosa, vous ne l'avez guère lu, mais vous en avez beaucoup entendu parler, et il vous en est resté ceci : — l'idée d'une seule substance, à la fois esprit et matière, que vous coupez par fragments, dont vous composez l'Univers. C'est là le Panthéisme, et c'est ce qui vous fait crier au Panthéisme quand on vous parle de Dieu immanent dans le monde.

Mais laissez-moi achever la Méditation de Paschase; il saura bien vous répondre.

CHAPITRE LIV.

IN DEO MOVEMUR, ET VIVIMUS, ET SUMUS.

Paschase, donc, continua ainsi :

« *In Deo movemur, et vivimus, et sumus* : En Dieu nous
« nous mouvons, en Dieu nous vivons, en Dieu nous
« sommes. — Qui a dit cela? C'est toi, ô grand saint
« Paul! Ainsi tu t'exprimais, parlant magistralement aux
« Athéniens dans l'Aréopage; et tu leur citais leurs pro-
« pres poètes comme autorité (1). Si tu avais parlé à des
« Romains, tu aurais pu alléguer Virgile, lequel avait
« annoncé à ces mêmes Romains l'immanence d'un Dieu
« unique dans l'Univers (2). Mais qu'étiez-vous, Virgile

---

(1) *Act.*, ch. XVII, v. 28.
(2) Moins de quatre-vingts ans auparavant. Virgile mourut dix-neuf ans avant notre ère; la harangue de saint Paul aux Athéniens, dont il est question dans les *Actes*, se rapporte à l'an 50 de cette ère.

« et toi, et avec vous tous les philosophes et tous les
« poètes qui avaient parlé en ce sens bien des siècles
« avant vous ; les Platon, les Pythagore, les Homère peut-
« être, mais assurément les Orphée ; qu'étiez-vous et
« qu'étaient-ils auprès de celui qui, la veille de sa mort,
« instituait *le moyen de mettre en acte, pour le monde*
« *restauré, la vérité naturelle que vous aviez seulement et*
« *imparfaitement comprise....?* »

LE LECTEUR, *interrompant.*

Ne pourriez-vous serrer un peu et restreindre cette déclamation, qui se fait longuette ?

MOI.

Vous feriez mieux d'en saisir le sens et la portée que de m'interrompre. Je continue, ou plutôt Paschase continue :

« Il venait, lui (le Christ), donner véritablement au
« monde cette vérité naturelle ; car le monde, quoiqu'on
« la lui eût enseignée, ne la comprenait pas. Il fallait
« forcer le monde à la comprendre : c'est ce qu'il fit par sa
« prédication et par sa mort. Mais, — ô trésor de grâce !
« comme dit saint Jean, — non-seulement il força le
« monde à comprendre cette vérité, mais il donna du
« même coup au monde la *mise en œuvre du Mystère*. En
« remontant au ciel, il nous laissa l'hostie. Néanmoins,
« sauf ceux qu'il inspira à cet effet, un Jean, qu'il avait
« approché de son sein, et auquel il avait légué sa mère ;
« un Paul, qu'il avait prosterné et relevé, aveuglé et
« éclairé, et à qui il avait mis un aiguillon dans la chair ;
« sauf ces grands initiateurs, sentinelles avancées placées
« par lui sur la terre, — qui le comprit pendant trois

« siècles? Il t'a fallu, ô sublime Athanase, il a fallu
« qu'Alexandrie t'engendrât et te stimulât en te combat-
« tant dans Arius. Je lisais dernièrement les œuvres
« d'Athanase : quelle supériorité sur la physique des
« anciens! quelle lumière!... »

LE LECTEUR, *interrompant.*

La physique d'Athanase! Nous parler de la physique de
saint Athanase quand nous avons la physique de Newton!

(Le Lecteur, qui croit ferme à la physique de Newton,
ne peut s'empêcher de pousser des éclats de rire.)

CHAPITRE LV,

OU LE LECTEUR PRÉTEND RÉSOUDRE LUI-MÊME LA QUESTION.

MOI.

Allons! j'ai perdu mon temps, vous ne m'avez pas compris, puisqu'au moment solennel vous m'interrompez
brutalement!... Je le vois, vous n'entendrez le mystère
dont nous nous occupons que lorsque....

LE LECTEUR.

Jamais!... Cessez ces efforts superflus.... Je vois que
le Verbe est votre cheval de bataille, et cela me suffit.
Sur cette théorie du Verbe, *grand architecte de l'Univers,*
comme disent les Francs-Maçons, on peut tout établir.
N'en parlons pas davantage, vous n'aurez pas mon merle
blanc.

MOI.

Et si je prétends l'avoir?

LE LECTEUR.

J'empêcherai bien que vous ne l'ayiez.

MOI.

Comment?

LE LECTEUR.

En résolvant moi-même la question.

CHAPITRE LVI.

SUITE.

MOI.

Et comment la résoudrez-vous?

LE LECTEUR.

Par le mot MIRACLE.

MOI.

Voyons!

LE LECTEUR.

Dieu est trois en un : *miracle!* Il y en a un des trois qui est l'architecte du monde : *miracle!* Le monde ayant été vicié par le péché, l'Architecte s'incarne, à la façon de tous les avatars de Wichnou, pour réparer ce monde : *miracle!* Dans son incarnation, il fait une multitude de miracles : *miracle!* Mais ce n'est pas tout : mort, il en fait un plus grand que tous les autres, un miracle multiple, incessant, qui peut se répéter, comme vous me disiez

PRÉFACE.

tout à l'heure, dans des millions de lieux à la fois; c'est le bouquet du feu d'artifice. Et c'est un Moine, dans le temps le plus obscur du Moyen Age, qui s'aperçoit le premier de ce miracle, lequel avait pourtant lieu depuis huit cents ans, chaque fois qu'on célébrait la Messe! *Miracle! miracle!* vous dis-je, et toujours *miracle!*

MOI.

E pur si muove.

LE LECTEUR.

Ah! vous parlez comme Galilée, vous qui soutenez la physique de saint Athanase : *miracle!*

MOI.

Riez, cher Lecteur, riez à votre aise; nous verrons qui rira le dernier. Mais savez-vous bien que Paschase vous a déjà répondu?

LE LECTEUR.

Je ne m'en suis pas aperçu.

MOI.

Parlant de Jésus, il a dit qu'il était venu donner le moyen de *mettre en acte la vérité naturelle* contenue dans la tradition de toutes les grandes écoles religieuses et philosophiques. On ne saurait mieux dire.

LE LECTEUR.

Vérité naturelle! Que me parlez-vous de vérité naturelle? Il s'agit de miracle. Voyons! là, sérieusement, l'Eucharistie, est-ce *un miracle?*

CHAPITRE LVII,

OU JE DISTINGUE LE MYSTÈRE DU SACREMENT.

MOI.

Vous posez mal la question. Vous voulez me demander si ce qui se fait (miraculeusement pour nos faibles yeux) dans *l'ordre de la nature* (sans miracle, par conséquent) peut se faire extraordinairement, se fabriquer pour ainsi dire artificiellement, par l'empire de la croyance ou par l'empire de notre volonté, en vertu d'un influx divin particulier accordé à cette croyance ou à cette volonté. C'était là, en effet, véritablement ce qui constituait le Sacrement.

Le Sacrement était un *miracle particulier* qui reproduisait le *miracle permanent*. Jésus, considéré comme l'esprit unifiant et vivifiant, créateur et sauveur, avait sauvé les hommes par son incarnation (un miracle); l'effet de ce miracle avait passé pour ainsi dire dans l'ordre de la nature, devenu *l'ordre de la grâce*. Les hommes, en croyant à Jésus, en s'attachant à lui, en suivant ses leçons, en pratiquant sa doctrine, en imitant sa vie, étaient sauvés; ce qui n'empêchait pas que, par un nouveau miracle, répété autant de fois qu'il plaisait à la volonté humaine exaltée par la foi, Jésus, renouvelant son incarnation, ne vînt prendre possession du Chrétien, le diviniser, l'absorber en lui, le faire lui, en se faisant homme avec lui. C'était là, je le répète, le Sacrement.

Eh bien, vous me demandez si je crois au Sacrement.

Je vous réponds que je crois au Mystère, et ne veux pas, pour le quart d'heure, m'expliquer sur le Sacrement.

(Ici je vois le Lecteur se détourner de moi avec colère.)

Allons, j'ai beau dire et beau faire, votre fière raison, Lecteur, n'en sourit pas moins de pitié sur cette croyance de nos pères....

Croyance!.... je devrais dire crédulité, sottise, imbécillité.... Croire à l'Eucharistie, je vous demande!....

Mon insistance même vous scandalise, elle vous paraît de mauvais goût. Vous me demandez si je veux vous envoyer à confesse! Vainement j'ai distingué la question du Mystère de celle du Sacrement. Vous me dites que, quand on croit tant au Mystère, on est bien près de croire au Sacrement.

Et pourquoi cela, je vous prie? Entre un phénomène et l'explication d'un phénomène il y a loin. Copernic constate les mêmes phénomènes que Ptolémée : il les explique autrement. Le Mystère, dans le sujet qui nous occupe, c'est la Vie ; le Sacrement, c'est l'explication que le Christianisme en donnait.

Et puis, faites attention qu'il y avait manière et manière de croire au Sacrement. On pouvait y croire sans croire absolument manger le corps de Jésus-Christ; on pouvait y croire comme Scott Érigène, comme Bérenger de Tours; on pouvait y croire aussi, j'en conviens, comme Paschase Ratberg. Il y eut, au moins, trois sentiments divers sur ce Sacrement fameux : d'abord, ceux qui croyaient à la présence intuitive....

Vous souriez de plus belle, vous ne croyez à aucune espèce de présence.

Ah çà! Lecteur, vous êtes donc comme saint Thomas, vous ne croyez qu'au témoignage de vos sens.

En ce cas, vous ne croyez pas que je sois là avec vous, causant avec vous, m'entretenant avec vous, présent à votre pensée, comme vous à la mienne. Vous croyez que je suis bien loin, ou que je suis mort. Vous tenez dans vos mains un livre, couvert de caractères imprimés sur du papier. C'est à cela, et à cela seulement, que vous croyez. Quant à moi, je n'existe pas! Vous dites de moi ce que disait Marot : *Où sont les neiges d'antan?*

Mais quoi! votre esprit se nourrit-il de ce papier et de l'encre dont on l'a couvert? ne se nourrit-il pas de mes pensées, ou des pensées qui en ce moment nous éclairent à la fois tous deux?

Et ce papier, et ces caractères? dites, qu'est-ce qui fait que ces caractères sont tracés sur ce papier de cette façon, et non d'une autre? C'est moi, Lecteur.

Vous comprendriez tout cela si vous n'aviez pas renversé le dogme de l'Eucharistie avec Calvin, et découvert la totalité du problème de la connaissance humaine avec Locke.

Votre scepticisme, ou plutôt votre dogmatisme, je vous le dis tout franc, ne fait pas mon affaire. Si je ne suis pas en rapport avec vous, vous n'êtes pas en rapport avec moi; et la peine que je prends de causer avec vous est une puérilité ou une affectation, un jeu d'esprit, une pure fadaise.

Oh! je conçois maintenant ces écrivains de nos jours qui ont supprimé la Préface, ou dont la Préface consiste en une bonne dose d'encens qu'ils s'administrent sans honte à eux-mêmes, comme le Dieu de Moïse après la création : *Et vidit quod erat bonum.*

Je conçois qu'on ne fasse plus de Préface au Lecteur, puisque c'est là le cas que vous en faites!

Je voudrais pourtant bien, sans entrer dans le fond du sujet, arracher de vos yeux les lunettes de Jean Locke, ou de Jean Calvin, car c'est tout un.

Je vois avec chagrin revenir sans cesse entre nous le nuage que j'écarte sans cesse. Et il n'est pas étonnant qu'il revienne. Et il reviendra tant que je n'aurai point, par quelque preuve *sensible*, déconcerté votre incrédulité : *Vide pedes, vide manus.*

Voyons! ne pourrais-je pas vous montrer qu'il ne serait point impossible que vous arrivassiez vous-même à croire quelque chose d'assez semblable à ce que croyaient nos pères?

CHAPITRE LVIII.

OÙ JE CONTINUE A ATTISER L'IRE DE MON LECTEUR.

LE LECTEUR, *se préparant à m'écouter.*

Quoi! il serait sorti quelque lumière des ténèbres du Moyen Age!

MOI.

En effet cela serait fort singulier! Le Moyen Age, suivant Voltaire, c'était des Ostiaques et des Samoïèdes! Quelle lumière trouver chez de pareils sauvages! Leibnitz prétendait pourtant avoir rencontré de l'or dans ce fumier. Les rêveurs de ce Moyen Age avaient une manière de raisonner sentimentale et intuitive qui n'est pas tant à mépriser, croyez-moi. Mais, au surplus, ne dites pas de l'Eucharistie que c'est une invention des moines du

Moyen Age. Laissez cette vieillerie à la controverse Protestante. Faites attention à ce que je vais vous dire à l'oreille : l'Eucharistie remonte *au temps où les dieux buvaient le nectar et mangeaient l'ambroisie.*

Maintenant écoutez-moi.

CHAPITRE LIX,

OU J'ESSAIE DE ME RENDRE MAITRE DES ESPRITS DE NOTRE TEMPS.

Je lisais hier, dans la *Chronique de Jersey*, qu'on vient d'établir une ligne de télégraphe électrique entre New-York et je ne sais quelle ville.... San-Francisco, je crois. Les directeurs ont trouvé plaisant de commencer leur correspondance en jouant une partie d'échecs. Les voilà donc qui s'attablent, l'un ici, l'autre là, à mille lieues de distance l'un de l'autre. O miracle, qui n'en est plus un aujourd'hui pour personne! ils jouent leur partie, absolument comme s'ils étaient assis à la même table, sans plus de délai. C'est l'homme de New-York, je crois, qui a gagné.

Voilà qui ressemblerait fort à de la magie, si nous ne connaissions pas le fluide électrique.

Il y avait deux tables de jeu, on jouait à San-Francisco et à New-York ; et pourtant il n'y avait qu'une partie et deux joueurs. L'un de ces joueurs était à New-York, et il était pourtant à San-Francisco ; son partner était à San-Francisco, et il était pourtant à New-York. Faust le Magicien n'aurait pu faire mieux.

Je me trompe, il aurait pu faire mieux encore ; car, au lieu de relier simplement New-York à San-Francisco, rien ne vous empêche de supposer d'autres réseaux de télégraphes électriques reliant ces deux villes à toutes les capitales de toutes les parties du monde, que dis-je? à toutes les villes, à tous les villages, et aux moindres hameaux. Des gens d'une imagination vive ont pu même penser qu'un jour, de maison en maison, le fil électrique servirait de poste. Ne sert-il pas déjà à donner l'heure à toute une ville en même temps? Je suis dans ma chambre : une sonnette se fait entendre, je regarde au tableau, et je vois des caractères s'assembler, former des mots, des phrases. Je lis une lettre qu'on m'adresse de la Chine, ou bien c'est mon journal qui m'arrive de Londres.

Vous croyez à cette magie, Lecteur!.... Ce serait à moi de rire. Comment! vous croyez qu'un même homme peut se communiquer à la fois à Paris, à Londres, à New-York, à Constantinople? Et si le télégraphe électrique allait dans la Lune, je serais dans la Lune sans sortir de chez moi! Vous croyez donc à l'*ubiquité!* Vous croyez, au moins, à l'ubiquité du fluide électrique.

Il y a un siècle et demi, — avant Roëmer, — on ne connaissait encore que la vitesse du son : mille pieds environ par seconde, cinq lieues par minute. Ce n'était pas grand'chose! Le son ne marchait pas trente fois plus vite que le vent, qui, quand il est fort, parcourt quarante pieds par seconde. Avec Roëmer, on connut la vitesse de la lumière. Pour le coup, ce fut quelque chose. Une vitesse neuf cent mille fois plus grande que la vitesse du son! une vitesse de quatre millions de lieues par minute! Mais encore, à ce compte, il faut huit minutes pour que la lumière du soleil arrive à notre prunelle, et il faut six ans pour que la lumière de l'étoile fixe la plus voisine de notre globe lui parvienne.

L'électricité dynamique, comme disent les savants, — j'aimerais mieux dire l'électricité en mouvement, — est venue nous apporter une induction nouvelle. On a fait de nombreuses expériences en Amérique et en France sur la vitesse de propagation de cette électricité. Les résultats ont été fort peu concordants. On s'est alors aperçu d'une chose très-simple : c'est qu'il fallait appliquer aux phénomènes de l'électricité dynamique ce que l'on savait relativement à l'électricité statique, savoir que l'air et les divers autres corps présentent divers degrés de résistance à la décharge électrique. Somme toute, les discordances observées résultent des différentes conditions dans lesquelles sont placés les fils électrisés.

Ne faut-il pas en conclure qu'*en soi* le fluide électrique se communique instantanément d'un point à un autre de l'univers, sans intervalle de temps, et que, si l'on observe quelque intervalle, cela provient uniquement de la résistance des milieux? Et n'en serait-il pas de même de la lumière?

En fait, aujourd'hui, dans l'emploi de la télégraphie électrique, malgré l'imperfection des appareils, on néglige comme nul l'intervalle de propagation, même pour les plus grandes distances ainsi parcourues.

Vous croyez donc, Lecteur, à l'ubiquité ou à la presque-ubiquité des fluides impondérables.

Mais voici une autre magie à laquelle vous croyez aussi.

Davy place une coupe de plâtre (ce que les chimistes appellent du sulfate de chaux) auprès d'une coupe d'agathe. Voilà bien deux corps différents; et ces deux coupes ne se touchent pas. Il remplit d'eau pure ces deux coupes, et fait plonger dans cette eau quelques filaments d'amiante. Puis il les soumet à l'action de deux fils Voltaïques. Au bout d'un certain temps, que trouve-t-il ? Dans la coupe d'agathe, une forte solution de chaux ; et dans la coupe de plâtre, de l'acide sulfurique. La matière du plâtre a donc été décomposée, et la chaux a passé, *sous forme invisible*, d'une coupe dans l'autre.

Vous croyez à cela, Lecteur ; vous croyez même à l'expérience des trois vases, le premier contenant de l'eau pure, le troisième une dissolution saline, et celui du milieu de l'eau bleuie avec le sirop de violettes. L'acide ou l'oxyde, suivant qu'on a disposé les pôles dans un sens ou dans un autre, passe dans le vase d'eau pure ; et comment ? à travers le vase du milieu, à travers l'eau colorée. Et l'eau colorée, si sensible à l'action des acides et des alcalis, n'a ni rougi, ni verdi !

Ainsi vous croyez à *des corps rendus invisibles ;* et vous croyez aussi au *transport invisible des corps.* Supposez que Micromégas, devenu chimiste, ou Davy, changé en Micromégas, prît la mer Noire pour une de ses coupes, le lac d'Oural pour l'autre, et qu'il eût une pile convenable, vous le croiriez capable de faire passer INVISIBLEMENT la mer Noire dans le lac d'Oural, et réciproquement.

Mais ce n'est pas tout ; je vous vois, à l'extrémité de chacun des deux fils d'une pile Voltaïque, placer un petit cône de charbon. Vous approchez ces deux cônes à une certaine distance l'un de l'autre ; et voilà qu'il jaillit, non pas une simple étincelle, mais une lumière si vive que l'œil peut à peine la supporter. Cet éclat n'est pas dû à la combustion du charbon ; car, en faisant l'expérience dans le vide, la lumière n'est pas moins éblouissante. « C'est « de la lumière solaire ! » s'écrie M. Arago, et il ajoute : « Qui sait si l'analogie ne doit pas être poussée plus loin ;

« si cette expérience ne résout pas un des plus grands
« problèmes de la philosophie naturelle; si elle ne donne
« pas le secret de ce genre particulier de combustion que
« le soleil éprouve depuis tant de siècles sans aucune
« perte sensible ni de matière ni d'éclat? Les charbons
« attachés aux deux fils de la pile deviennent incan-
« descents même dans le vide le plus parfait. Rien alors
« ne s'incorpore à leur substance; rien ne paraît en
« sortir. A la fin d'une expérience de ce genre, quel-
« que durée qu'on lui ait donnée, les charbons se re-
« trouvent, quant à leur nature intime et à leur poids,
« dans leur état primitif. »

Vous êtes sans doute de l'avis de M. Arago. Ainsi vous croyez que le soleil émet éternellement des torrents de lumière sans aucune perte sensible.

Récapitulons.

Vous croyez à des êtres *qui versent sans cesse hors d'eux, sans éprouver jamais aucune diminution :* le soleil, ou votre fragment de charbon.

Vous croyez à des êtres *qui sont partout à la fois :* le fluide électrique.

Vous croyez que des corps très-pondérables, que vous voyez, que vous touchez, que vous palpez, *peuvent devenir invisibles à vos yeux, inappréciables à vos sens, et être transportés ainsi invisiblement.*

Eh bien, Lecteur incrédule, nos pères croyaient que Dieu était comme votre soleil, qu'il émettait toujours, sans perdre jamais de sa substance. Ils croyaient qu'il était partout, comme votre fluide électrique. Enfin, ils croyaient que le corps de son fils Jésus-Christ, ce même corps qui avait vécu sur la terre, et qui avait été, après la Passion, ravi au ciel, pouvait être invisiblement transporté du ciel

PRÉFACE.

sur la terre. Ne venez-vous pas de m'accorder que Davy, transformé en Micromégas, pourrait transporter *invisiblement* la mer Noire dans le lac d'Oural? Dieu assurément est un plus grand géant que Micromégas, un plus grand physicien que Davy.

Mais vous me dites que les catholiques croient, de plus, que ce corps ainsi transporté peut se trouver à la fois partout où le prêtre l'appelle et le fait descendre; qu'il est supposé dans chaque saint-ciboire, dans chaque hostie que renferme chacun de ces saints-ciboires, dans chaque fragment de chaque hostie. Vous pensez par là me prendre, vous pensez que je ne trouverai pas d'analogie. Mais quoi! je suppose que Davy, au lieu d'une coupe d'agathe, en eût mis cent, ou mille, ou des millions, en rapport avec sa coupe de plâtre; il ne lui eût fallu que multiplier ses appareils Voltaïques pour obtenir, par un transport invisible, dans chacune de ces cent, ou de ces mille, ou de ces millions de coupes d'agathe, une solution de chaux. Qu'a donc à dire Davy, avec ses coupes, à la coupe du prêtre? Les saints-ciboires, ce sont des coupes aussi, ce sont des coupes d'agathe.

Mais, me dites-vous encore, si Davy eût ainsi multiplié ses coupes, il n'eût pas obtenu dans toutes la même quantité; ce n'eût pas été le corps tout entier, ce n'eût pas été le même corps! Enfant que vous êtes, permettez-moi de vous le dire : qu'importe la quantité! Demandez donc à un chimiste si, pour caractériser une substance, il regarde à la quantité : n'eût-il qu'un atome d'une substance, ou en eût-il gros comme la terre, ce serait toujours le même corps.

CHAPITRE LX.

QUESTION.

Les hommes, ou plutôt tous les êtres, chacun suivant son espèce (1), ne seraient-ils pas *transportés* invisiblement d'une existence à une autre? La mort ne serait-elle pas ce fil d'amiante qui unit les deux vases? n'unirait-elle pas les deux vies? ne serait-elle pas une décomposition suivie de renaissance, absolument comme la renaissance dans la coupe d'agathe de ce qui a été décomposé, c'est-à-dire de ce qui a péri, dans la coupe de plâtre ?

CHAPITRE LXI,

OU J'ARRIVE ENFIN A COMMUNIER AVEC MON LECTEUR.

LE LECTEUR *réfléchissant, pendant que je m'adressais à moi-même la question rapportée au précédent chapitre.*

C'est vraiment merveilleux, et pourtant que répondre?..

MOI.

Bacon (non pas François, mais Roger, celui du treizième siècle) disait que la vraie magie était « l'empire

---

(1) *Juxta genus suum*, comme répète partout la Genèse à chaque création. (*Gen.*, ch I, v. 11, 12, 21, 24, 25, 29; ch. VII, v. 14; ch. VIII, v. 19; etc.)

« légitime de l'homme sur la nature au moyen de la
« science. »

LE LECTEUR.

Hein ! que dites-vous ? je ne vous ai pas entendu.

MOI.

Je disais, après Roger Bacon, qu'il y a magie et magie, et que la vraie magie, c'est l'empire que nous acquérons sur la nature au moyen de la science, si bien que la science finira par expliquer la magie.

LE LECTEUR.

Ah ! je vous comprends à la fin, ou je crois vous comprendre. Ainsi Jésus-Christ aurait fait l'alchimie dont vous voudriez faire la chimie, ou la magie dont vous voudriez faire la science. Que le Ciel vous protége ! et que le Saint-Esprit soit avec vous !

MOI.

Et cum spiritu tuo. Car, si nous faisons quelque chose, je vous en avertis, nous ne ferons rien que *tous ensemble*.

Mais qui vous dit que j'aie des vues si ambitieuses ? Vous pourriez supposer cela, si nous vivions encore au Dix-Septième Siècle.

Descartes, Varignon, Malebranche, ont épuisé toute leur science et toute leur subtilité pour prêter appui aux théologiens, et pour expliquer que ce qu'enseignait la foi n'était pas directement contraire à la raison : Descartes, à la requête du P. Mersenne ; Varignon, dans un écrit où il essaya de corriger ce qu'avait dit à ce sujet son maître

Descartes ; Malebranche, dans son Traité de la Transsubstantiation. Oh ! s'ils avaient connu le fluide électrique !

Et si Pascal, aussi, l'avait connu, lui mort étouffé entre la science et la foi !

LE LECTEUR.

Et pourquoi ne ferait-on pas ce qu'ils ont voulu faire ?

MOI.

Mais qui y ferait attention ? Luther voyait encore quelque chose dans l'Eucharistie ; Calvin n'y voyait plus rien (1). Mais quand vint M. Locke avec son *Essai sur l'entendement humain*, l'entendement humain fut plongé, sur ce sujet, qui ne manque pas d'importance, dans une complète obscurité, suivie bientôt d'une insensibilité absolue.

Quant à moi, je n'essaie pas, croyez-le bien, Lecteur, de restaurer cette grande doctrine ; ce n'est pas mon affaire. Je laisse ce soin aux théologiens Catholiques.

---

(1) La Cène, purement commémorative, des Calvinistes, est la défroque d'un mort. Je mets cette note à cause de l'ignorance qui règne aujourd'hui sur ces matières. Il y a probablement des Protestants qui croient avoir conservé l'Eucharistie, parce qu'ils ont conservé la Cène. Au surplus, on peut dire que cette grande Doctrine, espèce d'aurore boréale qui éclaira le Moyen Age, était déjà éteinte depuis longtemps quand vint la Réforme, et ce ne furent pas même des raisonneurs tels que Calvin qui l'achevèrent. Elle avait fini de mourir au Concile de Trente, tout en triomphant en apparence. Elle ne se conserva plus que dans les âmes poétiques et ardentes, à partir du commandement glacial d'y croire légiféré en termes si embrouillés et si dubitatifs par ce Concile.

PRÉFACE.

LE LECTEUR.

Que venez-vous donc de faire?

MOI.

Je me suis efforcé seulement de vous faire réfléchir....
J'avais pris la forme littéraire des Préfaces de nos pères;
je vous parlais, je causais avec vous, absolument comme
si vous et moi nous vivions au même instant, au même
lieu, comme s'il n'y avait ni temps ni espace. Est intervenu
M. Locke, caché sous votre manteau, qui a prétendu que
nos pères n'avaient pas le sens commun de croire à l'éternité et à l'ubiquité de l'esprit humain, et qu'ils étaient
insensés de croire à l'Eucharistie.

J'ai trouvé que vous et M. Locke aviez trop peu de respect pour nos pères, pour leurs opinions, ou, si vous
voulez, pour leurs préjugés. J'ai essayé de les défendre.

Y suis-je parvenu? Ai-je réussi à vous faire au moins
douter de l'infaillibilité de M. Locke et de tous ceux qui
pensent comme lui? Vous ai-je placé, un tant soit peu,
dans le point de vue où j'aperçois la vie? Vous ai-je fait
sentir que, sous ce volume imprimé qui me manifestera
à vous, il y a un être qui vous aime et qui communie
avec vous?

Si je suis arrivé à mes fins, je suis content. Vous n'êtes
plus une ombre pour moi.

Chose étrange! les physiciens, qui se plaisent à nous
démontrer notre *ubiquité*, se raillent des métaphysiciens,
qui nous enseignent, du mieux qu'ils peuvent, notre
pérennité. Je voudrais inspirer aux uns pour les autres
un peu de tolérance et quelque aménité.

Il est vrai que les métaphysiciens, au temps de leur

règne, n'ont pas toujours été très-gracieux pour les physiciens : en preuve Galilée. Mais est-ce une raison pour continuer par la loi du talion, et les hommes ne sauront-ils jamais que poursuivre les uns contre les autres une vindicte éternelle? Sera-t-elle donc toujours vraie la comparaison que faisait Luther de l'esprit humain avec un homme ivre à cheval, qui, quand on le redresse d'un côté, ne manque pas de tomber de l'autre?

CHAPITRE LXII,

OU LE LECTEUR M'INVITE DE LUI-MÊME A REPRENDRE LA CONVERSATION.

LE LECTEUR, *après mûre réflexion.*

Tenez! vous m'avez affriandé avec votre Physique.

MOI.

J'en suis fort aise.

LE LECTEUR.

Que voulez-vous! nous sommes tous aujourd'hui dévoués à la Physique.

MOI, *à part.*

Hélas! je ne le sais que trop.

LE LECTEUR.

Nous sommes fascinés, ensorcelés par elle.

MOI.

C'est vrai.

PRÉFACE.

LE LECTEUR.

La Machine à vapeur, les Chemins de fer, le Daguerréotype, et principalement le Télégraphe électrique, nous ont ravis, transportés dans un nouveau monde.

MOI, *à part.*

Où vous ne voyez pas plus clair que dans celui que vous habitiez autrefois.

LE LECTEUR.

Reprenons un peu, s'il vous plaît, notre conversation.

MOI, *à part.*

Si j'allais faire un livre au lieu d'une Préface! Que dirait Horace? *Non erat hic locus*, et il aurait raison.

LE LECTEUR, *remarquant mon hésitation.*

C'est moi, cette fois, qui vous y convie. Je vous le répète, votre manière d'expliquer la Métaphysique par la Physique me va tout-à-fait. Votre idée est donc que, de même que je puis être à New-York et me manifester pourtant à San-Francisco, de même je pourrais avoir vécu au Dix-Huitième Siècle, par exemple, et vivre aujourd'hui. Cela m'irait à ravir. J'aime à vivre, j'en conviens, et je serais content d'être immortel.

MOI.

Soyez-en digne.

LE LECTEUR.

Qu'entendez-vous par là?

MOI.

Si je vous répondais, comme Jésus : « Il faut que vous mangiez l'Humanité : sans cela, vous ne renaîtrez pas, ou vous renaîtrez en enfer.... »

LE LECTEUR.

Ce ne serait plus là de la Physique.

MOI.

Qu'en savez-vous?

LE LECTEUR.

Mais d'abord Jésus ne dit pas : *Mangez l'Humanité*; il dit : « *Mangez-moi* (1). » Puis je ne comprendrais pas

---

(1) O cruel retour des choses d'ici-bas ! Quand je pense qu'Arnauld, Nicole, Pascal, Malebranche, pourraient aujourd'hui avoir à compter, avant toute émission de leur pensée, non pas avec des docteurs en Sorbonne, mais avec un correcteur d'imprimerie nullement au courant de la théologie, et qui n'aurait pas même bien lu l'Évangile ! Les philosophes ont déconsidéré les théologiens : philosophes et théologiens sont bien avancés maintenant ! Que devient le mot de Jésus : « La chair n'est « rien, c'est l'esprit qui vivifie ! »

Mais venons à mon Réviseur. J'aime autant lui écrire.

A MON RÉVISEUR.

« Vous êtes charmant, mais vous ne voulez pas absolument que Jésus ait dit : *Mangez-moi*; vous m'avez déjà fait corriger cela (ci-dessus, p. 89). Au lieu de « Jésus veut qu'on le mange », j'ai mis, sur votre observation : « Jésus veut qu'on mange la chair du Fils de l'homme »; c'est pourtant bien la même chose, puisque le Fils de l'Homme c'est Jésus.

« Vous revenez à la charge; vous ne sauriez laisser passer ce *Mangez-moi*.

« Qu'est-ce qui vous choque donc dans cette expression?

« Je ne peux supposer que votre goût soit blessé de ce que Jésus

PRÉFACE.

davantage votre MANGEZ L'HUMANITÉ. Comment tout cela pourrait-il me faire renaître, et me rendre heureux dans mes renaissances? Brisons là-dessus, je vous prie, et répondez à l'objection capitale que j'ai à vous faire.

MOI.

Voyons-la votre objection.

CHAPITRE LXIII.

LE TÉLÉGRAPHE ÉLECTRIQUE DE L'AMOUR.

LE LECTEUR.

Pour me manifester à San-Francisco, étant à New-York, il faut le télégraphe électrique; pour me manifester

---

parle familièrement, *simplement*, de ce qu'il n'entoure pas son idée de métaphores ou de grands mots.

« Faut-il vous le dire? vous ressemblez, mon cher Correcteur, à ceux des disciples qui se scandalisèrent à tort, trouvant cette parole de Jésus *dure*.

« J'ai deux textes où Jésus dit positivement, et en propres termes, sans phrase, qu'il veut *qu'on mange sa chair*, qu'il veut *qu'on le mange*; savoir :

« Vers. 56 du sixième chapitre de saint Jean : « *Celui qui* MANGE MA
« CHAIR (ὁ τρώγων μου τὴν σάρκα) *a la vie éternelle.* »

« Et vers. 57 : « *Celui qui* ME MANGERA (ὁ τρώγων με) *vivra par*
« *moi.* »

« Prenez-en donc votre parti, et permettez-moi de faire parler l'Evangile comme il parle. »

maintenant, ayant vécu il y a un ou deux siècles, qu'a-t-il fallu?...

MOI.

Cela vous embarrasse?

LE LECTEUR.

Mais oui, cela ne laisse pas que de m'embarrasser.

MOI.

Cela pourtant n'embarrasse personne, depuis l'insecte jusqu'à l'homme.

LE LECTEUR.

Que voulez-vous dire? (*Le Lecteur paraît stupéfait.*)

TARTUFE (*qui s'est introduit clandestinement, et qui a écouté notre conversation*).

(*A part :*) Voilà ce que j'appelle une idée dangereuse.... Il faut que je lui jette des bâtons dans les roues, et que je dégoûte le Lecteur d'une pareille idée. (*Haut :*) Hé! bonhomme qui vous passionnez pour le télégraphe électrique, ne voyez-vous pas que monsieur ne connaît d'autre Paradis que celui où l'on arrive par le *Télégraphe électrique de l'amour?* Quelle affreuse doctrine! quelle obscénité! Aller en paradis ou en enfer par une telle voie!

MOI.

Ah! Tartufe! Tartufe! tu n'as rien à voir ici. Marie-toi, Tartufe, et cesse de presser sous la table les genoux d'Elmire.

Ce Tartufe est étonnant! il charge Dieu de donner une âme à chacun de nous au moment de la naissance.... A

PRÉFACE.

quel instant précisément ? C'est ce qui l'embarrasse ; les docteurs varient d'opinion. Et quand je lui explique ce que la nature tout entière manifeste, sans qu'on l'ait bien compris jusqu'à présent, ce que d'ailleurs toutes les religions, et le Christianisme plus que toutes les autres, révèlent, sans qu'il s'en doute, le malheureux ! il me trouve obscène !

CHAPITRE LXIV.

LA NATURE ET LA GRACE.

LE LECTEUR.

Voilà Tartufe parti ; continuons l'entretien.

MOI.

Je ne sais, mon Lecteur, si ce sera possible.... en ce moment, du moins. Notre âme est une lyre, elle est montée ou démontée. Tartufe a démonté ma lyre. Tout en poussant des soupirs enflammés vers le Ciel, il a des points de vue si ignobles, ce Tartufe ! Ah ! ce n'est pas lui qui unira et mariera ensemble la Nature et la Grâce.

LE LECTEUR.

Qu'appelez-vous la Nature, et qu'appelez-vous la Grâce ? Je suis un peu brouillé avec le langage des théologiens.

MOI.

Est-ce que Dieu n'a pas fait la Nature ? Comment donc pourrait-il y avoir entre la Nature, que Dieu a faite, et

Dieu, qui a fait la Nature, une désharmonie fondamentale ?

LE LECTEUR.

Tartufe vous dira que la Nature est *corrompue*.

MOI.

Il devrait nous dire comment la guérir.

LE LECTEUR.

C'est à quoi il emploie ce qu'il appelle la religion.

MOI.

Soit, je suis de son avis : il faut la Religion ; sans quoi la nature humaine, sortie, par la voie de la Connaissance égoïste, de la garde de Dieu, et incapable de se diriger normalement, ira à toutes les corruptions. Mais ce que je demande, et ce que j'ai le droit de demander, c'est que la Religion soit d'accord avec la Nature ; autrement je trouve que vous créez, entre l'auteur vrai ou supposé de la Nature et cette Nature même, le duel le plus effroyable, le plus absurde, le plus ridicule que l'on puisse imaginer. Béranger a fait rire jusqu'aux dévots avec son bon Dieu, qui, mettant le nez à la fenêtre, et voyant comment les peuples sont gouvernés, s'écrie :

> Si c'est par moi qu'on règne de la sorte,
> Je veux, mes enfants, que....

Vous savez le reste. A combien plus forte raison ne dirait-on pas à Dieu : — « Si c'est toi qui as fait et qui conduis la Nature de telle sorte que la Nature soit une chose et que la Religion en soit une autre; que suivre les vraies lois voulues par toi dans cette Nature ne soit pas vertu et ne constitue pas, avec la reconnaissance de ton être et la gratitude envers toi, la Religion même; qu'au contraire, suivre la Nature, dans le mariage par exemple et dans la procréation, soit une faiblesse, et même pour certains homme, un crime (1); qu'ainsi le monde spirituel, où l'on

---

(1)   A MON RÉVISEUR,

QUI A MARQUÉ CE PASSAGE A L'ENCRE ROUGE.

« Mais, mon cher Réviseur, vous lisez donc mes épreuves en *théologien !*

« Je croyais que la règle de la Magistrature était de tenir une sorte de champ clos courtois entre toutes les Opinions religieuses, morales, philosophiques, qui se partagent, non pas seulement la France, mais le monde entier.

« Cela était ainsi autrefois; mais combien cela est devenu plus nécessaire! Car, enfin, nous sommes aujourd'hui mêlés à tout sur toute la surface du globe.

« Une des choses qui me frappent le plus, à l'âge où je suis, c'est de voir les soldats de la France, et même ceux du pape, habillés comme des Mahométans. C'est le signe pour moi d'une vaste extension de l'horizon intellectuel, et ce devrait être le signe d'une grande liberté de penser.

« Je ne vous dirai pas que nous avons aujourd'hui une colonie Cochinchinoise, en outre de notre colonie Algérienne, et qu'ainsi Mahomet et les divinités d'Ava sont de notre ressort; ce qui nous fait un devoir d'une grande tolérance.

« Quand on prend des fonctions pareilles, impossible de suivre la politique où l'Espagne a péri, et de rétablir l'Inquisition.

« Aussi n'y songe-t-on pas, et j'ai eu le plaisir d'entendre un magistrat en grand renom formuler ainsi la règle du Parquet :

« Puisque la Parole existe, disait-il, puisque la Presse existe, servez vous-en. Après tout, la Bible ne dit-elle pas que Dieu a livré le monde

prétend que tu règnes par ton Saint-Esprit, soit au rebours du monde naturel, où éclatent pourtant ta puissance, ton

---

à la discussion. Discutez donc, nous ne pouvons ni ne voulons vous en empêcher. Autrement, il nous faudrait non pas assoupir, mais asphyxier l'esprit humain. Mais discutez avec mesure, sans trop vous malmener, sans vous injurier, en vous respectant, comme de vrais *gentlemen;* battez-vous *avec tolérance.* »

« Ai-je manqué à cette règle?

« Blâmer, est-ce injurier?

« Or, remarquez que je ne blâme même pas. Je ne blâme rien.

« Leibnitz a fait un traité sur l'accord possible de la Nature et de la Grâce. C'est le même ordre de pensées qui m'occupe. Je trouve une contradiction fondamentale entre l'idée que Dieu *ait fait la Nature* (chose incontestable) et l'idée qu'il *réprouve cette Nature.* Et de cette contradiction je conclus que c'est notre ignorance seule qui met Dieu en contradiction flagrante avec lui-même.

« Voilà ma thèse, ne la quittons pas.

« Mais vous voulez en sortir, je suppose. Eh bien, sortons-en un moment.

« Si vous étiez théologien, je bornerais ma réponse à ce peu de mots : Le *Mariage est* d'institution divine, et *le Célibat n'est pas* un sacrement. Vous seriez fort embarrassé.

« Votre remarque m'a donné l'idée de revoir très-sommairement ce qu'ont pensé du Célibat les fondateurs du Christianisme.

« Je compte Moïse au nombre de ces fondateurs, puisque, selon la déclaration même de l'Evangile, le Mosaïsme se retrouve en essence dans le Christianisme.

« Eh bien, que dit Moïse?

« Il établit que l'homme et la femme n'ont d'abord fait qu'un seul être, un *androgyne;* écoutez le texte :

« Dieu donc créa l'homme à son image ; il le créa à l'image de Dieu ; il les créa mâle
« et femelle. Et Dieu les bénit, et leur dit : Croissez et multipliez, remplissez la terre.
« (*Gen.*, ch. I, vers. 27 et 28.) »

« Quelle apologie du Mariage! Le mot Apologie est bien faible!

PRÉFACE. 127

amour, et ton intelligence; si c'est par toi qu'on prêche de la sorte...; » — aidez-moi donc, que dit Béranger?

« Quand je vous disais tout à l'heure : *Le Mariage est d'institution divine*, avais-je tort? Y a-t-il plus forte institution qu'*une création?* L'homme et la femme ne faisant qu'un dans la pensée créatrice et dans la manifestation de cette pensée! Evidemment le Célibat est condamné comme idéal. Ou bien il faut rejeter Moïse.

« Mais voici Jésus qui répète textuellement Moïse, et qui en tire une conclusion nouvelle, une conclusion qui dépassait la moralité des Hébreux, chez qui la femme était très-subalternisée.

« Je vous prie, pesez encore bien ce texte, vous, mon Réviseur qui aimez que je cite les textes; il est de saint Matthieu, chapitre XIX :

« Des Pharisiens vinrent pour le tenter (Jésus), et ils lui dirent : Est-il permis à un
« homme de répudier sa femme?

« Et il leur répondit : N'avez-vous pas lu que celui qui créa au commencement *fit un*
« *homme et une femme*,

« Et qu'il dit : *Les deux ne seront qu'une seule chair.*
« Ainsi ils ne sont pas deux, mais ils sont une seule chair. (Vers. 3, 4, 5, 6.) »

« Et de là Jésus conclut : « Donc, que l'homme ne sépare point ce
« que Dieu a uni. (Vers. 7.) »

« Ce précepte si fameux de l'indissolubilité du Mariage, qui fait encore loi en France, est donc issu d'un Dogme sur *la nature même des choses*, d'un dogme sur *la création*. C'est donc la Nature, la véritable Nature, saisie par l'inspiration des révélateurs, qui a amené sur la terre, avec le précepte de Jésus, la loi consacrée aujourd'hui encore dans nos Codes.

« L'Eglise Catholique a fait, dans les différents siècles, de belles applications de ce précepte en faveur des femmes. Je la loue à cet égard de tout mon cœur, bien qu'elle ait aussi à se reprocher, si j'ai bonne mémoire, différentes infractions commises à ce sujet par elle. Mais enfin les plus fortes infractions ne sont pas d'elle.

« Cela étant, comment peut-on ne pas remonter au principe d'où cette conclusion a été tirée?

LE LECTEUR.

Hé! mais, il dit, en propres termes : *Je veux que le diable m'emporte.*

« Pourquoi Jésus repousse-t-il la répudiation? Parce que le Mariage est d'*institution divine*; j'aimerais mieux dire, — comme je disais tout à l'heure, — parce qu'il est *de création*.

« Si le Mariage est *de création*, le Célibat, en lui-même, ne mérite aucun respect.

« Les théologiens, au surplus, en ont toujours jugé ainsi, malgré la nuance *Manichéenne* que S. Augustin a donnée au Christianisme.

« S. Paul mérite d'être regardé comme le premier des théologiens. Que dit S. Paul?

« Il a un chapitre spécial *Du Mariage et du Célibat* dans sa Première aux Corinthiens. Que dit ce chapitre?

« S. Paul commence par y déclarer que, pour son compte personnel, il pratique le célibat : « Chacun a ses dons, dit-il, et n'être pas attaché « à une femme est à mon avis une belle chose (καλόν). »

« L'orgueilleux!

« Mais, après s'être ainsi vanté de sa vaillance, n'est-il pas obligé d'ajouter : « Pourtant il vaut mieux se marier que de brûler. (Vers. 9.) » Qu'est-ce à dire, sinon que cette abstinence de la Nature, dont il se targue, n'est pas d'institution divine, comme le Mariage, son contraire?

« Et ce qui suit le prouve bien : car, tout en disant qu'il trouve le célibat bon pour lui (à cause de ses dons) et qu'il le conseille à ceux « à qui il peut convenir », il décide souverainement ainsi :

« Mais, à cause de l'impudicité qui résulterait d'une pareille institu-
« tion, *que chacun ait sa femme, et que chacune ait son mari.* (1 Cor.,
« ch. VII, v. 2.) »

Et voici ce qu'il légifère dans sa Première à Timothée (ch. III) :

« V. 2. Que l'évêque soit irréprochable, *mari d'une seule femme,* sobre, prudent, grave,
« hospitalier, propre à enseigner.

« V. 4. Qu'il gouverne bien sa propre famille, tenant ses enfants dans la soumission et dans toute sorte d'honnêteté.

PRÉFACE.

MOI.

Ce que c'est que les poètes! Tout leur est permis.

LE LECTEUR.

Ainsi, vous prétendez que la Nature et la Grâce se marieront un jour, c'est-à-dire qu'*on sera à Dieu tout en étant homme....*

MOI, *interrompant.*

Ah! Lecteur, que je vous remercie! Comme vous élu-

« V. 12. Que les diacres soient *maris d'une seule femme*, gouvernant bien leurs enfants et leurs familles, etc. »

Si donc on m'accusait de préférer le Mariage au Célibat, je répondrais avec la Bible, avec l'Evangile, avec S. Paul, et avec beaucoup d'autres.

« *Post-scriptum.* Pour achever d'extirper toute crainte chimérique de votre esprit, faites, je vous prie, cette supposition.

« J'ai bien le droit, n'est-ce pas, d'être Protestant, au moins de la Confession d'Augsbourg ou de celle de Genève (les deux qui existent aux termes du Concordat). J'ai aussi, je crois, le droit d'être de la religion Juive. A l'un ou à l'autre de ces titres, j'ai le droit de préférer un sacerdoce marié à un sacerdoce célibataire.

« Faites la supposition inverse. Supposez un partisan de la discipline Catholique écrivant qu'il préfère le Célibat au Mariage : verra-t-on là une offense à l'une des religions ou sectes constituées légalement? Et pourtant cette thèse serait la négation de la Discipline de l'église Anglicane, de l'église Presbytérienne, de toutes les Églises Protestantes, de la Synagogue Juive, etc. L'écrit de ce Catholique serait donc une offense au mutuel respect que toutes les opinions religieuses se doivent. »

cidez mon idée, comme vous la gravez d'un trait profond et difficile à effacer ! Oui, nous serons à la fois à Dieu et à la Nature; nous serons à Dieu, et nous serons hommes. Ne nous a-t-il point faits, comme dit la Bible, à son image (1)? Nous serons donc.... (n'oubliez pas que c'est vous-même qui venez de le dire), nous serons précisément ce que le Christianisme prétendait nous faire par l'Eucharistie : *Dieu-Homme*, vrai Dieu et vrai Homme, de la même nature en un mot que ce Jésus qui s'incarnait à cet effet en nous.

LE LECTEUR.

Eh ! comment y parviendrez-vous sans miracle ?

MOI.

En arrachant de plus en plus le bandeau qui cache aux yeux des hommes la volonté de Dieu dans la Nature, en d'autres termes les vraies lois de cette Nature; en leur montrant que, loin qu'il y ait contradiction entre la réalité et l'idéal, il y a accord, harmonie, identité; que le réel a été fait en soi et en essence *idéal*, et que, s'il n'est pas ce qu'il est en essence, c'est par l'ignorance humaine, et non pour autre cause.

---

(1) *Gen.*, ch. I, v. 26, 27 : « Puis Dieu dit : Faisons l'Homme à notre
« image, selon notre ressemblance.... Dieu, donc, créa l'Homme à son
« image; il le créa à l'image de Dieu... »

CHAPITRE LXV.

NAISSANCE, RENAISSANCE.

LE LECTEUR, *après quelques instants de silence.*

Si je vous ai bien compris, la naissance serait la renaissance. Cela sauverait, en effet, la difficulté d'expliquer la création d'une âme chaque fois que.... C'est ce que vous venez de répondre à Tartufe. Mais, dites-moi, cette renaissance se ferait donc naturellement? Vous me parliez tout à l'heure de tous ces êtres, depuis l'insecte jusqu'à l'homme, dont aucun, disiez-vous, n'était embarrassé pour trouver le chemin de la renaissance. Mais pas un de ces êtres n'a conscience de la façon dont s'accomplit ce grand mystère. Ils croient tous obéir à un besoin, à un désir, à une impulsion qui leur est donnée. Les plus savants croient, non pas qu'ils seront reproduits un jour de cette façon, mais reproduire des êtres semblables à eux. Ils ne savent, au surplus, ni comment, ni pourquoi.

MOI.

C'est qu'il y a un être infiniment plus grand qu'eux, en qui et par qui s'accomplit le mystère.

LE LECTEUR.

Voilà précisément ce que je voulais savoir de vous. Vous faites intervenir Dieu, je le vois. Le phénomène en question ne s'accomplit donc pas naturellement?

MOI.

Au contraire, très-naturellement. Quel phénomène de

notre vie ne s'accomplit pas en nous à notre insu, sans que nous en ayons conscience. Digérons-nous par notre volonté ? Est-ce par notre volonté que nous respirons, que notre sang coule dans nos veines ? Voltaire se demande, après Pope, comment du pain devient de la chair ; et il se répond, après Pope :

Demandez-l' à ce Dieu qui nous a tous créés.

LE LECTEUR.

Ce n'est plus, vous en conviendrez, de la pure Physique. Il y a dans votre système un mélange de Métaphysique et de Physique....

MOI.

Qui s'éloigne de la Physique de vos physiciens. Mais si c'était encore de la Physique ; si vos physiciens avaient eu tort de mettre Dieu hors du monde ; si Dieu était dans le monde, *immanent* dans le monde, comme disait Spinosa (de quelque façon qu'il l'entendît), et comme le Catéchisme le proclame.

LE LECTEUR.

Alors il faudrait bien que je convinsse que le phénomène en question est à la fois naturel et divin.

MOI.

Mais si, outre Dieu et nous, il y avait encore dans ce phénomène important un autre être ?

LE LECTEUR.

Oh ! pour le coup, je ne sais ce que vous voulez dire. L'homme et la femme qui prennent part au mystère, bon.

PRÉFACE.

Dieu, je vous l'accorde encore, quoique tout ce qui touche à l'infini m'échappe. Mais quel troisième terme feriez-vous intervenir?

MOI.

Eh! consultez tous vos savants. N'y a-t-il pas, dans toute génération, ce qu'ils appellent l'Espèce?

LE LECTEUR.

C'est vrai! ils ne voient même que l'Espèce. C'est, suivant eux, l'Espèce qui fait tout. La vie n'est pas donnée à l'individu, mais à l'Espèce. Je n'ai jamais lu un naturaliste sans rencontrer cette idée. La Nature, suivant eux, ne travaille que *par et pour l'Espèce.* Les individus sont des canaux où coule une certaine Entité invisible qu'ils nomment l'Espèce. Il y en a bien quelques-uns parmi eux qui, pris de la manie d'un nivellement poussé jusqu'au chaos, auraient voulu porter atteinte à la distinction des Espèces, et tout réduire à des individus échelonnés sans transition absolue; mais ils n'ont pas plus réussi que les chercheurs de quadrature du cercle. Entre une ligne droite et un cercle il y a une distance infinie, qui donne lieu à une fraction différencielle sans limite : de même entre les Espèces. Elles peuvent se rapprocher sans cesse, comme les asymptotes s'approchent de l'hyperbole, sans jamais se confondre. Oh! vous avez mille fois raison; dans le mystère dont nous nous occupons, il y a, outre l'homme et Dieu, un troisième terme, l'Espèce.

MOI.

Me voilà satisfait. Et le Mystère qui a tant embarrassé le monde laïque et les docteurs, mis les Catholiques aux prises avec les Protestants, scandalisé les Philosophes, est maintenant expliqué.

LE LECTEUR.

Vous me faites rire !

MOI.

Et vous, tout en me remplissant de contentement, vous me faites souffrir.

LE LECTEUR.

Donner à la fois de la satisfaction et du déplaisir, cela est si contradictoire, que vous me permettrez de n'y rien entendre.

MOI.

C'est qu'il s'agit d'une de ces vérités qui font passer l'esprit humain d'un point de vue à un autre, par une sorte de mort et de renaissance ; ce qui ne se fait pas sans crise. L'idée ici est adéquate, si vous me permettez de le dire, au sujet même qui nous occupe. « *Il faut mourir pour renaître,* » disait Jésus à certain docteur en Israel, dans une conversation rapportée par saint Jean (1).

LE LECTEUR.

Je vous entends de moins en moins ; vous parlez par énigmes ; expliquez-vous donc nettement.

MOI.

Je n'ose.

LE LECTEUR.

C'est lâcheté que de ne pas dire toute sa pensée.

---

(1) S. Jean, ch. III.

PRÉFACE.

MOI.

Oh! vous ne me comprenez pas. Qui a jamais pu me reprocher de ne pas oser dire toute ma pensée? Mais c'est la grandeur du sujet qui m'effraye.

LE LECTEUR.

Alors c'est de votre insuffisance que vous avez peur.

MOI.

Avec toute la conviction possible, avec la certitude, mûrie pendant des années, de ne pas nous tromper, sommes-nous sûrs de notre suffisance, quand il s'agit de pareilles choses?

LE LECTEUR.

Il n'est plus temps d'esquiver, il faut parler.

MOI.

Ce serait au Pape à parler (1). Quel beau rôle aurait le Pape, vraiment inspiré du Saint-Esprit, si, avant de quitter le pouvoir temporel, il convoquait tous les évê-

---

(1) **A MON RÉVISEUR,**

QUI A MARQUÉ D'UNE CROIX CE PASSAGE,

sous le prétexte que je plaisante le Pape, comme Andrieux dans son *Epître*, ou tant d'autres.

« Non, mille fois non, je ne plaisante pas!

« Si, dans cet écrit, je plaisante, c'est de Calvin, de Locke, de Voltaire, puisque d'un bout à l'autre j'y soutiens, et pour cause, le Dogme Catholique dans toute sa profondeur.

« Je ne plaisante pas plus du pape que de la religion dont il est le

ques de la Chrétienté, non point pour canoniser Benoit Labre, mais pour leur expliquer l'Eucharistie ! Il pourrait, comme dit Jésus, abattre le temple et le rétablir en trois jours. Mais cela ne s'est pas fait ainsi pour le Christianisme, et ne se fera pas ainsi pour.....

---

chef. Le temps de plaisanter est passé. Aveugles ceux qui ne le voient pas ! Aveugles aussi ceux qui, fascinés par des progrès matériels dont la cause providentielle leur échappe, s'imaginent que tout est fini pour les religions, et qu'il ne s'agit plus que des *millionnaires*.

« Je viens de lire une Lettre imprimée dans plusieurs journaux, où, à propos d'un Projet d'*Encyclopédie du Dix-Neuvième Siècle*, on dit aux entrepreneurs : Laissez de côté ou réservez pour la fin la métaphysique, la philosophie, la théologie, et même la partie philosophique des sciences.

« Cela m'a rappelé le renard qui avait perdu sa queue à la bataille.

« Dans la même Lettre on dit : « Les temps sont mûrs, puisque *la vieille « morale, la vieille politique, la vieille religion, se meurent à Rome*, et « puisque naissent de toutes parts des moyens nouveaux et puissants de « remuer, d'éveiller et d'élever les esprits. »

« Mais ces moyens nouveaux et puissants qu'aperçoit l'auteur de la Lettre, ce ne sont pas des dogmes, ce ne sont pas des pensées, ce ne sont pas des croyances ; ce n'est rien qui intéresse l'esprit, l'intelligence, la conscience : autrement il ne conseillerait point de laisser de côté « la « philosophie, la métaphysique, la logique, l'ontologie, l'astronomie, et « les mathématiques. »

« Quels sont-ils donc ces moyens puissants ? La Lettre tout entière le dit : car elle sue cette devise, qui est à l'inverse de l'axiome de l'Evangile : *C'est la chair qui vivifie*.

« Et c'est au nom de cette négation de l'intelligence que l'auteur de cette Lettre conseille d'annexer au Projet d'Encyclopédie une Société financière qui commanditerait l'intelligence !

« Je doute qu'une telle Société financière, si elle eût existé, eût fait grand cas de l'Evangile de saint Matthieu quand il parut pour la première fois, et eût prêté des fonds à son auteur.

PRÉFACE.

LE LECTEUR, *m'interrompant en riant.*

Oh! s'il faut que le Pape m'explique l'Eucharistie, j'ai le temps d'attendre. Je vous tiens à la gorge, vous remplirez le rôle du Pape.

« Mais venons à vous, mon cher Correcteur.

« Ignorez-vous que c'est sur le dogme de l'Eucharistie que Catholiques et Protestants en général se séparent le plus ostensiblement, et que c'est encore sur ce terrain que les Protestants eux-mêmes diffèrent le plus manifestement entre eux, que Luther et Calvin, par exemple, sont le plus en désaccord?

« Ignorez-vous que c'est sur ce point aussi que les deux Eglises rivales, la Catholique et la Réformée, ont le plus insisté relativement à la perpétuité de tradition? D'un côté, Basnage, Claude, et tous les historiens de la Réforme, ont rattaché à Bérenger de Tours, et à ses adhérents du Onzième Siècle, les Protestants du Seizième, de même qu'ils ont rattaché Bérenger lui-même aux nombreux partisans que l'opinion d'Erigène avait ralliés au Neuvième. D'un autre côté, Bossuet, Arnauld, Nicole, et les autres défenseurs du Catholicisme, se sont efforcés de démontrer que l'opinion d'Erigène, de Bérenger, et de tous ceux qui, à des titres divers, nient et la Transsubstantiation et la Présence réelle du corps de Jésus-Christ dans l'Eucharistie, avait toujours été condamnée par l'Eglise, laquelle avait toujours, au moins implicitement, adopté l'opinion que Paschase Ratberg émit, contradictoirement à Erigène, au Neuvième Siècle?

« Que faut-il en conclure? Que la réunion des Protestants et des Catholiques, de même que celle des Protestants entre eux, en d'autres termes l'unité de l'Eglise, *ne se fera jamais, ou se fera sur ce terrain.*

« Quelle plus auguste fonction pour le Pape que d'opérer cette réunion? Quel meilleur emploi par conséquent de l'effusion de l'esprit saint?

« Et lorsque je fais une évidente allusion à cette nécessité de conduire le Christianisme à ses fins, vous vous imaginez que l'on pourrait m'accuser de plaisanter. Je proteste!

« Plaisants seraient ceux qui entendraient d'une façon si détournée ce qui est si clair à entendre! »

MOI.

Ah! Lecteur, vous êtes vraiment cruel!

LE LECTEUR.

Et vous, vous ressemblez à la Pythie sur le trépied, qui ne veut pas dire son mot.

MOI.

Un mot!... en effet, il suffit d'un mot. (*A part :*) Mais combien ce mot peut en entraîner d'autres!

LE LECTEUR.

Vous vous êtes trop avancé. Il faut parler, vous dis-je.

MOI.

Eh bien, je vais parler. Ce mot, je l'ai sur les lèvres.... ce mot va m'échapper.

LE LECTEUR.

Qu'il vous échappe.

MOI.

Ne voyez-vous pas que Jésus....

LE LECTEUR.

Eh bien, quoi? Jésus....

MOI.

C'est l'Espèce HUMANITÉ

CHAPITRE LXVI.

LA TRADITION.

LE LECTEUR.

Quoi! les Chrétiens auraient adoré pendant tant de siècles l'ESPÈCE HUMANITÉ sans s'en douter!

MOI.

Qui vous dit qu'ils ne s'en sont pas doutés? Ne voyez-vous point, par exemple, que ce mystique s'en est douté?

LE LECTEUR.

Quel mystique?

MOI.

Eh! par Dieu! Paschase, l'homme de la *montagne des rats* (je suppose que *Ratberg* avait cette étymologie), ce mystique du Neuvième Siècle, antérieur seulement de quelque vingt ans à mon bon ami Théophile; *Paschase*, dis-je, le très-bien nommé, puisqu'il amena, par sa foi obstinée, les docteurs et les multitudes à donner ou plutôt à rendre à la *Pâque* antique, à la *Pascha*, sa véritable signification.

LE LECTEUR.

Encore votre Paschase! Comment pouvez-vous tenir à tel point à ce qu'a pensé ce Paschase?

MOI.

C'est que j'ai toujours attaché un grand, un inestimable prix à ne point faire schisme dans l'Humanité, à être d'accord avec la Tradition vraiment universelle. J'ai employé ma vie à vérifier toutes mes croyances par la Tradition.

LE LECTEUR.

Affaire de goût.

MOI.

Et j'ai toujours trouvé (chose qui vous étonnera) que les idées devenaient plus claires à mesure que nous remontons vers leur source.

LE LECTEUR.

Cette méthode peut vous convenir. Pour moi et pour la plupart des hommes, la vénérable Antiquité ne nous inspire qu'un médiocre intérêt.

MOI.

Parce que vous ne la comprenez pas, permettez-moi de le dire.

LE LECTEUR.

Ce n'est point Paschase, et ce qu'il a pu penser, qui m'intéresse; c'est ce que vous pensez vous-même, vous né à la fin du Dix-Huitième Siècle, et nourri de ce Dix-Huitième Siècle.

CHAPITRE LXVII.

SINGULIÈRE RENCONTRE ENTRE LA PHILOSOPHIE NATURELLE ET LA THÉOLOGIE.

Ce qui m'étonne, néanmoins, ce qui me confond, c'est cette rencontre subite, imprévue, entre la Philosophie naturelle et la Théologie.... Il n'y a pourtant pas moyen de sortir de là, une fois que l'on a admis la *réalité des Espèces*... S'il y a des Espèces, il y a une espèce Humanité... S'il y a une espèce Humanité, elle vit, elle existe ;... et, en effet, ne se manifeste-t-elle pas dans nos générations?... Mais si elle se montre dans nos naissances, pourquoi ne se montrerait-elle pas en d'autres actes de notre vie, ou plutôt dans notre vie même? Nous voilà donc *unis à cette Humanité*.... Or les Chrétiens, par l'Eucharistie, ne prétendaient-ils pas *s'unir à Jésus*? Et pourquoi? précisément parce qu'ils disaient que Jésus, en sa nature même, était *uni à nous*.

MOI.

Bravo! bravissimo!!!... Voulez-vous que je vous récite en grec et en français le fameux Prologue de saint Jean? Vrai! vous commencez à être digne de l'entendre :

Ἐν ἀρχῇ ἦν ὁ Λόγος, καὶ ὁ Λόγος ἦν πρὸς τὸν Θεόν, καὶ Θεὸς ἦν. Ὁ Λόγος οὗτος...

Mais vous ne m'écoutez pas.

CHAPITRE LXVIII.

SAINT, PROFANE.

LE LECTEUR, *se parlant à lui-même*.

Je m'aperçois, en effet, que j'étais plus Chrétien que je ne croyais; car j'éprouve une joie secrète de cette rencontre de la Science et de la Religion. Il me semble que quelque chose se raccommode en moi. Je suis même tellement Chrétien au fond, malgré mon incrédulité radicale, que le Christianisme, avec son Eucharistie, me paraît la sainteté, et que la Philosophie naturelle, avec son Espèce, me semble fort prosaïque et presque méprisable. En cela, je l'avoue, je me trouve en pleine contradiction avec moi-même.

MOI.

Preuve qu'il faut unir ce que jusqu'ici vous avez trop séparé. Vous avez tellement oublié le divin des choses, que, du mystère même de la vie, vous avez fait un voile qui obscurcit votre intelligence. Ah! mon pauvre cher Lecteur, on a partagé en deux votre esprit. Tâchez de réunir les parties, comme un habile chirurgien.

LE LECTEUR, *continuant sans m'entendre*.

Jésus l'Espèce Humanité, dans le même sens où nous disons l'*Espèce Bovine*, ou l'*Espèce Ovine!*

MOI.

Oui, mais avec la différence du bœuf ou du mouton à l'Homme. Ah! si vous ne saviez pas ce que c'est que l'Homme en essence (ce que c'est que Jésus), je comprends que cette idée vous rabaisserait à la bête, au lieu de vous élever à Dieu. Mais si vous savez ce que c'est que l'Homme dans sa nature idéale (ce que c'est que le Verbe, ce que c'est que Jésus), vous devez avoir un autre sentiment.

LE LECTEUR.

Ce mélange de *saint* et de *profane* me scandalise.

MOI.

Bon! vous voilà comme Tartufe!.. Saint! profane!... Je vous demande un peu ce que cela veut dire... Est-ce que les lois de Dieu ne sont pas les lois de Dieu, et par con-

PRÉFACE.

séquent saintes? Le tout est de les comprendre. La Nature bien comprise est sainte. Supprimez la Nature, la vie, la création, que restera-t-il? Dieu en puissance, sans doute; mais, outre cette puissance infinie réduite au néant...

LE LECTEUR.

Pas grand'chose, vous avez raison. Mais comment voulez-vous que je m'habitue à cette idée que Jésus nous ressuscite en intervenant dans nos renaissances?

MOI.

Dieu n'intervient-il pas, aux yeux du Chrétien, dans notre naissance? Or Jésus n'est-il pas une des trois personnes de la divine Trinité? Donc il intervient, à titre de Verbe, dans nos naissances. Je défie les théologiens, s'il y en a encore, de le nier. Si Jésus intervient dans nos naissances, qu'y aurait-il de scandaleux à ce qu'il intervînt dans nos renaissances?

LE LECTEUR.

C'est encore vrai pourtant! Je ne vois rien à répondre à cela.

MOI.

On ne se serait donc trompé que sur un point, la *fin du monde* (point aujourd'hui fort abandonné des théologiens, s'il en reste). On avait imaginé que Jésus nous ferait revivre *à la fin du monde;* tandis que, suivant l'idée rectifiée comme je viens de faire, il nous ferait revivre *pendant la durée du monde.* La vérité mal comprise aurait donc causé l'erreur.

LE LECTEUR.

C'est assez probable.... Nos erreurs ont toutes pour cause quelque vérité.

CHAPITRE LXIX.

LE SALUT.

MOI.

Mais si je vous prouvais qu'aucun des grands initiateurs qui ont fondé le Christianisme n'a entendu ce Salut de la *fin du monde* autrement que je ne l'entends; si je vous prouvais qu'ils sont venus, ces grands initiateurs, pour nous élever *à Dieu* en nous élevant *à l'Homme*, c'est-à-dire à la nature idéale qui est en chacun de nous ; et que par la *fin du monde* ils ont entendu la fin du monde de l'inégalité et de l'injustice, qu'auriez-vous à dire? Si je vous prouvais qu'à moins de supposer l'absurde, on ne peut entendre autrement ni saint Paul, ni saint Jean! Saint Pierre seul, des trois grands Disciples, pourrait prêter à la supposition de la croyance en une fin du monde immédiate. Saint Pierre seul, en un mot, pencha ou peut être soupçonné d'avoir penché, lui et son école, vers une Palingénésie miraculeuse. Quant aux écoles de saint Jean et de saint Paul, elles comprirent et suivirent Jésus disant, d'une façon mystérieuse, à Nicodème : *Il faut mourir pour renaître* (1).

LE LECTEUR.

C'est curieux.

MOI.

Je prendrai saint Paul pour exemple. A moins de se figurer saint Paul fou, ou plutôt idiot, peut-on supposer qu'il s'imaginât que le Genre Humain, jugé par lui si per-

---

(1) S. Jean, ch. III.

verti, serait *soudainement* transformé par la Doctrine
Chrétienne, quand cette doctrine n'avait pu s'implanter
parmi les Juifs, chez qui elle avait pris naissance, et pour
lesquels elle paraissait faite?

LE LECTEUR.

Il aurait fallu, en effet, une foi bien robuste pour croire
cela!

MOI.

Aussi n'y a-t-il pas une ligne dans les écrits que nous
avons de lui qui ne démente cette hypothèse. Ne dit-il pas,
animé de l'esprit prophétique, que les Juifs ne seront convertis qu'après les Gentils, et même après tous les Gentils?
et ne révèle-t-il pas cette finale conversion du peuple Juif
comme une sorte de *mystère* (c'est le mot qu'il emploie)?
Or, à l'époque où il écrivait cela (*Epître aux Romains*),
combien de Gentils étaient convertis? à peine quelques
centaines. Dira-t-on que, par cette conversion des Gentils, il entendait une conversion *miraculeuse*, qui allait,
comme la foudre, se répandre en un clin d'œil d'un bout
de la terre à l'autre, d'abord parmi tous les Grecs, les
Romains, et les nations asservies par eux, même les plus
barbares, puis parmi les peuplades sauvages, jusqu'aux
contrées les plus reculées, pour revenir ensuite transformer les Hébreux eux-mêmes? Mais, encore une fois, ce
serait supposer saint Paul un pur aliéné, lui qui voyait
combien il était difficile, d'un Païen ou d'un Juif, de faire
un Chrétien. Ce serait le supposer aliéné à un autre titre:
car en quoi fait-il constamment consister la conversion au
Christianisme? Dans une *Doctrine*. Or une doctrine ne
prend pas comme la peste ou une épidémie. Lui qui pré-

chait si bien cette doctrine, il savait qu'une doctrine demande du temps pour se répandre, qu'elle demande des docteurs et des apôtres pour la populariser, qu'elle éprouve des contradicteurs (il parle sans cesse de ceux qu'il rencontrait à chaque pas, même parmi les Chrétiens ou gens qui se disaient tels). Il ne pouvait donc se faire une illusion qui eût été en complète contradiction avec sa pensée la plus profonde, celle d'une *régénération du Genre Humain par une conception véritable des lois divines et de la vraie nature humaine*. Donc il devait admettre qu'il fallait pour cela du temps, des siècles. Ne voyait-il pas les Chrétiens mourir autour de lui? N'annonce-t-il pas lui-même sa fin prochaine? Et l'œuvre était à peine commencée! et quelle œuvre! (je le répète de nouveau) la *Conversion Spirituelle du Genre Humain tout entier*, y compris les Juifs, qui avaient crucifié Jésus-Christ. Donc, encore une fois, l'idée de saint Paul était tout autre que l'idée saugrenue et mal définie qu'on lui prête; et véritablement ceux-là sont de véritables fous, qui le supposent si insensé!

CHAPITRE LXX.

LES DEUX SAUVEURS.

LE LECTEUR, *en riant*.

Cruel embarras!

MOI.

Que voulez-vous dire?

PRÉFACE.

LE LECTEUR.

C'est que... je suis dans un véritable embarras... par abondance de biens.

MOI.

On dit pourtant qu'abondance de biens ne nuit pas.

LE LECTEUR.

Me voilà entre deux Sauveurs!

MOI.

O fils de Voltaire, plaisanterez-vous toujours? Vous n'êtes pas entre deux Sauveurs. Il n'y en a qu'un, toujours semblable à lui-même, toujours bon, grand, miséricordieux, toujours divin, ou plutôt toujours Dieu ; manifesté différemment de siècle en siècle, parce que, non pas lui, mais l'intelligence humaine est progressive.

LE LECTEUR.

Laissez-moi encore plaisanter avant de devenir définitivement sérieux. Plaisanter est mon fait, puisque vous me dites fils de Voltaire (je suis cependant aussi fils de Rousseau). Me voilà, vous dis-je, entre deux Sauveurs! Quel est le vrai? quel est le faux? C'est absolument comme dans la pièce d'Amphitryon.

MOI.

Les fables antiques, fabriquées toutes dans les temples, ont un grand sens, que les poètes, et surtout les poètes comiques, n'ont pas toujours compris, il s'en faut! Celle-ci, voyez-vous, pourrait être du nombre de celles qui signifient tout autre chose qu'elles ne paraissent (1). Je vous dirais bien comme Sosie :

> Le véritable Amphitryon
> Est l'Amphitryon où l'on dine ;

mais vous n'en seriez pas moins embarrassé.

CHAPITRE LXXI.

QUEL EST LE VRAI?

LE LECTEUR.

Voyons! distinguons bien. Je prétends que de ces deux Sauveurs il y en a un qui sauve, et l'autre qui ne sauve pas.

D'abord Jésus sauve, ou promet de sauver. On l'appelle *notre Sauveur;* il n'y a pas un livre catholique ou protestant où il ne soit ainsi dénommé. A vrai dire, c'est là son rôle. C'est lui qui nous fait renaître, qui doit nous faire *renaître en chair et en os.* Le concile de Nicée, inspiré du Saint-Esprit, l'a ainsi décidé. Le Symbole le proclame. N'est pas Chrétien qui rejetterait ce dogme : c'est la croyance fondamentale. Jésus est venu *sur la*

---

(1) Il y a une preuve incontestable que cette fable de Jupiter et Amphitryon (le Dieu et l'Homme), dont Plaute et Molière ont tiré leurs comédies, — j'allais dire leurs *farces*, — avait primitivement un sens philosophique. Cette fable n'est pas Grecque d'origine, elle n'est pas née sur le sol de la Grèce; elle est Indienne, et remonte à l'antiquité Brahmanique. C'est ce que l'Anglais Dow a fort bien démontré.

terre pour nous arracher à la mort; il doit revenir *sur la terre* pour juger les vivants et les morts, et nous devons ressusciter *sur la terre*. J'avoue que, si ce qui nous fait revivre, ce qui nous ramène ou peut nous ramener *sur la terre*, est l'Espèce Humaine (l'Être Humanité, comme vous dites), évidemment on a donné à Jésus le rôle de cet Être Humanité, ou bien en réalité Jésus était et est cet Être. Voilà une déduction, claire, évidente, incontestable, de ce que vous venez de me démontrer. Mais le malheur, c'est que votre Espèce Humanité ne nous sauve pas. Elle se sauve, elle sauve l'Espèce; mais elle ne nous sauve pas.

MOI.

Sortez de vos rêves de vie future en dehors du monde; sortez également de votre rêve de Néant. La Vie existe; elle se poursuit, grâce à l'Espèce, de génération en génération. Vous voyez une génération, c'est la vie, la vie manifestée; une autre génération, c'est encore elle : donc c'est la même.

LE LECTEUR.

Mais ce ne sont pas les mêmes hommes. L'Espèce, comme vous l'entendez, ne nous fait pas renaître, au lieu que Jésus notre Sauveur....

MOI.

Oh! que votre vue est courte et bornée! Qui a créé, qui entretient le monde? Interrogez là-dessus les anciens, les modernes, ils vous diront : « C'est l'Amour. » Les religions vous diront la même chose. Ouvrez la Genèse de Moïse, elle vous le dira, si vous savez la comprendre Consultez saint Jean, l'aigle de Pathmos, celui qui, suivant toute la Tradition Chrétienne, a le mieux connu et la nature de Dieu, et celle de son Fils; il vous dira : « Dieu, c'est l'Amour : *Deus est Charitas* (1); » et son célèbre Prologue, que j'avais commencé à vous réciter, et que vous n'avez point voulu entendre, vous dira la même chose, avec d'amples développements et d'admirables révélations sur l'essence même de la foi des Chrétiens. Et les Philosophies aussi, toutes les grandes Philosophies, vous diront : « Dieu, c'est l'Amour. » La Nature tout entière vous dira de même.

LE LECTEUR.

Eh! sans doute, c'est l'Amour. Mais, encore une fois, l'Amour, après avoir fait des hommes, en fait d'autres.

MOI.

Eh quoi! vous n'osez pas attribuer à ce qui donne la vie, c'est-à-dire à l'Amour, le pouvoir de la reproduire? Ce qui donne la naissance ne donnerait pas la renaissance! Ne voyez-vous pas que votre manière de penser est contradictoire en soi? Si Dieu est créateur par l'Amour, il est reproducteur par l'Amour; car toute création n'est qu'une reproduction. Pourquoi donc, avec la grâce de Dieu, l'être individuel, qui paraît donner la naissance, ne se donnerait-il pas à lui-même la renaissance (2)? Aimer, est-ce seulement donner? Si c'était donner la

---

(1) I Joan., c. IV, v. 8 : « Celui qui n'aime pas ne connaît point « Dieu, parce que Dieu c'est l'amour : ὁ μὴ ἀγαπῶν οὐκ ἔγνω τὸν θεόν, « ὅτι ὁ θεὸς ἀγάπη ἐστίν. » Sainte Thérèse disait de Satan : « Le mal« heureux, il n'aime pas. »

(2) Je n'entends point cela, Dieu m'en garde, comme les Saducéens, qui croyaient renaître uniquement dans leur postérité directe. Cette

PRÉFACE.

vie pour la recevoir ? J'ai prouvé à mes contemporains que Dieu n'avait pas pu faire un être qui ne fût pas reproducteur de sa subsistance...

LE LECTEUR.

Ah ! votre loi du *Circulus*, dont on s'est tant moqué, et dont tout le monde convient aujourd'hui !

MOI.

Cette loi du *Circulus* est bien plus vaste que ne le pense le Père Enfantin, qui vient d'écrire au Père Félix sur la *Vie Éternelle* (1). Enfantin m'accuse de tourner dans mon *Circulus* comme un écureuil dans sa cage (2). C'est lui qui tourne dans le vide d'un tour de passe-passe emprunté à Hégel : *Bombyx bombycinans in vacuo*, comme dit quelque part maître François.

CHAPITRE LXXII.

FIGURE, RÉALITÉ.

Mais que Dieu me pardonne cette riposte, pourtant bien légitime, faite à un homme d'un certain génie, qui, ayant trituré toute sa vie ces deux idées : *l'amour* et la *vie éternelle*, n'a jamais rien compris au lien qui les unit.

---

croyance est précisément tout à l'opposé de ma théorie. Mais toute interrogation qu'on pourrait me faire à ce sujet n'aurait pas ici sa place.

(1) Est-ce au Père Félix ou au commandant du Génie Richard ? Qui le sait le dise ! moi, je n'en sais plus rien. Enfantin est comme Horace, il écrit au monde entier.

(2) « Ce bon Leroux, *pauvre écureuil en cage*, tourne dans son « CIRCULUS ! » (*Lettre au docteur Guépin*, page 9.)

LE LECTEUR, *poursuivant sa pensée sans m'entendre.*

A ce compte, ils n'ont rien mangé... ils ont cru manger!

MOI.

De qui parlez-vous?

LE LECTEUR.

Des dociles au commandement qui scandalisa tant les Apôtres... Ils n'ont mangé qu'une chimère.

MOI.

Comment! une chimère! L'Espèce Humaine est-elle une chimère? Vous oubliez ce que vous venez de professer il n'y a qu'un moment. Vous oubliez la leçon de vos savants sur l'Espèce. Ils ne croient pas à l'Eucharistie, vos savants; ils ne croient pas au Verbe de Dieu fait Homme : mais ils croient à l'Espèce. Ou renoncez à leur science, renoncez à croire qu'il existe des Espèces, et que ces Espèces président à la génération, au point que c'est l'Espèce qui se reproduit dans les individus; ou croyez que notre Espèce n'est pas une chimère. Or, comme c'est d'elle que nous avons reçu la vie, et que par elle nous transmettons la vie; comme, en définitive, cette transmission de la vie est le miracle éternel dont l'amour est le sacrement; si vous croyez à la vie, si vous croyez à l'amour, si vous croyez à la perpétuation incessante des espèces, si, en un mot, vous croyez à la Nature, croyez comme les Chrétiens au miracle de l'Eucharistie. Les Chrétiens ont mangé en figure ce qu'ils mangeront un jour en réalité; et, en le mangeant en figure, ils le mangeaient déjà en réalité. C'est toujours la même loi, toujours l'Intelligence qui précède la création, toujours le *Verbe qui crée*, toujours l'*esprit qui vivifie*. Après tout, savez-vous qu'il y a bien peu à changer dans la formule pour passer du Christianisme incompris (1) au Christianisme ressuscité ?

LE LECTEUR.

Qu'y a t-il à changer ?

MOI.

Un mot. Au lieu de dire de Jésus DEUS-HOMO, il faut dire DEUS-HUMANITAS... et, ce changement fait, il sera toujours le SAUVEUR. *(A part:)* Et pourtant tout sera changé, je veux dire, tout changera, aussitôt que le voile sera levé et que l'esprit humain verra clair.

CHAPITRE LXXIII.

L'AMOUR.

LE LECTEUR, *après un long silence.*

Eh bien ! non, vous aurez beau dire, je ne m'habituerai jamais à penser qu'il y ait tant de rapport entre l'amour et la religion. L'amour, encore une fois, c'est quelque

---

(1) J'avais écrit : « Pour passer du Christianisme *mort* au Christia-
« nisme ressuscité. » Une observation m'a été faite, à laquelle je ne refuse pas d'obtempérer.

La chrysalide, en effet, n'est pas morte ; Jésus n'était pas mort lorsqu'on le porta dans le tombeau : on ne ressuscite que parce qu'on n'est

chose d'humain, de sensible, de terrestre, souvent de bas et de misérable; la religion, au contraire, c'est quelque chose....

MOI.

D'anti-humain, n'est-ce pas (et pourtant Jésus est Dieu-Homme, vrai Dieu et vrai Homme); d'anti-sensible (et le premier précepte de l'Evangile est d'aimer Dieu de tout son être et son prochain comme soi-même); d'anti-terrestre (et Jésus est venu sur la terre, et il doit y revenir, et il doit nous y ressusciter, et y fixer avec nous son séjour).

LE LECTEUR.

Mais l'amour !...

MOI.

Eh bien, l'amour?

LE LECTEUR.

L'amour *qui perdit Troie.*

MOI.

Pourrait bien la sauver.

LE LECTEUR.

Eh! ne voyez-vous pas que, loin de la sauver, il continue à la perdre!

---

pas mort; on paraît mort, voilà tout. Le *resurgens non moritur* est vrai, dans quelque sens qu'on l'entende.

Il n'y avait pas de logique dans ma phrase; il y en a maintenant, et ce que je dis là est conforme à tout ce que je m'efforce d'établir dans cette Préface.

PRÉFACE.

MOI.

Si vous pensez si mal de l'amour, c'est que vous ne connaissez rien à l'amour. Et ce n'est pas votre faute. Ceux aujourd'hui qui vous conduisent en cela, les poètes, les romanciers, n'y connaissent pas grand'chose; les peintres, les sculpteurs, encore moins; les philosophes, pas davantage.

Voilà Michelet qui, à défaut d'autre Divinité, imagine de diviniser la femme; il lui ôte son égalité, son identité avec nous; au lieu d'en faire une des deux moitiés du couple humain, il en fait un fétiche; ce qui revient, quoi qu'il en pense, à en faire un joujou. Et il intitule cela : *De l'Amour*.

Au même moment, Proudhon, répétant le paradoxe de De Maistre sur le *second sexe*, refuse à la femme l'intelligence; il en fait une esclave, et légitime son esclavage par les mêmes raisons dont se servait Aristote pour river l'esclave à sa chaîne. Et il intitule cela : *De la Justice!*

Prenez les œuvres du plus grand romancier de l'époque, et ce plus grand romancier, c'est une femme. Qu'y trouverez-vous? toujours le préambule de l'amour, jamais l'amour. L'auteur le cherche, et ne le rencontre pas.

CHAPITRE LXXIV.

SUITE.

LE LECTEUR, *en riant*.

Alors c'est vous qui nous apporterez la révélation de l'amour.

MOI.

Moi, je suis un théologien, je parle le langage de la théologie. Il faudrait Dante, Pétrarque, et Camoens, unis en Triade, pour révéler à notre siècle ce que Dante, Pétrarque, et Camoens, ont cherché isolément, ce que l'humanité divisée cherche depuis si longtemps. Mais, en ma qualité de théologien, supposez que je me présente dans un salon où se trouveraient tous ces grands esprits, et que je leur dise : « Vous ne vous doutez pas du mystère. Paschase Ratberg en savait ou du moins en pressentait plus que vous. Il y a une loi, une loi divine, que vous ne soupçonnez pas, une loi qui explique tout, et qui donne le but, le sens, la règle.... »

LE LECTEUR.

Et s'ils vous demandaient de leur exposer cette loi....

MOI.

Je leur dirais.... Mais non. J'ai tort. Ce n'est pas l'heure du festin.

LE LECTEUR.

Qu'entendez-vous avec votre heure du festin ?

MOI.

Lecteur, c'est ici comme dans les Mille-et-une Nuits. Je vois des Génies qui me servent, et qui m'apportent des plats délicieux.

LE LECTEUR.

Des plats d'idées, vous voulez dire ?

MOI.

Oui. Les idées valent bien des alouettes. On ne vit pas

seulement de pain. Ils mettent en ce moment la table, ces Génies, et ils nous inviteront bientôt à nous asseoir (car vous êtes mon convive). Mais ce n'est pas le moment; l'heure du festin n'a pas encore sonné.

CHAPITRE LXXV,

OU LE LECTEUR REVIENT ENCORE A LA CHARGE, PRENANT GOUT A LA TRADITION.

En attendant le Repas qu'on nous prépare...

LE LECTEUR, *en souriant.*

Un Repas *Eucharistique*....

MOI.

Revenons à notre propos. Pénétrés, donc, de cette immortalité et de cette omni-présence de l'Esprit, nos pères étaient affectueux pour.....

LE LECTEUR, *interrompant.*

J'oubliais. Vous ne m'avez pas fini la seconde Méditation de Paschase.

MOI.

Vous ne m'avez point permis de l'achever.

LE LECTEUR.

Et le merle blanc que je vous ai promis! vous ne l'avez pas encore gagné, savez-vous?

MOI.

Pourquoi réveillez-vous ce merle?

LE LECTEUR.

N'a-t-il plus pour vous aucun attrait?

MOI.

Mais vous-même, avez-vous si grand désir de me le bailler?

LE LECTEUR.

J'imagine que les Génies qui, en ce moment, mettent la nappe, nous serviront *de l'avenir*, et ne nous repaîtront point *du passé*.

MOI.

Il faudrait le leur demander.

LE LECTEUR.

Je voudrais être complétement édifié sur ce passé avant de déguster l'avenir. Si vous me finissiez cette seconde Méditation, que j'ai interrompue, j'en conviens, assez maladroitement?

CHAPITRE LXXVI.

SUITE.

MOI.

Qui vous amène ainsi à résipiscence?

LE LECTEUR.

Ne viens-je pas de vous le dire? et faut-il m'expliquer davantage? Je vous ai confessé ma faiblesse : j'aime à vivre, et je serais content de renaître au sein de

PRÉFACE.

l'Humanité, *perfectionnée*, bien entendu ; d'être encore un enfant chéri sur les genoux d'une mère adorée....

MOI.

En effet, ces Sainte Famille de Raphaël, ces Vierges de Murillo...

LE LECTEUR.

Et puis.... Mais à quoi bon énumérer tous les charmes de l'existence?

MOI.

Oui, à quoi bon?

LE LECTEUR.

Or vous m'avez prouvé que la chose est possible, que cette renaissance miraculeuse pourrait bien être une simple loi naturelle... Il y a tant de miracles dans la Nature! ou plutôt tout n'est-il pas miracle?... Derrière l'Eucharistie-miracle de nos pères il y aurait donc eu, et il y aurait encore, et il y aurait toujours, une autre Eucharistie également miracle, mais miracle naturel. Vous m'avez, pour ainsi dire, révélé cette dernière, que mes préjugés me cachaient. Mais je sens que je n'y croirai jamais d'une foi profonde et véritable avant que vous m'ayez prouvé (mais je dis *prouvé*, entendez-vous bien?) l'identité de cette Eucharistie avec celle de nos pères. Jusqu'ici je ne vois que des probabilités, pas encore de preuve.

MOI.

Et quelles preuves vous faudrait-il?

LE LECTEUR.

Je voudrais des témoignages, des témoignages positifs.

MOI.

Qu'entendez-vous par des témoignages *positifs?*

LE LECTEUR.

Je voudrais... l'impossible peut-être... des saints, des Pères du Christianisme, des hommes dont la sincérité et la foi ne pussent être soupçonnés ni révoqués en doute, des autorités, en un mot, de grandes autorités, qui me disent presque dans les mêmes termes la même chose que vous.

MOI.

Presque dans les mêmes termes! Vous êtes exigeant. Chaque époque a sa phraséologie. Vous satisfaire pourtant n'est pas impossible.

CHAPITRE LXXVII.

SUITE.

Et vous ne vous apercevez pas que vous revenez tout simplement à cette nécessité de la Tradition dont je vous parlais tout à l'heure. Allez! vous aurez beau dire, l'homme qui pense aujourd'hui est le même homme qui pensait autrefois. Voilà pourquoi il nous faut, de toute nécessité, chercher la preuve et le fondement de nos croyances dans ce qu'ont pensé nos pères.

LE LECTEUR.

Eh bien, soit, la Tradition maintenant m'intéresse...

MOI.

Parce que vous avez commencé à la comprendre. Tout

ce que nous comprenons nous intéresse, et réciproquement nous ne comprenons réellement que ce qui nous intéresse.

CHAPITRE LXXVIII,

OÙ JE CONSULTE LES GÉNIES.

LE LECTEUR, *voyant que je n'ajoute rien, et que je reste silencieux.*

Mais que tardez-vous?

MOI.

J'attends.

LE LECTEUR.

Qu'attendez-vous?

MOI.

Il ne faut pas que la Télégraphie électrique, qui est une invention libérale, ne serve qu'aux gouvernements *temporels*. C'est l'Esprit qui l'a faite, cette admirable découverte : à l'Esprit donc de l'employer!

LE LECTEUR.

Vous m'intriguez.

MOI.

Eh non; je vous rends compte, tout simplement, de ce que je viens de faire.

LE LECTEUR.

Qu'avez-vous fait?

MOI.

J'ai communiqué, par télégramme, à nos Génies, la situation où je me trouve. Je leur ai demandé si leur intention était, comme vous le pensiez, de nous servir uniquement *de l'avenir*... J'attends leur réponse.... Ah! la voilà qui m'arrive :

RÉPONSE DES GÉNIES.

« Le Passé est nécessaire, indispensable même, à nos
« sauces et à nos ragoûts; et nous ne répondons de rien
« quant à l'emploi que nous pourrons faire ou ne pas faire
« de Paschase dans nos combinaisons culinaires. »

CHAPITRE LXXIX.

SUITE.

LE LECTEUR.

Alors vous renoncez à la possession de mon merle.

MOI.

Pas du tout. Je déclare même que je crois avoir pris dès à présent sur lui une hypothèque. Il ne s'agit plus que de vous forcer à me le livrer. Déjà ce merle ne vous appartient plus.

LE LECTEUR.

Comment et où me forcerez-vous de le *livrer?*

MOI.

Dans ma POST-FACE.

LE LECTEUR.

Post-Face, dites-vous! Quel singulier mot!

PRÉFACE.

MOI.

Ce n'est pas moi qui l'ai inventé, c'est Charles Fourier; et s'il n'avait pas fait de pire invention...

LE LECTEUR

Il est vrai que nous avons déjà *Post-Scriptum*, ou, comme disent quelques-uns, *Post-Script*. Pourquoi n'aurions-nous point *Post-Face?*

MOI.

Les Anciens, je vous l'ai assez prouvé, n'ont point connu la PRÉ-FACE; les Chrétiens l'ont inventée, et vous avez vu pourquoi. Eh bien, moi, en vertu de mon dogme même, je veux aller plus loin qu'eux et créer la POST-FACE. *Nec ulli nato post mille sæcula præcludetur occasio aliquid adhuc adjiciendi :* « Après mille siècles, il nous sera encore « permis d'ajouter quelque chose aux inventions de nos « devanciers. » C'est Pline qui l'a dit, et il a bien dit. Quoi ! un écrivain n'aura le droit de s'entretenir avec son Lecteur qu'une seule fois ! Il ne pourra causer avec lui que lorsque ce Lecteur n'aura pas lu son ouvrage ! Il me semblerait bien plus rationnel que ce fût après cette lecture. Quant à moi, je veux causer avec vous et *avant* et *après*. Donc nous nous retrouverons, Lecteur; et dès à présent, sûr de mon fait, je vous actionne en *livraison* du merle que vous m'avez promis. Reste à savoir (mais c'est votre affaire) comment vous vous acquitterez.

LE LECTEUR, *en riant.*

C'est à quoi je pense déjà, bien qu'on dise qu'un merle blanc est difficile à se procurer.

CHAPITRE LXXX,

OU LE LECTEUR SE VANTE DE SA TENUE.

Convenez que j'ai été calme et décent en écoutant votre dissertation sur l'Eucharistie considérée comme la révélation de ce grand mystère de la vie, la renaissance au sein de l'Humanité. Je n'ai pas été comme ce gros jovial évêque d'Orléans. (*A part:*) Il est mort aujourd'hui ; comment l'appelait-on ? C'est à peine si on s'en souvient.

MOI.

Ni comme l'évêque de Langres, si pincé.

LE LECTEUR.

Ni comme ces gras curés du Limousin et de l'Auvergne....

MOI.

Ces joyeuses commères de Windsor !

LE LECTEUR.

Ni comme les beaux abbés Sibour et Cazalès.

MOI.

Je vous en fais mes compliments.

CHAPITRE LXXXI.

UN PETIT TABLEAU DE FAMILLE.

LE LECTEUR.

Maintenant j'attends nos Génies ; je suis curieux de les voir à l'œuvre.

MOI.

Et moi qui ne vous ai point dit encore pourquoi vous êtes mon invité !

(Le Lecteur fait un geste d'étonnement.)

Mais c'est votre faute, vous m'interrompez toujours ! Chaque fois que je prends ma *transition* par un bout, vous coupez le fil. Voyons si je serai plus heureux cette fois.

LE LECTEUR.

Je promets de ne pas vous interrompre.

MOI.

Pénétrés, donc, de cette immortalité et de cette omniprésence de l'Esprit, nos pères étaient affectueux pour leur Lecteur, et même familiers avec lui. Ils l'appelaient, en français, *Ami Lecteur;* en latin, *Benigne* ou *Candide Lector.* Je me suis permis avec vous cette familiarité....

LE LECTEUR.

Je ne m'en plains pas.

MOI.

Et pour la justifier, je vous ai dit mon opinion sur un sujet d'un certain intérêt, — ce qui a été cause de la longue et sérieuse conversation que nous venons d'avoir. Mais il faut maintenant que je vous dise... en vérité, je ne sais comment m'expliquer....

LE LECTEUR.

N'ayez crainte.

MOI.

J'ai à vous raconter ce qui s'est passé, il y a quelque

temps, dans l'intérieur de ma famille. Une pareille confidence vous étonnera sans doute....

(Le Lecteur fait un signe d'assentiment.)

Je vous entends, vous me dites que la *Recherche de la Vérité* ne commence point par des babioles.

CHAPITRE LXXXII.

SUITE.

Votre réflexion supposée m'a suggéré l'idée d'aller quérir le livre de Malebranche dans un rayon de ma bibliothèque. La Préface débute en ces termes : « L'esprit « de l'homme se trouve, par sa nature, comme situé entre « son Créateur et les créatures corporelles ; car, *selon* « *saint Augustin*, etc., etc. »

Voilà, j'en conviens, un exorde en parfait rapport avec l'ouvrage ; on y sent du premier mot la grandeur du but que Malebranche se propose d'atteindre. Il nous dira bientôt que nous sommes plus près de Dieu que des corps, qu'il est plus de la nature de notre esprit d'être uni à Dieu que d'être uni à un corps ; il ne nous dira pas tout à fait, comme Spinosa, que nous sommes Dieu, que chacun de nous est un des attributs infinis de la substance divine ; non, mais il nous dira, à peu près comme Berkeley, que nous voyons tout en Dieu. Ainsi la première phrase de sa Préface révèle déjà son système, ce système qui fit dire à Voltaire : *Lui qui voit tout en Dieu....* vous savez le reste, Lecteur, je n'achève pas ; je n'aime pas les injures que s'adressent malheureusement trop souvent les philosophes. Malebranche n'était pas plus fou que Vol-

taire, il voyait seulement beaucoup plus profondement
que lui dans le ténébreux mystère de la Vie.

Je trouve que Malebranche a bien fait de commencer
comme il a voulu. Mais je n'en persiste pas moins à vous
raconter mon historiette. Je serais désolé de la supprimer ; car vous ne sauriez jamais comment m'est venue la
fantaisie de composer le livre que je vous destine. Et si,
par hasard, ce que je vous destine était aussi la Recherche de la Vérité !

Un matin donc de ce printemps de l'an de grâce 1857,
mes enfants, grands et petits, filles et garçons, vinrent,
d'un cœur joyeux, les uns après les autres, m'apporter des
bouquets pour *fêter le jour de ma naissance*....

CHAPITRE LXXXIII.

COMME QUOI LES PHILOSOPHES AUTREFOIS NE SE MARIAIENT PAS.

— « Fi ! dites-vous, raconter ainsi l'origine d'un livre de
philosophie ! Ecrivez-vous sérieusement, ou voulez-vous
faire un second tome du *Voyage autour de ma chambre ?*... »

Ecoutez, Lecteur ! Au Dix-Septième Siècle, les philosophes étaient des prêtres : ainsi Malebranche, que nous
venons de nommer, Gassendi, le P. Mersenne ; — et les
prêtres ne se mariaient pas ; car, *selon saint Augustin*....
voyez les livres de ce saint sur le mariage. Ou bien c'étaient
des laïques, comme Descartes, lesquels, pour avoir tout
leur temps à eux, et par suite des idées régnantes,
vivaient en apparence comme les prêtres ; ce qui ne veut
pas dire que les prêtres ne vécussent pas aussi quelquefois
comme pouvaient vivre en cachette les laïques philosophes. Descartes, par exemple, eut une fille.... sublime
infraction à sa philosophie !...

Oui, Descartes eut une fille. Baillet, son biographe, ne sait comment conter la chose. Il suppose d'abord un mariage secret; fraude pieuse de sa part pour mettre à couvert l'honneur de son saint. Puis il allègue l'anatomie : « Que voulez-vous ! dit-il, un homme qui était presque « toute sa vie dans les opérations les plus curieuses de « l'anatomie (1) ! » Singulière raison ! suppose-t-il donc que Descartes voulut faire une expérience !

Tenez, Lecteur ! pour venger Descartes de son biographe, élevons en passant un petit monument à sa fille. Je suis fâché et content que M. Cousin m'ait laissé ce soin. Elle se nommait Francine. Descartes avait marqué sur la couverture d'un livre le jour de sa conception (non pas de sa naissance, entendez bien : ces sages qui ne se mariaient pas avaient parfois de singuliers *memoranda*). Il avait près de quarante ans, le grand philosophe, quand Francine naquit. Elle avait été conçue à Amsterdam le dimanche 15 octobre 1634. Elle vécut environ cinq ans, et mourut à Amersfort le 7 septembre 1640. Or voyez comme les savants sont hypocrites ! ce même Baillet, après avoir raconté sa mort, ajoute : « M. Descartes la pleura avec une « tendresse qui lui fit éprouver que la vraie philosophie « n'étouffe point le naturel. Il protesta qu'elle lui avait « laissé par sa mort le plus grand regret qu'il eût jamais « senti de sa vie. » Si la mort de cet enfant fut le plus grand regret de Descartes, sa naissance avait sans doute été une de ses plus grandes joies. C'était bien la peine de définir l'homme *Cogitatio !* Et quant à Baillet, pour finir par pleurer cet enfant avec Descartes, c'était bien la peine de rougir de sa naissance !

---

(1) Textuel.

PRÉFACE.

Spinosa, je ne sais si vous le savez, fut fort amoureux dans sa jeunesse. Il demeurait à Amsterdam, dans la maison d'un certain Vanden-Ende, qui enseignait la médecine, le grec, le latin, et aussi, dit-on, l'athéisme. Ce Vanden-Ende avait une fille unique, qui « possédait elle-
« même la langue latine si parfaitement, aussi bien que
« la musique, qu'elle était capable d'instruire les écoliers
« de son père en son absence, et de leur donner leçon ».
C'est Colérus et Bayle qui racontent cela d'elle; ils ne disent pas si elle enseignait aussi l'athéisme. Spinosa voulut l'épouser; mais la belle, séduite, dit-on, par un collier de perles, lui préféra un rival, et il passa tout le reste de sa vie comme un solitaire de la Thébaïde.

Faut-il vous parler des autres? Jurieu accusait Bayle, à tort, je le pense, d'avoir séduit madame Jurieu. Le grand Newton ! vous savez qu'il mourut vierge, comme la reine Elizabeth : on a pourtant retrouvé, il y a quelques années, une lettre de lui, écrite sous l'empire du petit dieu sur la statue duquel Voltaire mit cette inscription :

> Qui que tu sois, voici ton maître :
> Il l'est, le fut, ou le doit être.

Quant à ce qui advint plus tard des philosophes, je n'ai pas besoin de vous le rappeler. Le Dix-Huitième Siècle est bien connu. A quoi bon vous parler d'Helvétius ou de d'Holbach? Ils pouvaient être mariés, ce qui ne les empêchait pas de vivre comme les autres financiers grands seigneurs. Le président de Montesquieu écrivait le *Temple de Gnide*. Buffon n'est pas seulement célèbre comme historien de la nature, mais par le mépris qu'il afficha toujours pour la chasteté. Le bon abbé de Saint-Pierre, le philosophe de la paix perpétuelle et de bien d'autres idées, avait choisi dans la semaine un jour, le vendredi, je crois, où, pour le perfectionnement de l'espèce, il se livrait à sa propagation. Ainsi fit depuis le président Jefferson, en Amérique, systématiquement aussi, pour donner à la république une multitude de petits Jefferson. Les ennemis de Voltaire lui reprochaient d'avoir étudié Leibnitz et Newton aux genoux de la marquise du Châtelet ; suivant eux, ce n'était pas Abeilard cette fois qui avait enseigné la philosophie à Héloïse. Il est certain que la belle Emilie, si merveilleusement douée du génie des mathématiques et des hautes spéculations, génie qui n'était pas tout à fait celui de Voltaire, devrait occuper dans la gloire de son ami plus de place qu'on ne lui en accorde ordinairement. Leur union dura vingt ans, non sans trouble et sans orages. Quant à Diderot, il a inspiré à Fourier son Otaïtisme : c'est assez dire qu'il ne se gêna pas pour pratiquer la liberté amoureuse. Cependant il fut marié, et il aima tendrement sa fille ; il aima beaucoup aussi madame de Puisieux et mademoiselle Volland. Parlerai-je de d'Alembert et de mademoiselle de Lespinasse, qui avait des conversations scientifiques si singulières avec le médecin Bordeu ? Je renvoie au *Rêve de d'Alembert* par Diderot. Mais Rousseau, le grand et pauvre Rousseau, qu'en dirai-je ? Il vit comment les autres s'arrangeaient pour n'avoir pas les soucis du ménage, ces embarras qui glacent le génie ! il vit cela, et sa raison se troubla. Il prit un parti terrible, qui lui coûta le repos de l'âme pour toute sa vie. Il abandonna ses enfants. Ah ! détournons la vue de cet horrible malheur ! C'est à Rousseau plus qu'à aucun autre que l'humanité doit élever des statues, car je n'en connais pas qui ait plus souffert pour elle !

CHAPITRE LXXXIV,

CONCLUSION DE CETTE PRÉFACE.

N'est-ce pas, Lecteur, que le petit tableau de famille que je me suis permis de vous présenter ne vous a pas déplu ? car vous avez du cœur. Vous êtes content que j'aie des enfants; vous en avez peut-être vous-même, ou vous en aurez. Et si cette circonstance est cause que je m'entretiens avec vous, ne fallait-il pas vous la faire connaître !

Ecoutez, encore une fois, Lecteur ! L'ouvrage que j'entreprends est comme le *petit poisson* dont parle La Fontaine : il deviendra grand, si Dieu lui prête vie. Mais la matinée en question n'aura pas été sans influence sur son sort. Elle a été pour moi, cette matinée, comme la fameuse pomme qui fit tant méditer Newton.

Car la joie de mes enfants, leurs embrassements, leurs bouquets, ces fleurs qui reviennent chaque printemps, tandis que les nôtres une fois passées ne reviennent plus, m'ont fait souvenir d'une chose qui m'a plongé dans les plus sérieuses réflexions....

J'avais ce jour-là soixante ans accomplis, étant né au printemps de 1797.

J'ai vu la République, l'Empire, l'Invasion et la Restauration, les Cent-Jours, la seconde Restauration, la Révolution de Juillet, le règne de Louis-Philippe, une nouvelle Révolution, une seconde République, et je vois aujourd'hui de nouveau, mais de loin, l'Empire.

Si j'avais à parler de mon évolution personnelle, ce ne serait point par toutes ces catastrophes que je marquerais les révélations successives que la Vie a pu m'apporter. Mais enfin j'ai vécu au milieu de tous ces événements.

Vu les limites de la vie humaine, me voilà décidément dans la période qu'on appelle la vieillesse.

Je m'interroge donc, et me dis : « Te voilà vieux ! quel sentiment intime as-tu *maintenant* de la Vie ? »

Ma réponse sincère est celle-ci : « Le même absolument que j'en ai toujours eu. La vie présente est une phase de la Vie éternelle. J'aime donc la Vie sans aimer ses formes, c'est-à-dire sans y être attaché au point de les confondre avec la Vie elle-même. »

Il y a des hommes qui sont comme les Comètes : une trajectoire immense, tantôt plus loin du soleil que Saturne, tantôt plus près que Mercure, tour à tour dans la glace ou dans le feu. A ceux-là la vie doit paraître, à différents intervalles, sous des couleurs bien diverses. Ils la verront, suivant les objets, tantôt fleurie comme une rose, et tantôt noire comme un drap funéraire. Cela tient à ce que leur sentiment intime de la Vie n'a aucune profondeur.

Mais on peut être constant, et ne voir la vie que sous un aspect triste. Byron ne pense qu'à la mort, et voilà pourquoi il fait tant d'efforts pour être gai, sans jamais y réussir. Je lisais l'autre jour dans *Obermann* : « Ami, je « reste encore quelques heures sur la terre ; nous sommes « de pauvres insensés quand nous vivons, mais nous « sommes si nuls quand nous ne vivons pas (1) ! » Cela m'a fait beaucoup rire ; Obermann ne consentant à vivre que par une sorte de goût artistique, pour n'être pas mort, c'est-à-dire tout à fait *nul !*

---

(1) Lettre LXXVIII.

Non, non!... Moi, j'ai un autre sentiment de la Vie. J'ai toujours aimé ce mot du Psalmiste : *Non mortui laudabunt te, Domine, neque omnes qui descendunt in inferum, sed qui vivunt :* « Ce ne sont pas les morts, ni ceux qu'on « descend dans la terre, qui te loueront, ô Seigneur, mais « ceux qui vivent. »

Entendons-nous bien, Lecteur : cela ne veut pas dire, encore une fois, que j'aime la vie pour elle-même; je suis, au contraire, d'un tempérament assez mélancolique, et, à bien des égards, je ne suis pas payé pour aimer la vie. Mais je l'aime pour *louer le Seigneur*, comme dit le Psalmiste. Si nous faisons plus ample connaissance ensemble, vous saurez ce que j'entends par là.

Chose étrange! la pensée de David semble, au premier coup d'œil, aussi impie que celle d'Obermann, puisqu'elle paraît nier également la vie future : *Ce ne sont pas les morts qui te loueront, ô Seigneur*. Et pourtant cette pensée est un élan sublime vers l'immortalité; et Juifs et Chrétiens l'ont trouvée divine; et, pour mon compte personnel, dans toutes mes plus grandes afflictions, je me suis donné du courage en la répétant.

Or donc, quand on a de la Vie le sentiment que j'en ai, on ressemble un peu à ce frère du grand Eschyle, qui, à la bataille de Marathon, ayant saisi de la main droite un des vaisseaux des Perses, ne quitta prise que lorsque cette main lui fut coupée. Alors il reprit de la gauche; et cette gauche ayant été tranchée, il saisit le bord du vaisseau avec les dents, et y mourut attaché, triomphant, dans sa mort même, du soldat Persan qui sépara sa tête de son corps.

Brave Cynégire, j'aurai la même constance que toi. Je veux combattre jusqu'à la fin....

A peine m'étais-je dit cela, qu'une lumière traversa mon esprit, et je conçus l'ouvrage que je vous offre.

Je ne sais pas précisément ce que sera cet ouvrage, et pourtant je vous l'offre. Est-ce qu'une femme, quand elle conçoit, sait ce que sera son enfant ? et trouverez-vous étrange, pour cela, qu'une mère consacre le fruit de ses entrailles avant qu'il soit venu au jour ?

Cher Lecteur, je vous ai dit tout ce que j'avais à vous dire dans cette Préface. Je vais, sans perdre une minute, m'efforcer de tenir ma promesse. Seulement, avant de commencer, laissez-moi invoquer ma Muse.

CHAPITRE LXXXV.

INVOCATION A MA MUSE.

Ma Muse, c'est Dieu.

Je crois de plus en plus en Dieu, à mesure que je vois que mes contemporains y croient moins.

Quelle force ai-je par moi-même ? Je ne vois clair, Etre Suprême, que quand tu m'illumines. Newton se comparait à un petit enfant, au bord de l'Océan, puisant un peu d'eau dans une coquille. Tu es en effet l'Océan ; nous sommes moins que l'enfant, nous sommes la goutte d'eau. Mais tu nous as faits à ton image, et ainsi nous sommes le fœtus qui se développe dans le sein de sa mère. Les religions enseignent que tu t'es fait homme. Tu serais donc aussi l'Humanité ! Humanité, ma mère, puisque tu m'as amené, par tant de voies, à concevoir ce dessin, soutiens-moi, inspire-moi, affermis-moi.

FIN DE LA PRÉFACE.

INTERMÈDE.

La même hallucination qui s'empara de l'auteur au moment où il mit la main à la plume (ma foi! tant pis pour Voltaire, je ne puis pas toujours trouver une périphrase), la même hallucination lui fait voir de nouveau un petit homme à cheveux blancs avant l'âge, un peu sourd, murmurant à côté de lui. C'est le gentilhomme ordinaire de sa chambre, son critique habituel, son Aristophane s'il était Socrate.

— Je vous avais bien dit que vous ne sauriez jamais composer un ouvrage. Quand votre livre *De l'Humanité* parut, je....

— Ah! laissons mon livre *De l'Humanité*. Il s'agit de celui-ci....

— Celui-ci! je ne le vois pas venir! Vous n'avez encore écrit que votre Préface.... Mais quelle Préface!... Ah çà! dites-moi, le géant qui montera sur le dos de cette Préface, la statue que vous élèverez sur ce piédestal, sera donc comme le colosse de Rhodes, une des sept merveilles du monde!

— *Veremos*, comme disent les Espagnols. Mais il ne s'agit pas de cela en ce moment. Que dites-vous de ma Préface considérée en soi?

— J'en ris. Commencer une Préface par une espèce de traité sur l'Art, pour la finir par une espèce de traité sur l'Eucharistie! Il n'y a que vous, mon cher, pour avoir de pareilles idées.

— Mais ces idées me paraissent solides. Art Chrétien, Art Spiritualiste, Spiritualisme moderne, Spiritualité, tout cela, au fond, signifie Eucharistie. Sans Paschase Ratberg, il n'y aurait pas d'Art Moderne.

— Et voilà pourquoi, après avoir ébauché cet étrange paradoxe, vous en ébauchez un autre qui n'est pas moins étrange, la vérité d'un mystère....

— Dites la vérité du Christianisme. Vous autres hypocrites, qui siégez à l'Institut et qui ne croyez à rien, vous laissez les Jésuites abuser du mystère pour conduire à leur gré les hommes. Mais vous riez en secret, et vous ne tenez pas essentiellement à la vérité de cette religion, objet à la fois de vos railleries et de votre soumission. Moi, j'y tiens. Le Christianisme (je parle de la forme, et non pas de l'essence) est évidemment la *figure* de la religion de l'avenir; il n'en est que la figure. Seulement il ne faudrait pas que, la figure dissipée, le fond s'en allât aussi, et que rien ne restât.

— Et c'est pour cela que, dans une Préface, vous entassez tant d'idées que vous n'achevez pas de traiter!

— Une bonne Préface, suivant moi, doit ressembler à une ouverture d'opéra. Est-ce que, dans les meilleures ouvertures, le musicien ne vous fait pas entendre les principaux motifs qui se trouveront dans l'ouvrage?

— Ainsi nous allons avoir un Traité sur l'Art, plus un Traité complet sur l'Eucharistie, plus un Traité sur la vie future, plus un Traité sur.... enfin une Encyclopédie.

— Vous aurez ce que je vous donnerai.

— Je vous connais, et je m'attends à tout avec vous. Votre livre, ce sera *la mer des histoires*....

— Ecoutez, mon Critique : je lisais l'autre jour les Hymnes de Callimaque, car je ne me contente pas de *Jérôme Paturot*. Callimaque, comme vous pouvez le savoir, était non seulement un poète, mais un poète bien renté. Il était de l'Académie, et lecteur royal au Collége de France.... d'Alexandrie, s'entend. J'imagine qu'il avait un suppléant, et qu'il ne faisait jamais de cours. Mais il écrivait de temps en temps de petits poëmes en l'honneur de *son prince* et en l'honneur des Dieux. Tout ce qui coulait de lui était court et exquis. Il répétait souvent qu'*un gros livre était un grand mal*. Et quand ses critiques ou ses envieux lui disaient qu'un vrai poète devait ressembler à l'Océan, il répondait par la fontaine de Castalie.

Tenez plutôt, j'ai là ses œuvres; c'est dans son Hymne à Apollon; laissez-moi vous montrer cela :

« L'Envie, s'approchant d'Apollon, a murmuré à son
« oreille : — « Tout poète dont les vers refusent de couler
« aussi abondamment que les vagues de la mer qui frap-
« pent le rivage est un génie dont je ne puis admirer les

« productions. » — Mais Apollon, regardant l'Envie d'un
« air d'indignation, lui a répondu en ces termes : — « Vois
« ce fleuve bouillant d'écume qui dans son cours traverse
« rapidement toute l'Assyrie ; comme il est orgueilleux de
« l'abondance de ses eaux ! Mais il entraîne avec lui le
« sable et la fange qui troublent son lit. Les prêtresses de
« Cérès ont leurs eaux particulières qu'elles réservent pour
« les autels de la Déesse ; elles ne puisent pas indistincte-
« ment à toutes les sources ; cette fontaine leur plaît, qui,
« née d'une roche sacrée, donne une eau dont le cristal,
« en murmurant, entraîne quelques cailloux. »

Et là-dessus Callimaque conclut : « Gloire à Phœbus,
« et que l'Envie se cache dans les sombres retraites de
« l'Averne ! »

Il y a toujours eu des critiques, et, à ce qu'il paraît, ils
ont dit tantôt blanc, tantôt noir, rien que pour contrarier.
Vous me dites précisément tout l'opposé de ce qu'on disait
à Callimaque ; vous voudriez, je le crois, faire de moi un
petit Callimaque.

Vous êtes de Marseille, mon Critique, de cette ville où
l'on voit une colonne avec cette inscription qui ne manque
pas de grandeur : *A Homère les descendants des Phocéens.*
Eh bien, voici un souvenir qui me reste de votre pays.

Un jour, je m'embarquai à Gênes pour aller à Marseille.

Nous nous éloignons du phare, nous gagnons le large,
puis nous inclinons vers la côte, et déjà à l'horizon nous
découvrons le tiède rivage qu'on appelle la Corniche.
Tout va bien ; mais avec la nuit voici venir le mistral, le
mistrâo, comme vous prononcez, vous autres Provençaux,
ce mistral terrible qui descend des Alpes, s'engouffre dans

la vallée du Rhône, et souffle ensuite avec rage sur la Méditerranée.

Tous les passagers avaient disparu du pont. Je restai seul, contemplant le plus beau spectacle : une tempête violente sous un ciel étoilé.

Ma vie, mon cher Critique, ressemble à ce voyage. Au début, nous étions beaucoup à scruter des yeux l'horizon. Les uns venaient du Dix-Huitième Siècle, d'autres se prétendaient envoyés du Destin. J'ai vu grands et petits disparaître l'un après l'autre sans me laisser de solution.

J'ai vu Napoléon ; j'ai vu aussi le vieux Buonarroti, le descendant de Michel-Ange et l'héritier de Robespierre. J'ai été embrassé, au moins deux fois en ma vie, par La Fayette, placé comme le zéro du thermomètre entre deux systèmes, la congélation par le despotisme et la dilatation jusqu'à l'état de vapeur par l'esprit révolutionnaire.

En réalité, mes vrais compagnons étaient Saint-Simon et Fourier. Ils s'étaient embarqués avant moi. Le Destin me réunit à eux ; mais à peine m'étais-je approché qu'ils disparurent. L'un (1) est mort en pleine sérénité, mais avec trop d'illusion. L'autre (2), par un contraste étrange entre sa fin et ses opinions, se traîna en mourant au pied d'un Crucifix. Et maintenant me voilà seul, considérant les vagues profondes et le ciel étoilé.

Oui, je suis sur un vaisseau, au propre et au figuré. Cette île (3) est un vaisseau, et c'est aussi comme une arche qui flotte sur la mer des opinions humaines.

---

(1) Saint-Simon.
(2) Fourier.
(3) Jersey.

L'Océan physique et l'Océan moral roulent sans cesse devant moi.

Si je vivais dans un monde *reposé*, si j'avais *mon prince* (un Ptolémée-Evergète quelconque), et si je faisais, comme Callimaque, des odes pour chanter à Notre-Dame, je dirais, comme lui et comme vous, qu'*un gros livre est un grand mal*, et que je préfère la fontaine de Castalie ou *les eaux particulières* des prêtresses de Cérès à l'Océan ou à l'Euphrate.

Mais au point de vue où je suis placé, toutes les questions se tiennent; tout tombe et s'en va en même temps, et tout se relèvera de même. Je crois donc que les livres où l'on se borne à des points limités de la philosophie, à des détails de la nature ou de la société, ne sont pas un grand bien dans un siècle comme le nôtre. J'aime mieux commettre ce que Callimaque appelait *un grand mal*. Laissez-moi commencer mon livre.

— Encore un mot!

— Oh! pour le coup, je n'ai pas le temps de vous entendre.

— Un mot, un seul mot.... C'est sur votre Invocation.... Vous vous croyez bien original?

— Je suis sincère. Je crois en Dieu, l'être des êtres, et je crois à l'Humanité, la *lumière éclairant tout homme qui vient en ce monde.*

— Savez-vous comment, en plein Dix-Huitième Siècle, Johnson commençait son *Rambler?*

— Dites-le-moi.

— Par une Invocation à Dieu et à Jésus-Christ que

votre Invocation à Dieu et à l'Humanité me rappelle :
« Dieu tout-puissant, d'où viennent toutes les bonnes
« choses, sans l'aide, sans la grâce duquel tout labeur est
« stérile, toute sagesse est illusion, fais, je t'en supplie,
« que dans ce travail ton saint esprit ne m'abandonne
« pas ; que je puisse célébrer ta gloire, m'acheminer vers
« mon salut, et y conduire les autres ; accorde-moi cette
« faveur, ô maître, pour l'amour de ton fils Jésus-Christ. »

— O mon Critique, vous me remplissez de joie. Je ne suis jamais si content que quand mon esprit passe par la trace où d'autres ont passé, quand je me sens en communion avec mes semblables.

— En ce cas, en quoi consiste votre originalité ?

— Elle consistera, si vous voulez, en ceci : *comprendre avec un nouveau degré de clarté ce que d'autres ont compris avant moi.*

— Si vous n'avez pas plus de prétention, je cesse de m'acharner après vous.

— Vous n'êtes pas si méchant que vous le paraissez.

— A propos, dîne-t-on chez-vous ? régalez-vous ?

— Que voulez-vous dire ?

— Je connais tellement votre vénération pour le nombre trois, que je présume que vous allez nous servir une Trilogie. Ce sera comme la pièce en trois journées que nous promet Alexandre Dumas. Mais avec lui on dîne, vous le savez !

— Je ne sais rien.

— Quoi ! vous ne savez pas la grande nouvelle qui occupe tous les hommes de lettres de Paris !

— Quelle grande nouvelle ?

— M. Milhaud, le Turcaret de la *Presse*, donna, il y a quelques semaines, un dîner d'hommes de lettres. Il y avait là soixante hommes de lettres, et M. de Lamartine avec M. Dupin, ventre à ventre....

— M. de Lamartine ?

— Pourquoi vous étonner ?

— Quoi ! M. de Lamartine avec M. Dupin !

— Le président de la dernière Assemblée Nationale est de toutes les époques.

— Et M. de Lamartine ?....

— Général d'un jour. Enfin un fait est un fait. M. de Lamartine, M. Dupin, et soixante hommes de lettres, dînaient chez M. Milhaud.

— Eh bien !

— Eh bien, on dansa la *Cachoucha*.

— Hélas ! hélas !

— Ce que voyant, M. Mirès, le *Mondor* du *Constitutionnel*, donna un dîner *monstre*, pour effacer celui de M. Milhaud. Il y avait là cent vingt hommes de lettres, deux fois autant qu'au dîner de la *Presse*. Je ne vous dirai pas quelle danse on dansa. Et alors Emile de Girardin.... Mais vous n'avez donc point lu la correspondance de l'*Indépendance Belge* ?... M. de Girardin, pour effacer tout le monde, a chargé le comte de Monte-

Christo d'organiser un drame-restaurant. Il s'agit de rivaliser avec Chevet comme avec Shakespeare. On passera alternativement, pendant trois jours, de la salle de théâtre à la salle du festin. On goûtera les vers et les sauces de Dumas. Est-ce ainsi chez vous ?

— Je ne suis pas Turcaret ou Mondor.

— Ni le comte de Monte-Christo....

— Attendez! je me ravise. N'ai-je pas promis au Lecteur un repas....

— Ah! oui, un repas d'*idées*. Les idées valent bien des alouettes! Oh! la bonne plaisanterie! Allons! vous n'êtes pas de ce temps. Il faut vous prendre comme vous êtes. Comment s'appellera votre ouvrage?

— *La Grève de Samarez.*

Jersey, 1857.

FIN DE L'INTERMEDE.

LA GRÈVE
DE
SAMAREZ.

LIVRE I.

AVERTISSEMENT.

Les personnages politiques ou autres qui peuvent être nommés et désapprouvés dans cet écrit auraient mauvaise grâce de se plaindre de sa publication en France : car je n'ai pas attendu d'être en France pour leur faire connaître ma façon de penser. Attaqué par eux dans l'exil, j'ai publié à Jersey une Revue où divers fragments de la *Grève de Samarez* ont paru. Cette Revue était lue à Londres. S'ils n'ont rien répondu, c'est qu'ils n'avaient rien à répondre.

LIVRE I.

LES CINQUANTE-DEUX SECTES DE L'ILE.

PREMIÈRE PARTIE,

OU JE CONSULTE MES AMIS.

CHAPITRE I.

ON ME DONNE UNE BIBLE.

J'ai été gratifié, il y a quelque temps, par une voie mystérieuse, d'un exemplaire tout neuf de la Bible.

Étonné de ce cadeau, je tourne la couverture, et sur le feuillet blanc qui précède le titre, je lis cette inscription qui, si elle n'annonce pas une grande habitude de notre langue, n'en est pas pour cela moins touchante :

A M. PIERRE LEROUX,

DE LA PART DE QUELQUES AMIS ÉCOSSAIS,

Une desquels (sic) est morte depuis que cette Bible a été achetée pour lui.

On n'a donc pas tout dit, pensai-je, sur la soudaineté de la mort, sur la briéveté et l'instabilité de la vie! Voilà une personne qui achète une Bible pour me faire songer à l'Éternité, et qui meurt avant qu'on me l'ait envoyée; j'aurais pu mourir moi-même avant d'avoir reçu son présent!

A la suite était écrit ce mémorandum :

« Jean, ch. V, v. 39; — Tite, ch. III, v. 15. »

J'ouvris donc l'évangile de S. Jean à l'endroit indiqué, et je lus :

« Sondez les Écritures, car c'est par elles que vous croyez avoir « la vie éternelle, et ce sont elles qui rendent témoignage de « moi. »

Ceci, me dis-je, dans la bouche de Jésus, s'appliquait aux Juifs. A l'heure du monde où nous sommes, ne serait-ce pas plutôt à nous, novateurs qui croyons avoir un nouveau degré de l'éternelle et progressive Révélation, ne serait-ce pas à nous d'adresser la même parole aux Chrétiens, et de leur dire : *Sondez votre Évangile, il parle de nous!*

Mais voyons ce que S. Paul écrit à Tite :

« Tous ceux qui sont avec moi te saluent. Salue ceux qui nous « aiment dans la foi. La grâce soit avec vous tous. Amen. »

Le choix de ce verset, rapproché de la pieuse sollicitude qui avait fait acheter ce livre pour me l'offrir, me toucha presque aux larmes. Ma correspondante avait donc été plus charitable que son saint ! S. Paul salue Tite parce que Tite suit son drapeau; mais il a bien soin de lui dire de ne saluer que ceux qui sont *dans la foi.*

Cela me fit penser que S. Paul ne put jamais s'accorder ni avec S. Pierre, ni avec S. Jean, et qu'ils ne s'accordent pas encore aujourd'hui; leur discorde a inondé de sang le monde et le Christianisme.

Et puis ce mot AMEN qui termine l'Épître souleva tout un monde dans ma tête. Chrétiens, vous traduisez ce mot par *ainsi soit-il*, ce qui n'a pas de sens; ou vous ne le traduisez pas du tout, ce qui est plus commode. AMEN!.... mais savez-vous que c'est le mot *talismanique* de votre religion, le mot qui en révèle l'origine et la vraie descendance.

Tout ce qu'on m'avait invité à lire était lu. Que pouvais-je faire de plus? J'allai faire un tour de promenade.

CHAPITRE II.

LES CINQUANTE-DEUX SECTES DE L'ILE.

Je suis dans un pays où on lit autant la Bible qu'on la lit peu en France. Ici les mères donnent volontiers à leurs enfants le nom de Josué ou de Melchisédech.

Il n'est donc pas étonnant que je rencontre nombre de personnes qui me disent : « Vous voilà vieux, vous allez bientôt mourir (ceci avec plus ou moins d'euphémisme et de circonlocutions); lisez la Bible. »

Comme ces amis-là me paraissent désintéressés, je me sens disposé à traiter leur opinion avec le respect qu'elle mérite.

Néanmoins je me suis aperçu qu'il y avait quelque danger à les écouter.

J'ai cru d'abord qu'en me conseillant la lecture de la Bible, ils n'avaient pas d'autre but que de me conseiller cette lecture. Mais j'ai bientôt découvert qu'ils avaient tous une arrière-pensée.... celle-ci : « Venez au Ciel avec nous. » Or cela ne laisse pas que d'être embarrassant : il y a, m'a-t-on dit, cinquante-deux sectes dans l'île.

CHAPITRE III.

CE QUI ARRIVA A LAMENNAIS.

Je crains en vérité qu'il ne m'arrive ce qui arriva ici même à Lamennais : c'est lui qui m'a conté l'histoire.

Il avait treize ans, et n'avait pas fait sa première communion. Son père, occupé de négoce, le laissait s'élever à la grâce de Dieu. Sa mère le trouvait délicat, et ne voulait pas qu'on le fatiguât d'études. Il croissait donc peu à peu dans sa petite taille sous les grands chênes de La Chesnaie; heureux s'il n'avait pas trouvé dans ce paradis terrestre l'arbre fatal de la connaissance !

Mais il y avait dans cette maison, achetée par son père à d'anciens nobles ruinés, une vaste bibliothèque, dont pas un membre de la famille ne faisait usage. L'enfant s'y établit; il y passait ses journées; il aimait à être seul avec tous ces livres. Il fallait bien que cette bibliothèque servît à quelque chose !

Enfin on imagine qu'il s'en va temps de faire de lui un Chrétien, et on prie Monsieur le Curé de s'y employer. Le digne homme répond que rien n'est plus facile. « Ce sera, se disait-il, l'affaire d'un tour de main. » Mais comme il fut trompé !

Vous avez peut-être connu Lamennais. Figurez-le-vous enfant, avec son grand front, son long nez, sa bouche un peu serrée, son menton carré (signe d'obstination, comme je l'ai remarqué chez nombre de personnes). Ajoutez l'air étrange que donnent des yeux profondément enfoncés dans leurs orbites, et un visage non pas ovale, mais tout en pointe comme un coin. Le pauvre curé avait affaire à celui qui fut plus tard considéré comme un père de l'Église, pour devenir ensuite pire qu'un hérésiarque.

La conversation s'engage; mais, au lieu d'un catéchisme, c'est une conversion à faire. L'enfant tantôt s'expose avec gravité comme le Vicaire Savoyard, tantôt argumente avec une érudition puisée dans Bayle, ou bien plaisante comme Voltaire. Le curé sue sang et eau. Il lui fallut entreprendre un siége en règle. Il y passa toute une année, au bout de laquelle il finit par déclarer qu'il lui était impossible de conférer le Sacrement à cet incrédule.

Là-dessus, on envoie Lamennais à Jersey, où il avait de la parenté. Le voilà au milieu des Protestants; il les entend tout le jour, il assiste à leurs exercices, il écoute leurs arguments, il vit au milieu de leurs disputes. Qu'arriva-t-il? Il se fit Catholique.

Si j'allais me faire Catholique, par opposition aux cinquante-deux sectes de l'Ile!

CHAPITRE IV.

COMME QUOI LES FRANÇAIS QUE JE RENCONTRE NE ME CONSEILLENT JAMAIS DE LIRE LA BIBLE.

D'un autre côté, chose singulière! jamais les Français que je rencontre ne me conseillent de lire la Bible; jamais ils ne m'engagent à songer à l'enfer ni à la vie future!

L'Enfer, le Paradis, la Vie future, pour eux, c'est *la Politique*.

D'où vient cette différence entre des nations si voisines ? Comment se fait-il que *la politique* soit *la religion de la France,* et qu'en Angleterre la politique n'inspire aucun intérêt qu'on puisse appeler religieux.

Grave question, cher Lecteur, très-grave question, que je vous laisse à résoudre.

Voyons ! comment expliquez-vous cela ?

Je vous entends ; vous avez lu Thierry, Guizot, Michelet, Jean Reynaud, Henri Martin, et autres docteurs. N'y aurait-il pas en cela, me dites-vous, quelque sortilége venant du sang, des races ? Vous savez ! comme on explique aujourd'hui toutes choses : les Celtes, les Gaulois, les Druides, d'un côté ; et de l'autre....

—Eh bien, de l'autre ! n'avez-vous pas aussi des Celtes, des Galls, des Druides ? Vous voyez bien que cela n'explique rien.

Ah ! la chimie du sang, l'histoire expliquée par les races ! Le Breton Descartes, comme dit Michelet. Mais Descartes était Angevin.

Cette chimie-là, Lecteur, je n'y ai pas grande confiance.

Laissez-moi vous dire quelque chose de plus terre-à-terre, et de plus clair à mon sens.

Sachez que c'est l'absence de la liberté religieuse qui fait que les Français n'ont d'autre religion que la politique. Quand j'étais en France, je n'entendais que gens parlant d'éteindre le volcan des révolutions. « Tous les quinze ans, disaient-ils, il y a une révolution dans ce pays-là. Éteignons, éteignons ce volcan. » Et le volcan se rallumait toujours.

Les imbéciles ! J'ai trouvé, moi, le secret qu'ils cherchent : il m'a suffi d'observer l'Angleterre.

Si vous voulez éteindre le volcan, donnez une issue au feu qui couve dans son sein, c'est-à-dire accordez la liberté des cultes, ouvrez carrière à toutes les sectes, permettez à l'esprit religieux de n'être point forcé de se transformer en esprit révolutionnaire. Que les Français ne soient plus obligés de mettre toute leur idéalité, toute leur vie, toute leur âme, dans la politique. Vous aurez une soupape de sûreté.

Je compte sur une récompense honnête quand on mettra mon secret en pratique.

Mais pourquoi la France n'a-t-elle pas, comme l'Angleterre et l'Allemagne, conquis, dès le seizième siècle, la liberté religieuse?

Ah! c'est une autre question; et je ne dis point que la chimie du sang n'ait pas quelque prise ici... en remontant au déluge. Ce qui est certain, c'est que, Luther ayant fait la Réforme avec le dogme de la Prédestination, la Réforme ne pouvait pas avoir, à cause de cela même, autant de succès en France qu'elle en eut ailleurs. La France était trop avancée dès cette époque, et elle avait toujours été trop Pélagienne, pour pouvoir admettre une doctrine que l'Italie et la Gaule avaient eu tant de peine à subir quand elle leur vint de Carthage. Les Français étaient Pélagiens, ils restèrent Pélagiens, et ils sont aujourd'hui, au plus haut degré, Pélagiens. C'est le Pélagianisme qui a repoussé la Réforme.

D'un côté, donc, les Français, en vrais Pélagiens qu'ils sont, se permettent une immense activité d'esprit, et leur investigation ne connait pas de limite. D'un autre côté, ayant repoussé la Réforme, ils n'ont pas la liberté religieuse.

En Angleterre, au contraire, le dogme de la Prédestination, en prosternant l'homme devant Dieu, en rapportant tout à sa grâce ou à sa colère, a écrasé en principe la liberté de l'esprit, tandis qu'en pratique la Réforme n'a mis aucun frein à cette même liberté.

En sorte que, dans un des deux camps qui divisent aujourd'hui l'Europe, on est libre sans être esprit libre, et dans l'autre on est esprit libre ou esprit fort sans être libre.

Méditez cela, cher Lecteur, et peut-être vous trouverez que dans cet os, comme dit maître François, il y a de la moelle.

CHAPITRE V.

MON VOISIN ME CONSEILLE D'ÉCRIRE MES MÉMOIRES.

Revenons à nos moutons. Je vous contais donc que, bien différents des indigènes qui me pressent d'employer à méditer sur la Bible les restes d'une ardeur qui s'éteint, mes concitoyens exilés ou proscrits ne s'imaginent pas même que quelqu'un au monde puisse me donner un pareil avis. Ils trouvent, quant à eux, que j'ai beaucoup trop lu la Bible et l'Évangile. Ils ne cessent de me dire (et vous verrez bientôt avec quelle aménité) : « Faites de la politique, de la politique *active*. »

Je serais un menteur, pourtant, si j'affirmais que tous, sans exception, me donnent ce conseil : il y en a qui m'engagent à écrire mes Mémoires.

Naguère encore, j'avais un voisin, un voisin, ma foi ! fort illustre, qui penchait pour cette opinion. Suivant lui, c'était à cela que je pouvais le plus utilement consumer mon temps.

— Vous voilà parvenu, me dit-il un jour, à l'âge où vous devriez avoir *otium cum dignitate*.

— C'était bon dans la République Romaine, lui répondis-je en riant.

— Écrivez vos Mémoires, continua-t-il ; je connais tel libraire qui vous les achèterait bien cher.

— Mais, lui dis-je, je n'ai pas envie d'écrire mes Mémoires, et je suis malheureusement ou heureusement de ces gens qui oublient leur vie à mesure qu'elle se passe. Benjamin Constant me confia un jour qu'il était ainsi fait. Ou bien c'est que je ne suis pas encore arrivé à l'âge où le vieillard ne vit plus que de souvenirs. Cependant je réfléchirai à votre idée.

J'y réfléchis, en effet, le soir en me couchant.

Pourquoi diable! me dis-je, mon voisin me conseille-t-il, avec tant d'insistance, d'écrire mes Mémoires? Suis-je donc si vieux que je ne puisse plus rien écrire de bon sur la théologie? Je connais un poète qui, voyant Lamartine conduire la Révolution de 1848 (comme il l'a conduite, et il l'a bien menée, en vérité!), disait : « Lamartine a « commencé, moi je finirai! » Mon voisin veut-il tout finir? Le voilà, à ce qu'on me dit, qui consulte les tables, et qui converse avec les esprits. Une théologie nouvelle, assurément, va sortir de là. Il est impossible que les esprits ne lui révèlent pas une multitude de choses que nous autres terrestres nous ne saurions connaître. Voilà donc toute la science changée, un nouveau monde qui se découvre. Déjà mon voisin annonce qu'il va traiter de Dieu et de Satan... Et moi, pendant ce temps-là, je serai enfoncé dans mes Mémoires! C'était bien la peine de m'occuper de Dieu et de Satan pendant que mon voisin faisait des tragédies ou les mémoires de son cœur!

CHAPITRE VI.

CE QUE MON VOISIN AURAIT DU ME DIRE.

Si mon voisin avait un esprit logique, il m'aurait dit :
« Je m'entretiens avec les esprits. Toute votre religion est fausse. Vos idées sont des chimères. L'Humanité, dont vous faites un être idéal et réel à la fois, n'existe pas. Elle n'est jamais venue parler à nos tables. La vie future n'est pas telle que vous dites (bien que je vienne de faire une pièce où je dis en vers la même chose que vous). Je ne suis pas encore bien sûr que nous allions dans les étoiles ; mais j'incline fort à le croire, tout en croyant que je me suis entretenu hier avec Machiavel, et que j'ai vu Borgia, l'autre jour, sous la forme d'un gros caillou. Apprêtez-vous à vous défendre, ou faites comme Robert Owen, qui, après avoir causé avec les tables, vient de renoncer solennellement à toute la portion philosophique de son système. »

Voilà ce que mon voisin m'aurait dû dire ; il n'aurait pas dû me dire d'écrire mes Mémoires.

CHAPITRE VII,

OU L'AUTEUR GÉMIT ET SE LAMENTE COMME LA FILLE DE JEPHTÉ.

O mes utopies ! ô mes rêves ! Il me semblait pourtant que, grâce à cette Doctrine qu'on me dit d'abandonner pour écrire mes Mémoires, je ferais du monde une si belle chose ! Je voyais tant de bonheur, non pas pour moi seul, mais pour tous sur la terre !

Et maintenant *linquenda tellus*, après avoir, pendant mes derniers jours, relu la Bible, ou fait de la politique active à la façon de Ledru, ou écrit mes Mémoires et soigné mon orgueil !

CHAPITRE VIII,

OU L'AUTEUR A UNE HEUREUSE IDÉE.

Voyons ! je veux examiner, une bonne fois pour toutes, les raisons de mes donneurs de conseils. Je veux voir s'ils me persuaderont, ou si au moins ils me convaincront.

Heureusement j'ai un bon moyen pour cela.

Je possède un grand bahut où j'entasse pêle-mêle, à mesure que je les reçois, lettres, journaux, brochures, et jusqu'aux vers de mon voisin.

Heureuse précaution que j'ai prise de collectionner ! Je prévoyais le jour où j'aurais soixante ans, et où tout cela me serait nécessaire.

Je vais puiser dans ce bahut, et ranger en trois catégories mes conseillers divers :

1° Ceux qui m'engagent à ne plus vivre que dans le *passé* en écrivant mes Mémoires ;

2° Ceux qui me font un reproche, un crime même, de ne pas m'occuper du *présent* à leur manière, en faisant avec eux de la politique active ;

3° Ceux enfin qui me crient de songer au *futur*, très-prochain assurément, c'est-à-dire à la mort, au salut, à la vie éternelle.

Je choisirai ensuite les plus forts, et nous verrons.

Alea jacta est, comme disait M. de Lamartine. Je ne sais pourquoi je me souviens toujours d'avoir entendu M. de Lamartine prononcer avec emphase, du haut de la tribune, cet *Alea jacta est !* C'était bien la peine de parler latin.

CHAPITRE IX.

IL FAUT DE LA MÉTHODE EN TOUT.

Mon triage est fait. Maintenant procédons avec ordre. Il faut de la méthode en tout.

Par lesquels de mes aviseurs commencerai-je? Ma foi ! je commencerai par les théologiens : *ab Jove principium.*

CHAPITRE X.

PREMIER THÉOLOGIEN : IL M'INVITE A SONGER A L'ENFER.

Précisément en voici un (c'est un Anglais), et qui n'est pas des moins sérieux.

Vous allez voir ce qu'il m'écrit. Sa lettre débute par cet aphorisme :

« *What God has shut, no man can open; but the mind enlightened to the Whole Truth, no man can shut.* »

C'est-à-dire littéralement :

« Ce que Dieu a fermé, personne ne pourra l'ouvrir; « mais l'esprit éclairé à l'endroit de la Toute Vérité, au- « cun homme ne pourra le fermer. »

Dans la théologie de S. Paul et de S. Augustin, l'éternel potier (pardonnez-moi cette expression en parlant de Dieu, mais c'est S. Paul qui fait la comparaison), l'éternel potier, donc, fabrique des pots destinés à être brisés (*aliàs*, à aller en Enfer) : — ce sont ceux-là qui sont *ce que Dieu a fermé*. — Il en fait d'autres destinés à être conservés (*aliàs*, à être sauvés, à vivre de la vie éternelle) : — ce sont ceux-là qui sont *éclairés à l'endroit de la Toute Vérité*, ceux qu'*aucun homme ne pourra fermer*.

Vous reconnaissez là, Lecteur, si vous êtes au courant de ces sortes de choses, une des formules du Prédestinatianisme. Mon correspondant me juge assez disposé à l'*illuminisme* pour pouvoir être sauvé. La question n'est plus que de connaître le Sauveur et d'avoir peur de l'Enfer. Voyons la suite.

Le billet continue ainsi :

« *I entreat you, in the name of the Lord, to search for* THE
« PEARL OF GREAT PRICE *in the Bible mine, in Isaiah the Pro-*
« *phet, which speaks most of the Saviour, chapt.* LIII — LV. »

C'est-à-dire ·

« Je vous supplie, au nom du Seigneur, de rechercher,
« dans la mine de la Bible, LA PERLE PRÉCIEUSE ; vous la
« trouverez dans Isaïe le Prophète, qui parle surtout du
« Sauveur aux chapitres LIII — LV. »

N'êtes-vous pas frappé, comme moi, de ce geste mystérieux d'un homme versé dans la lecture des livres saints ?

Cet homme, avec son style laconique, ressemble à ces poteaux qu'on rencontre sur les routes, et qui indiquent le chemin aux voyageurs.

Il a l'air de me dire, ou plutôt il me dit : « Vous cherchez le salut, vous cherchez la vie ; je vais vous les montrer. La Bible est une mine, mais dans cette mine il y a *une perle de grand prix ;* je sais où elle se trouve, et je veux vous épargner beaucoup de recherches. *Lisez Isaïe !* »

Ainsi que je l'avais bien prévu, mon correspondant, après m'avoir montré *la perle précieuse* dans Isaïe, n'a plus à me parler que de l'Enfer, *Hell.* Il me donne un interminable catalogue de tous les textes où il est question de ce lieu de supplice, catalogue emprunté surtout au terrible Évangile de S. Matthieu, et il termine ainsi :

«*The person who sends you these few lines feels and knows
« the sinfulness of the flesh, and, like the great Apostle
« S. Paul, is the chief of sinners. But without Holiness no
« man shall see the Lord.* »

C'est-à-dire :

« La personne qui vous envoie ces quelques lignes sent
« et connaît la corruption de la chair, et, comme le grand
« apôtre S. Paul, elle est le chef des pécheurs. Mais sans
« la Sainteté personne ne verra le Seigneur. »

Oh ! pour le coup, je reconnais de plus en plus un convertisseur habile. Voyez comme cet homme cherche à pénétrer dans mon âme ! Il sent, dit-il, il connaît par lui-même toute la corruption de la chair ; il s'avoue le *chef des pécheurs.* Je pourrais donc être sauvé comme lui, quelque pécheur que je puisse être ; car il sera probablement sauvé, lui qui prend tant de soins pour mon salut.

Et puis l'exemple de S. Paul! On peut donc toujours compter sur la miséricorde divine; car si S. Paul n'avait pas lapidé S. Étienne, il avait excité le zèle de ceux qui le lapidaient, ce qui est plus vilain encore.

Enfin cette maxime : « Sans la Sainteté personne ne verra le Seigneur. » Quel vaste champ ouvert à la réflexion! car puisqu'on peut être un puits d'iniquité et être pourtant sauvé, ce n'est pas notre propre sainteté qui nous sauve, c'est la Sainteté hors de nous, c'est celui qui est la Sainteté, c'est notre Sauveur. Croyez, et vous serez sauvé !

Qui pourrait dire que tout cela n'est pas très-engageant?

Et mon correspondant signe : « Votre véritable ami, » *Your true Friend.*

Cette île est donc peuplée *d'amis invisibles* qui veulent sauver mon âme !

L'Angleterre, cette grande industrielle, a fini par trouver le moyen de convertir l'univers — *convertissable* — sans aucun frais de génie. Le pêcheur (*piscator*), assis tranquillement au bord du fleuve, jette sa ligne, que le poisson prend s'il a la voracité requise : ainsi tout bon Anglais, quelque pêcheur qu'il soit (*peccator*), peut sans sortir de son *home*, son chez-lui, se donner le plaisir d'essayer de sauver les âmes *sauvables*, celles qui n'ont pas été prédestinées à l'Enfer. Il ne lui en coûte pour cela qu'un cachet de poste d'un *penny*, ou une souscription à la Société Biblique....

Je pense à cet *ami* qui m'invite à lire Isaïe ! S'il savait avec quelle attention je l'ai lu, et ce que j'y ai trouvé !

La perle précieuse!... Eh oui, il y a là une perle précieuse, mais ce n'est pas celle que vous pensez.

CHAPITRE XI.

LA PERLE PRÉCIEUSE.

Lecteur, cher Lecteur, vous voudriez bien savoir quelle est cette perle précieuse que j'ai découverte dans Isaïe !

Je ne serais pas moins enchanté de pouvoir m'en ouvrir avec vous ; mais, en vérité, cela est impossible.

J'ai uni ma vie avec la vôtre. Votre nom est un cadre où je vois toutes sortes de figures aimables. Eussiez-vous, d'ailleurs, la mine la plus rébarbative, qui que vous soyez, enfin, vous êtes homme, et pour moi vous êtes l'homme. Comment donc refuser de satisfaire votre juste curiosité ?

Et cependant il m'est impossible de faire ce que vous désirez. J'y ai réfléchi, c'est impossible.

Montaigne se vante de sa *bonne foi*. Je n'ai jamais compris comment on pouvait écrire sans bonne foi. Quant à moi, je fais bien mieux que Montaigne : j'écris *sans cérémonie*. Je n'ai point d'art, et vous vous en apercevez fort bien.

Mais il y faut pourtant un peu d'ordre et de suite :

Tantum series juncturaque pollet,
Tantum de medio sumptis accedit honoris.

Si j'allais mêler tout propos, et faire toutes sortes de farcissures, comme dit ce même Montaigne, vous me planteriez bientôt là.

Après tout, vous seriez trop exigeant si vous me forciez de vous rendre compte du moindre mot qui m'échappe.

Mon âge, que je vous ai fait connaître, vous dit assez que j'ai dû recevoir de nombreuses impressions sur cette espèce de toile qu'on appelle la mémoire :

> Quiconque a beaucoup vu
> Peut avoir beaucoup retenu.

Il m'est permis aussi d'avoir dans l'esprit une certaine complexité, ou, si vous aimez mieux, une certaine compréhensivité (ces sortes d'expressions sont de mise et même très-agréables depuis la nomenclature des Phrénologues), une certaine compréhensivité, dis-je, qui unit ensemble beaucoup de choses et combine beaucoup de rapports.

Tout cela constitue mon genre de conversation, ma causerie.

Si vous vous entreteniez, par hasard, avec un astronome causeur (on en rencontre de tels; Arago était fort bavard), et qu'il fît allusion à des opinions à lui personnelles sur l'astronomie, exigeriez-vous qu'il vous exposât le fondement de ses opinions? Et de même avec un chimiste et un physicien?

Pourquoi, à propos de théologie, en serait-il autrement? La théologie est-elle donc aujourd'hui si méprisée, si bafouée, que le premier venu se croie pertinent pour décider de tout ce qu'elle renferme ; et cela au premier mot, et au pied levé, comme on dit?

Je vous raconte comment on veut me persuader de suivre une certaine voie de salut, et comment je résiste. Chemin faisant, je fais allusion à telle ou telle idée qui m'a passé autrefois par la tête..., et qu'au surplus vous pouvez voir dans mon livre sur....

Allons! voilà que j'ai commis la faute que je ne voulais

pas commettre. Je m'étais bien promis de ne pas vous parler de mes livres. J'ai un ami qui, chaque fois que nous dînons ensemble, plaisante sur les vingt-cinq volumes qu'il a, dit-il, écrits sur l'art culinaire. Je me suis imaginé quelquefois qu'il voulait par là me donner une leçon, et j'avais fait un serment que je viens d'oublier. Me voilà encore pédant.... malgré moi.

Afin que cela n'arrive plus, promettez de ne pas recommencer, et d'en agir désormais avec moi comme je fis jadis avec un vieil alchimiste qui se nommait Gilbert.

Tenez, puisque nous avons interrompu le cours de mes consultations, je consens à vous raconter cette histoire. Elle ne vous dédommagera pas sans doute de la perle que vous désiriez, mais elle nous permettra de revenir plus vite au sujet qui nous occupe.

CHAPITRE XII.

UN DINER AVEC UN VIEIL ALCHIMISTE.

Un jour donc nous dînions, Gilbert et moi, avec Ampère et Ballanche, dans un restaurant du quartier Latin, vis-à-vis le café Procope. Survint, je ne sais comment, nombreuse compagnie : l'ambitieux Barthe, le non moins ambitieux Lerminier, puis deux jeunes philanthropes qui revenaient d'Amérique, où ils avaient été étudier, aux frais du gouvernement, le système pénitentiaire—(beaux philanthropes, ma foi! je les ai retrouvés depuis à l'Assemblée Nationale : aux Journées de Juin, quand quelqu'un fit des efforts pour s'opposer au décret de transportation en masse, et demanda, au nom de la *famille*, qu'au moins les femmes et les enfants des transportés eussent le droit de les accompagner, savez-vous qui monta à la tribune pour repousser cette juste demande et violer la nature? Un de ces philanthropes, par amour sans doute pour le *solitary confinement*. O philanthropie!). — Il y avait aussi à ce dîner des avocats, des médecins, bref trop nombreuse compagnie.

J'aurais voulu qu'on laissât parler Ampère et Ballanche. Ils étaient de Lyon tous les deux, ils se tutoyaient, ils se connaissaient depuis l'enfance. Ampère, vous pouvez le savoir, était timide, fort timide. Avec quelles transes, sous la Restauration, émettait-il une idée devant deux ou trois amis intimes, après qu'il avait bien visité les portes de son cabinet! Il fut aimable pourtant, et commença à nous donner quelques détails qui me parurent charmants sur son enfance de paysan, sur les longues années qu'il avait passées dans sa chère montagne (il était de la montagne, lui; Ballanche, fils d'imprimeur, était de la ville). Mais on ne sut pas l'encourager, et bientôt il devint taciturne. Alors j'essayai d'amener le beaucoup moins timide et plus naïf Ballanche (tout naïf que Ballanche était, il ne laissait pas d'être fort malin, comme on le dit de La Fontaine), j'essayai, dis-je, de l'amener, sans qu'il s'en aperçût trop, et par une suite de pas successifs, à nous raconter sa première visite à madame Récamier, *lorsqu'il vit Béatrice pour la première fois....*

L'histoire est délicieuse, mais il faut avoir connu Ballanche. Madame Récamier était en passage à Lyon; et madame Récamier, c'était la merveille du temps : Ballanche séchait sur pied de ne l'avoir pas encore vue. Enfin il est invité à une de ses soirées. Tant que dure le jour, il attend impatiemment; et, le moment venu, il court, il vole.... Le voilà dans le salon, caché dans la foule des visiteurs. Un de ses amis l'aborde, et, après quelques instants : « Mais qu'avez-vous donc, Ballanche? vous exhalez une odeur détestable. » Ballanche rougit, s'interroge, pense à ses souliers, incline la tête, et reconnaît.... que le petit décrotteur par qui il s'est fait cirer sur le quai du Rhône a mis des *œufs pourris* dans son cirage. Qu'auriez-vous fait, Lecteur? Rester était impossible, il y aurait eu une émeute. Vous seriez sans doute allé vous coucher. Tout au plus, avant de vous dérober par la fuite, auriez-vous essayé de jeter un coup d'œil sur la divinité du lieu. Ballanche fut plus malin que vous. Il alla, sans rien dire, déposer ses souliers sur l'escalier, et il revint bien vite contempler, tant que dura la soirée, celle.... qui *abaissa pour lui les gloires célestes*.... Voyez la *Dédicace* de sa *Palingénésie*.... Aussi je me figure toujours Ballanche *sans souliers* devant madame Récamier.

Je lui aurais fait raconter cela et bien d'autres choses. Il s'y serait prêté; rien ne lui faisait plus de plaisir. Mais ces jeunes gens n'avaient point de respect pour leurs anciens, point d'émotion pour la vieillesse de deux hommes de génie. Deux lumières de notre temps allaient s'éteindre quelques mois après, et, au lieu de profiter de leurs derniers rayons, ils ne pensaient qu'à briller eux-mêmes, à montrer leurs petits talents, leur loquacité, leurs vilaines passions!

Gilbert ne disait rien; il observait mon mécontentement, mon air mélancolique. A la fin, il se lève, me prend à part, me conduit dans un cabinet voisin; et là, mystérieusement : « Il serait bien nécessaire, me dit-il, que
« nous fissions *un peu d'or* pour ces jeunes gens : qu'en
« pensez-vous? » Je le regardai surpris : « En effet, lui

« répondis-je, je crois qu'il y en a plus d'un qui serait
« content de palper de l'or, et qui fera tout pour cela. »

Là-dessus il me fit confidence qu'un adepte venait d'arriver à Paris, qu'une expérience allait avoir lieu, et me demanda si je ne serais pas curieux d'y assister. Nous prîmes rendez-vous, et quand j'allai au rendez-vous, Gilbert ne s'y trouva pas. Je le revis souvent depuis, sans qu'il m'ait jamais fait d'excuses et sans que je lui en aie demandé. Mais j'aimais à le faire causer de Saint-Martin, du *Philosophe inconnu*, qu'il avait beaucoup connu.

J'ai bu souvent, avec Gilbert, de son *or potable*, qui devait, disait-il, prolonger sa vie jusqu'à l'âge que nous prédit M. Flourens (après Descartes et Condorcet), un siècle et plus. Je n'ai jamais élevé, devant lui, le moindre doute sur l'Alchimie, et j'ai souvent pensé que l'Alchimie pouvait être très-supérieure à la Philosophie des chimistes de nos jours.

Croyez de même, cher Lecteur, que la Théologie, qu'on méprise aujourd'hui à l'égal de l'Alchimie, mérite peut-être aussi qu'on y regarde. Croyez qu'il y a une perle précieuse dans Isaïe; mais ne m'en demandez pas, pour le moment, davantage.

CHAPITRE XIII.

SECOND THÉOLOGIEN, LEQUEL EST FORT MALADROIT.

J'ai des raisons de penser que mon *véritable ami*, si préoccupé de l'Enfer, appartient à la secte des Méthodistes. J'ai encore bien d'autres amis dans cette secte, et toujours invisibles.

Quand Withfield, ce saint, non pas *des derniers jours*

(je ne veux pas ôter aux Mormons leur titre), mais de la fin du dernier siècle, voulut prêcher la réforme morale et suppléer à la paresse du clergé vénal et corrompu de l'Angleterre, il établit ses tréteaux sur la vaste place de Moorfields, et la secte des Méthodistes prit naissance. Aujourd'hui ses successeurs prêchent rarement dans la rue; mais leur zèle convertisseur s'exerce, *par la poste*, au moyen de petits *traités* adaptés aux diverses conditions sociales.

J'en ai là, de ces *Tracts*, pour ma part, un assez bon nombre. En voici un sur la couverture duquel l'ami qui me l'envoie a écrit : *Ye cannot say : No one careth for my soul* : « Vous ne pouvez pas dire : Personne ne s'occupe « de mon âme. »

Oh! non, assurément, je ne puis pas dire cela. Mais que m'envoie-t-il, cet ami? Sous le titre de *Loss and Gain* (Perte et Gain), il me fait considérer l'histoire édifiante d'une femme de banquier, laquelle, après avoir été immensément riche (son mari avait des millions), tomba dans la pauvreté, ce qui, de fil en aiguille, l'amena à se convertir; elle finit comme une Madeleine. Il y eut ainsi, dit l'auteur, perte et gain; mais le gain fut infiniment plus considérable que la perte. J'aurais mieux aimé que sa sainte se convertît quand son mari avait des millions. Elle aurait peut-être converti son mari; ils auraient vendu leurs biens, suivant le conseil de Jésus, et en auraient distribué le produit aux pauvres. Cela eût été plus neuf et plus curieux. Pourquoi la Providence, qui fait luire de si grandes clartés dans les revers de fortune, ne fait-elle pas briller la vraie lumière au milieu des trésors et des biens de la terre?

Mais quel motif a pu porter cet homme à m'envoyer

cela? S'imagine-t-il que mon âme, dont il s'occupe, a été longtemps la proie de Mammon, et que, vide aujourd'hui, par suite de la vacuité de ma bourse, elle aspire à se gonfler d'amour divin comme ils l'entendent? S'il savait que j'ai toujours ressemblé à Bias, dont la devise était *Omnia mea mecum porto*, et que je pense comme Ludlow, qui fit mettre sur sa tombe à Vévay : *Ubi libertas, ibi patria*. Définitivement, ce convertisseur-là n'a pas su prendre ma mesure : c'est un maladroit. Passons à un autre.

CHAPITRE XIV.

TROISIÈME THÉOLOGIEN : C'EST UNE DAME.

Voici un charmant petit livre revêtu d'une couverture rose; il est accompagné d'un billet sur papier satiné également rose. Cette fois, je reconnais une femme au style, à l'écriture, et aussi au choix plus judicieux et plus délicat qu'elle a fait en m'envoyant *The Remedy for Social Evil*, « Le Remède contre les Maux de la Société. » Décidément il y a quelque chose de plus divin, ou de plus *devin*, dans la femme : *Est aliquid in fœmina divinioris mentis*.

Mon *amie* me dit, dans sa lettre, « qu'on *m'invite* à « chercher la véritable solution des maux de l'huma- « nité ». Cherchons donc avec elle.

CHAPITRE XV.

LE REMÈDE CONTRE LES MAUX DE LA SOCIÉTÉ.

C'est un petit drame dont la scène se passe à Paris, au moment de la révolution de Février 1848.

Un groupe nombreux s'est formé autour d'un jeune Ouvrier qui pérore ardemment sur les maux de sa classe. Il attribue ces maux à la mauvaise organisation de la société.

Un Révérend (c'est ainsi qu'à Jersey et en Angleterre on appelle les ministres des différents cultes), un Révérend intervient, et lui dit : « Vous croyez donc que ce sont les despotes qui font les esclaves ; il serait aussi vrai de soutenir que ce sont les esclaves qui font les despotes.... »

— *Bravo!* s'écrie-t-on de toutes parts.

— « Vous avez bien raison, Citoyen, reprend le jeune Ouvrier. Nos pères disaient il y a cinquante ans : « Les grands ne sont grands que parce que nous sommes à genoux : levons-nous ! »

Cette faveur inattendue montre au Révérend qu'on s'est mépris sur le sens de ses paroles. Je vous demande, en effet, pourquoi il commençait par une maxime pareille, à moins que ce ne fût pour donner le change et se faire écouter. Mais il va se racheter en donnant à sa foi une libre carrière ; il sera martyr, s'il le faut !

« Vous ne m'avez pas tout-à-fait compris, reprend-il ; je voulais vous faire entendre que les vices qui causent le despotisme des uns et l'esclavage des autres sont en nous, dans notre misérable nature, dans notre chair et dans notre sang. Vous attribuez vos maux à la Société, et je vous entends continuellement déclamer contre elle. Mais la Société, c'est une pure abstraction. Quelqu'un de vous a-t-il jamais vu la Société ? C'est nous qui créons nos mutuelles relations ; et si cette Société est inique et mauvaise, c'est que nous sommes mauvais et iniques. »

— « Je vous écoute, répond le jeune Ouvrier, et je trouve

toujours que vous parlez de charme. De tout ce que vous dites je conclus de plus en plus que nous pouvons changer quelque chose à l'organisation actuelle de la Société. »

Le Révérend croit, lui, qu'il faut changer le cœur de l'homme, en quoi il n'a pas tort; mais, pour le changer, il ne connaît que…. Ici il hésite, il reste quelque temps sans parler; on croirait qu'il a perdu la trame de ses idées; mais enfin, la Grâce intérieure venant, il se décide comme Polyeucte : il proclame le vrai et unique sauveur, Notre-Seigneur Jésus-Christ.

A ce nom qui sonne mal à Paris, — c'est mon auteur qui le dit, — grands éclats de rire et murmures prolongés parmi les auditeurs du nouveau Polyeucte. Quelques cris même de *A bas le Tartufe!* se font entendre.

Mais ces cris sont à l'instant réprimés par le plus grand nombre des assistants, qui demandent qu'on maintienne la parole à l'orateur, toutes les opinions devant s'exprimer librement. En cela l'auteur s'est montré fidèle à la vérité historique.

Reprenant donc la parole, le Révérend établit cette fois, en faisant une revue de l'histoire, que la société humaine n'a présenté, depuis la plus haute antiquité jusqu'à nous, que corruption et désordre.

« Mais, lui réplique son antagoniste, c'est précisément pour cela qu'il est temps d'y porter remède. »

— « Le remède est impossible, répond le Révérend, si vous ne vous confiez qu'à vos propres forces. L'esprit humain est non-seulement impuissant pour le bien, mais porté fatalement au mal. »

Voilà la controverse qui s'engage. Le jeune Ouvrier soutient maladroitement la thèse de Pélage, le Révérend celle de S. Augustin. C'est le Révérend qui parle le plus longtemps.

Mais survient un flot populaire qui force ce groupe à se dissoudre ; qu'arrive-t-il alors ? Le Révérend n'est pas au bout de la place que l'Ouvrier l'accoste, et lui dit : « Je voudrais vous ressembler. »

— « Que vous manque-t-il ? » demande le Révérend.

— « Oh ! tout ce que je viens de dire est bon pour me faire m'oublier moi-même à l'atelier, au milieu de mes camarades. Mais quand je suis seul, la nuit, je pense à la mort, à Dieu, à l'éternité, avec horreur et inquiétude ; et ensuite j'ai bien de la peine à me remettre de toute la journée. Vous voyez maintenant si je manque de quelque chose ! »

Le convertisseur Méthodiste n'est pas embarrassé. Il commence par montrer à l'Ouvrier que ce qui lui fait défaut, c'est « la paix de l'esprit. »

« Mais comment l'avoir ! » dit celui-ci.

— « En la demandant à Dieu, qui seul peut vous la donner. Avez-vous lu l'Evangile ?

— Oui, autrefois, à l'école.

— C'est-à-dire quand vous en aviez le moins besoin. Procurez-vous un Nouveau Testament, et lisez-le en priant l'Esprit Saint de vous éclairer. Attendez, j'en ai un sur moi ; approchons-nous de cette boutique *où l'on vient d'allumer le gaz*, et je vous en lirai quelques passages. Tenez, en voilà un qui s'adresse spécialement à vous. »

Et, ouvrant l'Evangile, il tombe sur ce texte de S. Matthieu (ch. XI, v. 28, 29) : « *Venez à moi, vous tous qui êtes travaillés et chargés, et je vous soulagerai... et vous trouverez le repos de vos âmes.* »

Il va sans dire que l'Ouvrier le quitta converti. *Le gaz avait été allumé.*

CHAPITRE XVI.

L'ART DE CONSULTER LES ORACLES AU MOYEN DU LIVRE SACRÉ.

C'est là, il faut que vous le sachiez, Lecteur, une des *méthodes* des Méthodistes. Ils pratiquent ce qu'on pourrait appeler l'art de consulter les oracles au moyen du livre sacré.

Il y a longtemps que je connais cet art. Quand, en 1831, j'allai à Lyon élever, comme Withfield, des tréteaux sur une place aussi grande que Moorfields, et poser devant une multitude les grands problèmes sociaux, on nous parla d'un homme malheureux, que sa secte persécutait, à qui le Consistoire venait d'ôter sa charge de pasteur, parce qu'on le disait *piétiste*. Il avait un nom dans le Protestantisme. J'allai le voir; il me montra la *méthode* des oracles, et me rappela les *sorts Virgiliens !*

Oh! oui, je me souviens du pasteur Monod et de sa pauvre femme. Comme elle me parut triste! comme elle était pâle! Il me sembla qu'elle n'avait pas autant de confiance que son mari dans les réponses de la Bible. Et leurs pauvres enfants, comme ils avaient l'air abandonnés! Mais que voulez-vous! cet homme décidait de tout avec le premier verset de la Bible en ouvrant le livre. Il me fit penser à Bridoye décidant les procès par le sort des dés.

Je lui fis cette objection : « Mais, si, au lieu de chercher dans la Bible tout entière, vous cherchiez dans le Nouveau Testament tout seul, vous auriez une autre réponse, et vous vous décideriez peut-être autrement. »

Peu s'en fallut qu'il ne me répondît comme Bridoye, lequel, dans certains cas, usait de ses *petits dés*, et dans d'autres, de *gros dés bien beaux et harmonieux* : cela dépendait du nombre des sacs.

CHAPITRE XVII,
OU JE COMMENCE A RÉPONDRE AU RÉVÉREND.

Je pense à cette scène supposée de la révolution de 1848, à ce duel théologique entre un pauvre Ouvrier, qui n'a que l'inspiration de sa conscience, et un Pharisien moderne.

On lisait à Clovis la Passion de Jésus-Christ. Il s'écria : « Oh ! que n'étais-je là avec mes Francs pour le dé- « fendre contre ces Juifs ! » Et moi je dis : « Que n'étais-je là avec mes amis pour défendre cet Ouvrier contre ce Théologien ! »

Quand ce Théologien disait : « La Société est une abstraction ; qui de vous a jamais vu la Société ? » voici ce que je lui aurais répondu :

La Société n'est pas une abstraction.

La Bible nous fait sortir tous d'un même père. Donc la Société n'est pas plus une abstraction que la famille. La Société, c'est la famille humaine.

Si la Société est ainsi une famille, et que nous le reconnaissions, à l'instant même une vertu particulière naît de cette reconnaissance, et nous rend propres à nous aimer, à nous unir, à corriger les maux de notre état social, à nous perfectionner.

L'Ouvrier n'avait donc pas tort de tourner ses regards, à travers ce qu'il nommait la Société, vers *la Société humaine véritable*.

Et ce n'est pas votre Ancien Testament seul qui lui

donne raison, c'est le Nouveau aussi, c'est l'Evangile. Jésus, formulé par S. Paul, n'est-il pas le nouvel Adam? n'est-il pas le corps dont nous sommes tous membres? « Quoique nous soyons plusieurs, nous ne sommes tous « néanmoins qu'un seul corps (1).... » Ainsi nous sommes *un corps;* voilà une grande vérité à laquelle je me rattache de toute mon âme.

Si nous sommes *un corps,* ce corps existe, ce corps vit, et il est même vrai de dire que nous ne vivons, nous ses *membres,* que parce qu'il vit. Si les *membres* donc sont malheureux, souffrants, n'est-ce pas parce que le *corps* est malade?

Et d'où viendra le salut pour les *membres,* si ce n'est de la guérison du *corps?*

Ces hommes simples qui vous écoutaient, ô grand théologien nourri de S. Paul, étaient donc plus près de la vérité de S. Paul que vous-même; et, au lieu de les consterner en leur disant que la Société est une abstraction, et qu'il n'y a que des individus, vous auriez dû les louer et les féliciter de ce qu'ils apercevaient, quoique confusément, le grand mystère de l'*Humanité vivant dans tous ses membres.*

Voilà ce que j'aurais voulu dire à ce Théologien sur la première de ses propositions.

CHAPITRE XVIII,

OU JE CONTINUE A RÉPONDRE AU RÉVÉREND.

Et puis quand il dit : « L'esprit humain est impuissant pour le bien, il est par lui-même porté au mal; il lui faut

---

(1) I Cor., c. xii, v. 12, et *passim.*

donc un secours externe; il faut que le salut lui vienne d'ailleurs, » voici ce que je lui aurais répondu :

Vous avez raison; le salut ne peut pas venir de nous-mêmes. Quand les *membres*, au lieu de se considérer comme appartenant au *Corps*, se considèrent comme autant de corps, c'est la décomposition, c'est une vie anormale, c'est ce que vous appelez *la chute*. Nous sommes toujours *un corps*, sans doute, parce que nous ne pouvons pas n'être pas ce que nous sommes; ayant été créés *en un*, nous sommes *un* : mais ce *un* est une anarchie, et nous sommes tous, comme vous dites, dans le péché et dans la mort. Voilà pourquoi, suivant la Bible, Caïn, ce destructeur de l'unité, ce premier meurtrier, ce frère homicide, parcourt incessamment la terre; voilà pourquoi le présent, comme le passé, nous offre le triste tableau d'une variété presque infinie de crimes et de maux de toute espèce. Une fois le principe de notre vie altéré, tout est altéré. Le bien se change en mal; et de la nature humaine ainsi déviée il naît ce que vous nommez l'Enfer; et cet Enfer est sur la terre même.

Je m'accorde donc avec vous, le salut ne peut pas venir des membres. Ce n'est pas Caïn qui se sauvera lui-même. En cela vous avez raison.

Pourtant n'exagérez pas. En même temps que notre nature est déviée, elle existe encore. Si nous sommes, à qui le devons-nous? A ce corps idéal et réel à la fois dont nous sommes des manifestations ou des membres.

Donc le bien vit en nous, en même temps que le mal. Ou plutôt c'est le bien seul qui nous fait vivre, quoique obstrué et gâté par le mal. L'homme est, comme disent les mystiques, couvert d'une peau de bête; mais enfin c'est encore l'homme. Ne dites donc pas que la nature humaine est corrompue par elle-même. Dites, si vous voulez, qu'elle est corrompue par suite du péché ; mais finalement reconnaissez que, même sous la loi du péché, la nature humaine, c'est-à-dire l'Humanité, ce fils ou cette fille de Dieu, comme vous voudrez l'appeler, persiste en nous, prête à se révéler, à s'incarner, à se manifester.

Vous dites : « Le salut viendra de l'auteur de la vie, il viendra de Dieu. »

Il viendra de Dieu, sans doute; Dieu est le premier moteur. Mais, je vous le demande, que sera le salut, sinon un rappel à la loi même de notre nature?

Vous voyez donc que le salut ne viendra pas indépendamment de notre nature, mais au contraire qu'il viendra de cette nature, de cette vraie nature; non pas, encore une fois, de la nature corrompue, mais de la nature humaine et divine à la fois, de l'homme créé et voulu par Dieu.

O chose étrange! votre Grâce, savez-vous ce que c'est?

C'est la Nature Humaine.

CHAPITRE XIX;

OU, A MON TOUR, JE SERMONNE LE RÉVÉREND.

Alors, laissant le petit drame imaginé par le Révérend, et m'adressant à lui au fond, je lui dirais :

Etes-vous théologien, véritablement théologien (êtes-vous docteur en Israël, aurait demandé Jésus), écoutez-moi, et comprenez.

Qu'adorez-vous sous ce nom de Jésus?

N'est-il pas temps que les voiles tombent, et que nous adorions enfin en esprit et en vérité ?

Pourquoi continueriez-vous à être comme les Juifs charnels, qui prenaient des figures pour des réalités ?

Quel nuage couvre vos yeux pour ne pas voir !... Ne vous dit-il pas lui-même, l'Evangile ne vous dit-il pas : *Ecce homo!*

Je vous faisais remarquer tout-à-l'heure que Jésus, formulé par S. Paul, est le corps, *le corps spirituel dont nous sommes tous membres*, et j'en concluais que Jésus, dans la pensée de S. Paul, est *l'Humanité vivant dans tous ses membres.*

Mais S. Paul est-il le seul qui conduise à cette induction ? Comment le plus inspiré des Evangélistes, le plus métaphysicien, définit-il Jésus ?

« *Il était*, dit-il, *la lumière qui éclaire tout homme venant « en ce monde.* »

Or, je vous le demande, quelle est la lumière qui éclaire tout homme venant en ce monde, si ce n'est *l'être idéal et réel à la fois qui rayonne en chacun de nous*, l'ÊTRE HUMANITÉ ?

Donc Jésus était cet être Humanité. Il l'était, ou il croyait l'être, et S. Jean croyait qu'il l'était.

De là ces paroles expressives : « *Il est venu chez soi, et les siens ne l'ont pas reçu.* »

Il est venu *chez soi.* Entendez-vous ? Il est venu chez soi, en effet, puisqu'il s'est fait homme particulier, individuel, lui qui était l'homme universel, l'homme collectif.

Qu'il soit donc aujourd'hui chez soi dans nous tous. Et pour cela, il suffit que nous croyions tous à sa réalité, à son existence, à sa substantialité en Dieu, à son influx en nous.

Croyez, et vous serez sauvé.

Mais ne croyez plus à la figure!

Quand Dieu est présent, pourquoi le chercher au dehors?

Quand nous devons dire de Jésus ce que S. Paul dit de Dieu : *In ipso vivimus, et movemur, et sumus*, pourquoi aller chercher un Sauveur autre part, et pourquoi vouloir un miracle en dehors de la Nature, source divine et humaine à la fois?

Je vous le répète encore, le temps est venu d'adorer en esprit et en vérité, de laisser les figures, de briser les idoles.

Si Jésus est l'Humanité, c'est l'Humanité qui nous sauve, ce n'est pas Jésus.

Ou, si vous voulez, c'est Jésus, mais en tant que Jésus est l'Humanité.

Croire à Jésus, comme vous y croyez, ce n'est réellement pas croire à Jésus; car ce n'est pas comprendre sa doctrine.

Croire à l'Humanité, c'est réellement croire à Jésus.

CHAPITRE XX.

MA PÉRORAISON SUR LES RÉVOLUTIONS.

Enfin, venant derechef à la petite histoire du Révérend, j'ajouterais en forme de péroraison et pour terminer :

Ah! Révérend, Révérend, vous dites trop de mal des révolutions, et vous affectez trop de mépris pour les choses humaines; vous en affectez plus que vous n'en avez.

Comment le corps humain se guérit-il, sinon souvent par des crises, par des révolutions?

Et l'histoire ne nous dit-elle pas que le salut est venu plusieurs fois par des crises, par des révolutions?

Qui a fait que le Christianisme a remplacé le Paganisme, si ce n'est une suite de crises et de révolutions?

Et comment la Réforme s'est-elle établie, sinon de la même manière?

Sans doute, ce ne sont pas ces crises, ces révolutions, qui par elles-mêmes guérissent l'humanité, pas plus que ce n'est la fièvre qui est le salut de notre corps.

Le salut de notre corps, la santé, est un principe supérieur à la fièvre; et pourtant la santé dans les maladies ne vient pas sans la fièvre.

Que le salut vienne dans les âmes, je le veux bien; mais le salut vient dans les âmes au milieu des révolutions. Et ainsi le salut peut être défini : *Les âmes conduites par les révolutions à reconnaître le principe même de leur vie, l'*Humanité, être idéal et réel, *qui les crée, les relie, les fait vivre, et qui est l'invisible dont la société humaine manifestée dans les individus est la figure et l'apparence.*

Voilà, ou à peu près, ce que j'aurais dit à ce Révérend. Mais peut-être m'aurait-il répondu ce que me répondit un jour le fils de mon voisin : « Votre Humanité nous « embête. »

CHAPITRE XXI.

CE QUE JE REPARTIS AU FILS DE MON VOISIN.

Et que lui repartîtes-vous? me demande le Lecteur.

— Moi! je considérai que le fils de mon voisin n'était pas tenu d'être théologien; et, au lieu d'imiter le prophète

Élisée, je me contentai de l'apostropher avec ce vers d'Horace :

O matre pulchra fili…. pulchrior!

J'avoue pourtant que je n'achevai pas de dire le vers tout entier; je m'arrêtai avant le dernier mot, par galanterie pour la mère qui lui donna le jour.

CHAPITRE XXII.

VOTRE HUMANITÉ NOUS EMBÊTE.

Vous voyez, cher Lecteur, que je fus très-poli avec le fils de mon voisin.

Après tout, ce n'était pas une offense qu'il prétendait me faire. Il voulait seulement dire : « Votre Humanité, c'est-à-dire votre Doctrine de l'Humanité, en d'autres termes la supposition d'un être idéal et réel à la fois qui relie tous les hommes et les rend tous frères, cette doctrine ou cette supposition nous est insupportable. »

Et il exprimait cela d'une façon *artiste*, par un de ces termes qui ont du *chic*, comme on dit aujourd'hui.

Mais pourquoi cette doctrine lui était-elle insupportable? me demanderez-vous.

Oh! pourquoi?....

Dites-moi, vous, pourquoi elle a toujours paru insupportable aux diverses époques de son développement.

J'entends S. Paul : « Il n'y a plus ni Grecs, ni Romains, ni Barbares; nous sommes tous fils d'Adam. »

On lui répond :

« Que veut dire cela? Nous sommes, nous, les fils de

Romulus, lequel était fils du Dieu Mars. Nous voulons des combats de gladiateurs. Votre Humanité nous embête. »

J'entends Rousseau : « L'homme est égal à l'homme. »

On lui répond : « Nous ne voulons pas d'égalité. Votre Humanité nous embête. »

J'entends les fils de Penn : « Affranchissez vos nègres ; ils sont vos frères. »

On leur répond du Sud :

« Pas du tout. Nous voulons avoir des esclaves. Votre Humanité nous embête. »

CHAPITRE XXIII,

OU L'AUTEUR, SATISFAIT D'AVOIR CAUSÉ AVEC LES THÉOLOGIENS, PASSE A UNE AUTRE CATÉGORIE.

Vous le voyez, c'est un mot précieux que celui du fils de mon voisin : il résume toute l'histoire ; et c'est pourquoi je n'ai pas hésité à le citer, quand il est venu au bout de ma plume.

Mais ce mot charmant m'a détourné de l'attention que je prêtais aux exhortations de mes amis *Bibliques;* il est venu (tant est puissante la ■■■ des mots qui ont ce *chic!*), il est venu brusquement ■■duire dans mon esprit un changement de scène. Je ne suis plus à Jersey, mais en pleine France. Je ne suis plus entouré de Révérends, mais au milieu des artistes et des guerriers.

Comment faire pour revenir aux théologiens ?

Voici ma solution : je n'y reviendrai pas.

Il faut de la méthode, ai-je dit. Oui, mais il faut aussi de la variété. L'ennui naquit un jour de l'uniformité, et un heureux désordre est un effet de l'art.

Assez pour le moment, assez de ceux qui me conseillent de lire la Bible *tout le long de mes jours,* comme dit la chanson de Dupont. Ce n'est pas que j'aie terminé avec eux, tant s'en faut; je n'ai encore passé en revue que des amis *méthodistes*. Il est vrai que c'est la secte la plus ardente aux conversions. Mais les Swédemborgistes aussi ont tendu leurs filets pour me prendre, leur nouvelle Jérusalem me réclame; les disciples de Penn m'ont envoyé leur profession de foi, et l'Église Anglicane m'accable de ses expositions de doctrine. Je ne parle pas des Mormons, et de ce que m'ont appris mystérieusement plusieurs de leurs *elders*. Que de conseillers sont là devant moi, dont je n'ai pas encore pris les avis! Ma foi, tant pis pour eux.... ou pour moi. Je les rassemble tous, et je les replonge, avec ceux que j'ai consultés, dans l'obscurité de mon Bahut. Ils y resteront, à moins que je n'éprouve un besoin plus réel de causer avec eux.

Pour le moment, la curiosité m'attire d'un autre côté; je veux voir ce que me conseillent ceux qui ne me conseillent pas de lire la Bible.

Mais par lesquels commencerai-je? Est-ce par ceux qui me recommandent de me dépêcher d'écrire mes mémoires? ou prêterai-je d'abord l'oreille aux accents courroucés de ceux qui gourmandent mon inaction politique?

CHAPITRE XXIV.

LEDRU, KOSSUTH, ET MAZZINI, VEULENT QUE JE SERVE DANS LEUR GRANDE ARMÉE.

J'ai là quelques bribes des journaux et des manifestes publiés à Londres et ici par mes concitoyens. Il y est quelquefois question de moi. Voyons un peu, consultons de ce côté : c'est peut-être de ce côté que sortira l'oracle.

Voici un oukase de Ledru, Kossuth, et Mazzini, qui me voue à l'infamie, si je ne me livre pas bien vite à la *politique active*.

Ils veulent absolument que j'écrive. Si je n'écris pas, je suis suspect. Si je continue à ne pas écrire, malgré leur décision, me voilà un traître.

Et pourtant c'est grâce à moi que Ledru, Kossuth, et Mazzini, font encore si bonne figure. Que serait Ledru tout seul, ou Mazzini tout seul, ou Kossuth tout seul? C'est moi qui leur ai appris à se réunir en *triade*.

Grâce à moi, voilà quelques années que la France, l'Italie, la Hongrie, se tiennent par la main, publient ensemble des manifestes, combinent de grandes expéditions qu'à la vérité elles n'exécutent jamais. C'est moi qui suis cause de leur alliance indéfectible. Au lieu de m'accabler d'injures, elles devraient m'élever une statue.

Au fait, je n'ai jamais lu ce Manifeste; j'ai seulement entendu dire qu'on m'y vouait à l'infamie.

J'ai envie d'en prendre lecture! J'y trouverai peut-être quelque utilité pour la question qui m'occupe. Si Kossuth, Mazzini, et Ledru, allaient m'apprendre à quoi je puis employer utilement le reste de ma vie! Voyons.

CHAPITRE XXV.

LEUR MANIFESTE.

Leur Manifeste commence comme la Marseillaise : « Le jour de gloire est arrivé. »

Mais à quelle condition le jour de gloire est-il arrivé, ou arrivera-t-il? Écoutons bien, Lecteur.

« Il faut à tout grand mouvement la concentration d'où
« parte une initiative, une main qui lève le drapeau de la
« marche, une voix qui crie : C'est l'heure ! Nous sommes
« cette voix, cette main (1). »

Voilà assurément qui est très-modéré. Ils ne demandent qu'à porter le drapeau et à remplir la fonction de veilleurs de nuit, de *watchmen*. Il faut une voix qui dise : « C'est le jour ! le soleil d'Austerlitz est levé ! » nous serons cette voix. Il y a un drapeau à porter pour servir de signal de marche, nous le porterons. Qui pourrait redire à cela ? Qui pourrait craindre une ambition si peu hautaine et si serviable en même temps ? Ah ! oui, portez le drapeau, hommes aussi modestes qu'illustres, et soyez les oies du Capitole.

Mais voyons la suite ; ne nous laissons pas abuser par cet exorde insinuant.

« Il faut au parti un centre d'action reconnu, une
« caisse, un mot d'ordre commun. Le centre d'action,
« c'est nous (2). »

Ah ! vous êtes le centre d'action, et de plus vous avez la caisse, et vous donnez le mot d'ordre.

Mais qui êtes-vous ?

« Nous ne sommes pas l'avenir, nous en sommes les pré-
« curseurs (3). »

J'aimerais mieux l'Avenir.

« Nous ne sommes pas la Démocratie (4). »

Ah ! vous n'êtes pas la Démocratie !....

---

(1) Page 2 de l'*Appel*, édit. de Jersey.
(2) Page 9 de l'*Appel*.
(3) Page 10.
(4) *Ibid.*

« Nous sommes une Armée chargée de lui déblayer le
« terrain (1). »

Une armée, dites-vous ; mais pas d'armée sans généraux.

« Il faut au parti *un gouvernement*, un impôt, un ensem-
« ble d'opérations ; *nous avons soif d'autorité* (2). »

Quel *crescendo* ! vous n'étiez tout-à-l'heure qu'une voix ou la hampe d'un drapeau....

Et ils veulent que je me range sous ce gouvernement, que j'obéisse à cette autorité ! Moi qui suis sorti de France pour n'avoir pas d'empereur, j'aurais Ledru pour empereur !

CHAPITRE XXVI.

LE BUSTE DE NAPOLÉON.

Un jour, quand Ledru-Rollin était avocat à la Cour de cassation, j'entrai chez lui pour une affaire. Me voilà dans son cabinet. Que vois-je ? Sur la cheminée, le lutteur antique, l'athlète raidissant ses muscles (une statuette de bronze, grand modèle), et sur une console un magnifique buste de Napoléon en marbre blanc.

Cette tête de Napoléon a fait tourner bien des têtes !

CHAPITRE XXVII.

ILS M'APPELLENT DÉSERTEUR ET SECTAIRE.

Mais à quoi pensé-je donc ? Est-ce qu'involontairement je cède à l'idée d'écrire mes Mémoires.... et ceux des au-

---

(1) Page 10 de l'*Appel*.
(2) *Devoirs de la Démocratie*, par Mazzini, et *Réponses*, pages 19 et 31, édit. de Bruxelles.

tres, car on n'écrit jamais ses Mémoires sans écrire un peu ceux des autres. Laissons la tête de Napoléon dans le cabinet de Ledru, et abordons courageusement les anathèmes prononcés contre moi dans cette pièce destinée à l'histoire. Ah ! voici ce qui me concerne :

« *Honte* à celui d'entre nous qui, en se séparant de
« l'œuvre commune, *déserte l'armée* que le cri de ses frères
« mourants pousse VERS LA BATAILLE, pour s'isoler dans
« l'orgueil stérile d'un *programme exclusif !* Celui-là peut
« être un *sectaire*, mais ce n'est pas l'homme de la *grande*
« *Église* (1). »

Celui-là n'est pas l'homme de votre *grande armée*. Mais si vous n'étiez vous-mêmes que des *sectaires !* Avec vos batailles, avec votre humanité parquée en troupeaux séparés, avec votre Europe composée d'un ramas d'individualités jalouses, avec vos lignes de frontières, avec vos patries-castes, avec vos races distinctes (comme si Dieu ne nous avait pas tous créés *en un*), avec vos bassins géographiques (qui ne sont plus des barrières devant les découvertes de la science et de l'industrie modernes), avec votre matérialisme mystique fondé sur la chair, sur le sang, sur l'orgueil, avec toutes ces vieilleries, vous vous croyez la *grande Église !*

Vous avez donc bien confiance dans « cette question
« vitale des NATIONALITÉS que des intelligences superfi-
« cielles continuent à méconnaître (2), » et qui est pour
vous « *l'organisation de l'Europe* (3) » et la clef de votre gran-

---

(1) Page 10 de l'*Appel.*
(2) Page 8.
(3) *Ibid.*

deur future! Ah! vous croyez que votre programme n'est pas un *programme exclusif!* Hé bien, nous pourrons voir cela.

CHAPITRE XXVIII.

SECTAIRE!!!

Sectaire! nous verrons qui, de vous ou de moi, est Sectaire.

Quand le monde est dans une époque de décadence et de dissolution, on n'est pas Sectaire parce qu'on s'éloigne des opinions communes. Sans cela, il faudrait dire que Jésus fut un Sectaire, lui qui voulait relier le Genre Humain en *un*.

On est Sectaire quand on pense comme vous, quand on sépare, quand on divise, quand on croit aux castes.

Au point de vue religieux, vous êtes des *Sectaires!* car vous divisez l'Humanité en *sectes,* que vous appelez des *nationalités*.

Vous croyez à l'existence absolue de ces nationalités; c'est cette existence qui est la base de votre système. Vous êtes donc, au suprême degré, sectaires dans l'idée.

Au point de vue politique, vous êtes des *Sectaires.* Car, pour accomplir vos projets, vous êtes obligés de déclarer par avance que *vous n'êtes pas la démocratie*, que vous ne voulez pas même de démocratie; que vous êtes l'époque antérieure, les *précurseurs;* que vous êtes une armée, c'est-à-dire des généraux, ou mieux des dictateurs.

De toute façon, vous êtes des Sectaires.

CHAPITRE XXIX.

ILS SE DISENT LES PRÉCURSEURS, DE VRAIS S. JEAN BAPTISTE.

Vous êtes, dites-vous, les *précurseurs !*... Je crains les précurseurs, ils pourraient étouffer le Messie.

Ah ! vous êtes des S. Jean Baptiste ! Je crois, moi, que vous êtes des Hérode !

« Qu'avez-vous fait hier ? » demandai-je à Ledru, le lendemain de *sa* journée d'Avril, en présence de Barbès et de Flocon.

« Nous avons tué les sectaires, » me répondit-il.

« Vous avez tué la République, » lui répliquai-je.

Si je racontais (Elias Regnauld en main) *comment le ministre de l'intérieur, renonçant à ses projets, abandonna Caussidière, et fit la journée d'Avril....* Hem !... Serait-ce de la politique active ?

CHAPITRE XXX.

COMMENT IL EST DIFFICILE D'ÊTRE CALME.

Encore une récidive !... En vérité, si cela continue, je n'aurai pas fini mes Consultations, que j'aurai déjà écrit une partie de mes Mémoires. Et, chose bizarre ! ce sont ceux qui me conseillent de faire de la politique qui m'auront fourré dans cette route rétrospective.

Quel singulier phénomène se passe donc en moi !... Lecteur, je vous atteste ! vous le savez, je n'ai pas pris la plume pour répondre à ces amis-là. Si je me suis mis à les lire, c'était uniquement pour voir quels avis ils me donnent, afin d'en profiter. Mais ils donnent leurs avis d'une façon si maladroite ! Ils sont si fiers, si durs, nos amis... faut-il trancher le mot?... nos amis les ennemis !

Enfin, ils m'ont mis en colère !

Que voulez-vous ! c'est un effet sympathique. Tout homme serait comme moi à ma place :

Homo sum, humani nihil a me alienum puto.

Si vous riez, je ris ; si vous pleurez, je pleure ; si vous êtes brutal, grossier, insolent, vous allumez la colère dans mon cœur. C'est ce que dit Horace, qui en tire une leçon pour les poètes : *Si vis me flere, dolendum est.*

Mais voyons ! tâchons d'être plus calme, moins ému, moins passionné. Si je ne puis m'empêcher de leur riposter quelque chose, que ce soit marqué au coin d'une ironie légère, ou plutôt faisons parler la froide logique.

CHAPITRE XXXI.

LA POULE AUX ŒUFS D'OR.

Ils n'aiment pas le Socialisme ; voilà leur tort. C'est comme Napoléon, qui n'aimait pas l'Idéologie.

« C'est à l'Idéologie, à cette ténébreuse métaphysique,
« qui, en recherchant avec subtilité les causes premières,
« veut sur ses bases fonder la législation des peuples, au
« lieu d'approprier les lois à la connaissance du cœur hu-
« main et aux leçons de l'histoire, qu'il faut attribuer
« tous les malheurs qu'a éprouvés notre belle patrie. »

Voilà du Napoléon, si j'ai bonne mémoire ; il répondait cela au Conseil d'État, après la conspiration de Mallet. C'est à la Philosophie du Dix-Huitième Siècle (car c'était là ce qu'il entendait par Idéologie) qu'il attribuait tous ses malheurs.

C'était pourtant à cette Philosophie, et à la Révolution sa fille, qu'il devait sa fortune.

Quand il soupait à Beaucaire, il était idéologue ; disciple de Paoli, il cultivait l'abbé Raynal. Il parlait d'affranchir le monde avec le sabre de la liberté et la baïonnette de l'égalité.

Plus tard, il supprima la liberté et l'égalité ; il lui resta, pour gouverner, le sabre et la baïonnette.

Et quand le sabre et la baïonnette décidèrent contre lui, il se plaignit, comme un insensé, de ce qui avait été cause de son élévation, de ce qui lui avait donné quelque temps l'éclat, la force, et la puissance.

Les hommes sont de grands enfants ; il faudrait leur répéter toujours les mêmes fables.

Ledru, Mazzini, Kossuth, auraient besoin qu'on leur redît souvent la *Poule aux œufs d'or*.

Un homme avait une poule qui lui pondait tous les jours un œuf, et cet œuf était d'or. Cet homme, avide et cruel autant qu'insensé, imagina de se rendre tout d'un coup maître du trésor qu'il supposait dans le corps de sa poule. Il la tua, et ne trouva pas ce qu'il cherchait.

La poule, Citoyens, pour Napoléon c'était l'Idéologie, pour vous c'est le Socialisme.

CHAPITRE XXXII.

ILS N'ONT PAS TOUJOURS ÉTÉ CE QU'ILS SONT.

Ils me mettent en veine de souvenirs. J'ai beau faire, j'ai beau me tenir, je ne puis m'empêcher d'être *rétrospec-*

tif. Je me rappelle le jour où Démosthènes Ollivier vint, aux Batignolles, me demander de faire un programme (un programme socialiste, entendez-vous!) pour Ledru, qui allait se présenter au Mans, où le Socialisme avait des partisans. Je fis bien des difficultés, j'avais je ne sais quels pressentiments! Enfin je cède, j'écris un programme; Ledru l'emporte, brode dessus un discours, et est nommé. Mais, poursuivi devant la Cour d'Angers, le premier mot de sa défense fut une défection, sinon une réaction.

Je me rappelle aussi le temps où Mazzini entra en relation, par mon intermédiaire, avec l'auteur de *Consuelo*. C'est pour servir la propagande de Mazzini que la charmante Consuelo partit d'Italie et voyagea dans le nord. Mais *Consuelo* ne voyageait pas sans des formules; elle avait son thème. Mazzini trouvait tout cela fort bien alors, ou du moins il ne réclamait pas. Qu'a-t-il donc à se plaindre aujourd'hui d'un « *cosmopolitisme rouge* qui conduit à « l'inaction! »

Sans ce cosmopolitisme, est-ce que Mazzini, Ledru, Kossuth, formeraient une triade?

CHAPITRE XXXIII.

UN DINER A BROMPTON.

Un Cosmopolitisme Rouge qui conduit à l'inaction!
Où cela se trouve-t-il? Ce n'est pas dans le Manifeste. C'est dans les *Devoirs de la Démocratie*, que j'ai aussi sous les yeux.

Ah! les *Devoirs de la Démocratie!!!*... Il faut que je vous fasse l'histoire de ces *Devoirs*. Oui, il le faut, il le faut absolument. La justice l'exige. A chacun ses œuvres.

Vous allez voir les œuvres de Mazzini. Toute ma résolution de ne pas mêler des Mémoires à ma Consultation m'abandonne quand je me sens encore poursuivi par ces tristes souvenirs, qui ne me concernent pas tout seul.

J'arrivai malade à Londres, après le Coup-d'État de Louis-Napoléon. Je fus quinze jours sans pouvoir me lever. Quand il me fut permis de sortir, je demandai où je pourrais trouver Mazzini. On me dit qu'il demeurait sur les limites de Brompton, dans une maisonnette au milieu des champs. Je vais à Brompton, je cherche cette maisonnette, je finis par la découvrir. Mazzini avait délogé; on ne voulut pas me donner sa nouvelle adresse.

« Mazzini, dis-je en moi-même, est comme les *invisibles* de *Consuelo*. J'aurais cependant eu bien du plaisir à le revoir après tant d'années ! »

Louis Blanc, qui n'était pas invisible, venait souvent me visiter. Un jour il arrive : « Je suis content, dit-il, vous allez avoir des leçons. La famille *** vous en cherche; allez trouver le *Solicitor*, voici son adresse. »

Je connaissais un peu cette famille de longue date. C'étaient des amis de Mazzini, devenus aussi les amis de Louis Blanc. Un souvenir triste me rattachait en quelque sorte à eux. J'avais vu pendant toute une année, à Paris, une jeune personne de cette famille qui était fort mélancolique, et qui mourut peu de temps après son mariage.

Je vais chez le *Solicitor*; il me reçoit à merveille, il m'avait déjà trouvé deux élèves.

A quelque temps de là, Louis Blanc revient : « Vous verrez enfin l'*invisible*, me dit-il, mais seulement dans huit jours. Voici une invitation à dîner avec lui, de la part de madame *** (une des sœurs du *Solicitor*). Je viendrai vous prendre. »

Le jour arrivé, je me rends avec Louis Blanc.

Quelle chose étrange! au lieu d'un accueil amical, c'est la réception la plus glacée. La dame paraissait plus que triste, son mari était consterné... Que se préparait-il donc?... On nous annonce que Mazzini ne dînera pas avec nous. Grand est mon étonnement. Mais il viendra dans la soirée.

A neuf heures, en effet, Mazzini arrive, escorté de deux militaires, un général et un colonel (tous deux Italiens). Il me fait des amitiés. . bien froides. Bientôt une discussion s'engage entre lui et Louis Blanc. Mazzini est plein de rudesse et d'emportement, Louis Blanc un modèle de patience.

Je ne comprenais rien à tout cela. Ce n'était plus mon Mazzini que j'avais connu quinze ans auparavant. C'était un homme qui parlait comme s'il eût déclamé un rôle; il cherchait évidemment ce qu'on appelle une querelle d'Allemand.

Il n'exposait pas son opinion, il la dictait; et pour cela il prenait tout son temps. Mais quand Louis Blanc répondait, il affectait de ne pas l'écouter.

Je lui en fais la remarque, je lui reproche son défaut de civilité.

« Je n'aime pas les idées étroites.
— Mais on vous écoute, écoutez les autres.
— Je n'en sens pas besoin.
— Eh! qui êtes-vous donc?
— Moi! JE SUIS COMME MAHOMET. »

Je le regardai.

« Et *où est votre Coran?* » lui dis-je.

Le traître qu'il était! son Coup-d'État était *en train* de

voyager de Londres à Bruxelles ; il éclata à Londres trois ou quatre jours après.

Mais son Coran ! c'est son Coran que je demande. Avez-vous vu son Coran ? qui peut me donner des nouvelles du Coran de Mazzini ?

CHAPITRE XXXIV.

MON ÉCHEC DANS LA CITÉ.

Et les leçons ! me direz-vous, Lecteur ; les leçons que le *Solicitor* vous avait procurées ?

Ah ! vous me rappelez une journée néfaste.

Eh bien, les leçons me montrèrent que... Mazzini était en effet un Mahomet.

Mais faut-il encore que je perde mon temps et le vôtre à vous raconter....

Vous le voulez ; j'y consens.

Sachez d'abord que mes élèves n'étaient pas des enfants, mais des *gentlemen* engagés dans les affaires, ayant des fonds placés dans la Cité, associés de maisons de commerce importantes, et qui ne prenaient de leçons avec moi que pour se perfectionner, comme ils me le dirent, dans la connaissance des choses du continent.

Ils avaient tous les deux contribué au triomphe de Kossuth, à cette fameuse ovation.... vous vous souvenez.... quand Kossuth, revenant du Bosphore sur un vaisseau Américain, fit faux bon à l'Amérique, qui l'attendait, et débarqua en Angleterre. Comme nous fûmes frappés, en France, de cet accueil fait au républicain Hongrois par le peuple Anglais ! Les maires, les échevins marchant en tête! des hourras comme n'en avait jamais entendu Wellington! peu s'en fallut que le Parlement ne lui envoyât aussi sa députation. Eh bien, c'étaient mes deux élèves, s'entendant avec une demi-douzaine de maisons de la Cité et avec les rédacteurs du *Leader*, qui avaient *monté* cette grande machine, dont parlera l'histoire.... Qu'est-ce que l'histoire?.... qu'est-ce que la gloire du monde!.... A quelque temps de là, Kossuth, revenu d'Amérique, ne trouva pas en Angleterre la moindre trace de son ovation, et fut fort heureux de pouvoir cacher son nom glorieux sous le pseudonyme de Smith. Que voulez-vous! les maisons de la cité n'étaient plus aussi persuadées qu'il y eût des affaires *à faire* avec la Hongrie. Mes deux élèves étaient restés fidèles aux affaires possibles avec l'Italie; et au fond, croyez-le bien, c'est Mazzini qui a fait le triomphe éphémère de Kossuth. Ils étaient donc Mazziniens, et ils m'avaient pris, me tenant de bonne main (la main du *Solicitor*), parce qu'ils me croyaient (ce que je croyais être en effet) un ancien ami de Mazzini.

J'entre un matin chez l'un d'eux, à l'heure ordinaire de nos conférences. Je le trouve assis devant son feu, tenant deux journaux, un dans chaque main, la *Nation* Belge et un journal Anglais.

— Quel *beautiful* article! me dit-il en me montrant le pamphlet Mazzinien. Je suis en train de comparer le texte et la traduction. C'est une bonne leçon que je prends en vous attendant. Mais vous allez m'expliquer bien des choses que je n'entends pas parfaitement. Parlez-moi d'abord un peu de Saint-Simon. Mazzini, m'a-t-on dit, attaque *furiously* ce Saint-Simon.

— Mazzini, lui dis-je en riant, est un géant auprès de ce nain.

L'Anglais parut satisfait.

— Et qu'est-ce que Fourier ? me dit-il. Mazzini l'attaque aussi.

— C'est tout un monde, que je ne puis vous expliquer en quelques mots.

— Mazzini parle aussi fort mal de Cabet. Que pensez-vous de ce Cabet.

— C'est un honnête homme, lui dis-je.

L'Anglais me regarda fort surpris.

En ce moment il me prit une de ces étreintes morales qui vous prennent quelquefois dans la vie.

Je pensai à ma femme et à mes enfants enfermés depuis deux mois, sans air et presque sans pain, dans un taudis de Londres ; à mon gendre sur les pontons et condamné à Cayenne ; à mon frère Jules exilé ; à un autre de mes frères conduit par les gendarmes à Clermont ; à ma pauvre amie Pauline Roland détenue à Saint-Lazare (elle n'était pas encore sur la route d'Afrique) ; je pensai à Dussoubs !... Lebloys et Talandier m'avaient raconté la veille comment ils avaient trouvé son corps déchiré en lambeaux.... je pensai.... à qui et à quoi ne pensai-je pas...? Et j'étais là obligé de commenter le *Coup-d'État* de Mazzini, faisant suite à un autre Coup-d'État.

Et il me fallait ou dissimuler devant cet Anglais ignorant et spéculateur, ou renoncer à mon gagne-pain !

Il me vint une larme dans les yeux, une larme, tout vieux que je fusse.

L'Anglais lut alors sur ma figure que je pourrais bien être un de ces misérables Socialistes dénoncés à l'Europe par Mazzini.

Il en fut tout à fait convaincu par un élan d'indignation qui sortit de ma poitrine.

Cet Anglais était sensible autant que calculateur. Il s'approcha de son bureau, et écrivit un petit billet ainsi conçu :

« J'ai l'intention d'aller passer la semaine prochaine, et
« peut-être la suivante, dans le Northumberland. A mon
« retour, je vous ferai savoir quand je continuerai à
« prendre leçon. »

Un gentleman qui prend des leçons de français (et il y a nombre d'Anglais qui en prennent, de temps à autre, toute leur vie) ne congédie pas son maître sans le prévenir huit jours à l'avance. Celui-ci, avec sa cédule, trouvait le moyen d'interrompre brusquement le cours de nos entretiens, sans blesser la politesse.

Il me remit donc cet écrit, consulta son agenda, compta le nombre des leçons que je lui avais données, multiplia ce nombre par le prix convenu, tira de sa bourse le *quantum*, me le présenta, et, sans rien ajouter, me salua en signe de congé.

Mais mon autre élève, avec lequel je n'avais encore eu que quelques causeries préparatoires, fut beaucoup moins poli. Rentrant au logis, je trouvai de lui une lettre, à la troisième personne, où *** *esquire* me faisait savoir qu'après informations, *after informations*, il s'était décidé à ne pas prendre leçon *cette saison*.

C'est ainsi que je fus vivement supprimé. Quel dommage, en effet, mes indiscrétions n'auraient-elles pas pu causer dans la Cité au Crédit de la banque Mazzini !

Ces mesures sévères achevèrent de m'expliquer la tristesse de cette pauvre aimable dame qui nous avait donné, à Louis Blanc et à moi, un dîner si maussade, et l'abattement stupide de son mari. Il n'y a pas de Mahomet sans Séide.

CHAPITRE XXXV.

ON ACHÈVE LES SOCIALISTES.

Ce qui m'arriva là n'est qu'un trait du tableau que j'eus alors sous les yeux. Je fis partie d'un grand ensemble : *Et quorum pars....fui.*

Décidément, j'ai eu une mauvaise idée d'ouvrir ce grand coffre que j'appelle mon Bahut. Tous les maux s'en échappent, et je ne sais si l'espérance reste au fond.

Allez-vous-en, dissipez-vous, douloureux souvenirs; plongez-vous dans l'abime du passé, et laissez-moi tranquille.

Ils reviennent toujours.

J'entends Montalembert, avant le Coup-d'Etat, disant à celui qui devait le faire : « Abandonnez-nous la portion socialiste de l'Assemblée, et nous faisons le Coup-d'Etat avec vous. »

Et, le Coup-d'Etat fait, j'entends Mazzini disant au même (tacitement, sans doute, ceci se passe dans la pensée) : « Vous avez fait le Coup-d'Etat; eh bien, nous allons achever les Socialistes !!! »

Achever les Socialistes, cela me rappelle ce que je vis aux journées de Juin. Une troupe de soldats conduisait des prisonniers (des Socialistes) au Champ-de-Mars pour les fusiller. Un de ces malheureux, sur le pont de la Concorde, s'échappe, saute par-dessus le parapet, et s'élance dans la Seine. Le voilà qui se sauve à la nage. On lui tire des coups de fusil du haut du pont. Blessé, il continue de nager; déjà il touche au rivage : mais d'honnêtes gens se trouvaient là, prêts à l'achever à coups de crosse de fusil.

Ah! c'est bien ainsi que les choses se passèrent après le 2 Décembre.

Au lieu de la Seine, imaginez la Manche, le Canal, *the Channel*, comme l'appellent les Anglais. Voilà la battue aux Socialistes qui se fait ; on les chasse de toute l'Europe. La Belgique, le Piémont, la Suisse, se vident d'eux en Angleterre. Ils arrivent à Londres par bandes, comme du gibier poursuivi par les chasseurs.

Que font Mazzini et Ledru?

Ledru s'enferme dans sa maison de Brompton, et refuse de voir même ses anciens collègues de l'Assemblée (pas moi, car je ne lui ai pas fait visite). Mais ses enrôleurs vont par la ville, criant à tous les Français qu'ils rencontrent : « A bas les Socialistes ! reconnaissez Ledru pour chef, et nous vous enrôlons dans notre conspiration (une conspiration de mouchards!); de retour en France, vous serez au moins sous-préfets. Sinon, nous allons faire tous nos efforts pour vous couper les vivres. »

Mazzini, dans ce même Brompton, l'*invisible* Mazzini, distille, dans une proclamation, le mot d'ordre pour la Cité, pour les journaux; pour le peuple Anglais, dont il est depuis si longtemps l'hôte; pour la Belgique, à laquelle il en envoie les prémices; pour la France, qu'il console ainsi du Coup-d'Etat, pour l'Amérique, pour le monde entier : « Haine au Coup-d'Etat, si vous voulez, dit-il, mais pas de pitié pour les Socialistes. »

Et il appelle cela : *Devoirs de la Démocratie*.

En vérité, c'est la fable des animaux malades de la peste !

Le mot d'ordre circule, la Cité est avertie, les journaux comprennent. Pas un cri de pitié, pas une souscription, pas une annonce de souscription dans toute l'Angleterre pour les milliers de victimes !

Cependant Saunders, l'agent de la police Européenne, les expédie en Amérique, où ils arrivent, s'ils le peuvent, sur des vaisseaux peu solides, témoin Aimé Beaune et ses compagnons, qui ont trouvé leur tombeau avant de toucher à cette terre promise.

CHAPITRE XXXVI.

MERVEILLEUX EFFET DU MANIFESTE.

Décidément, je ne vois rien dans ce Manifeste qui puisse me servir pour la recherche que je fais en ce moment du meilleur emploi possible de mon temps.

Mais le Lecteur sera peut-être curieux de savoir ce qu'a produit cette pièce éloquente. Il est facile de le satisfaire.

C'était en septembre 1855 ; les *proclamants* craignaient que la prise de Sébastopol n'amenât la paix :

« L'opportunité, disaient-ils, est venue pour les peuples.
« Il est de notre devoir de le proclamer. Nous le devons
« d'autant plus que cette opportunité, aujourd'hui incon-
« testable, peut demain s'évanouir. Si cela venait à arri-
« ver, *si la paix se concluait*, la situation pour les peuples
« n'aurait fait qu'empirer (1). »

Le Manifeste de ces habiles politiques, en instruisant et en effrayant les puissances belligérantes, en leur signalant le danger commun, a certainement contribué à amener la paix.

Voilà le seul effet qu'il ait produit ; et quant à moi, qui n'aime pas la guerre, franchement je ne m'en afflige pas.

---

(1) *Appel*, page 6.

CHAPITRE XXXVII.

UN SECOND MANIFESTE ET UNE NOUVELLE TRIADE.

Mais pendant que je remets Ledru-Mazzini—Kossuth dans le coffre, que vois-je dans mon dossier? C'est un autre Manifeste, où, m'a-t-on dit encore, je ne suis pas mieux traité.

Cette fois, c'est le Comité de la *Commune Révolutionnaire*, composé des citoyens Rougée, Félix Pyat, Jourdain.

Encore une triade! Décidément pourquoi se plaignent-ils de moi? Ils s'organisent tous en triades.

Ecoutons ce que dit cette triade. C'est un morceau étudié, qui roule longuement sur ce que les auteurs appellent *l'âge organique et viril du Socialisme*. Cette pièce demande à être lue à tête reposée. Elle va me prendre bien du temps. Si j'avais recours à ma méthode?

Un jour je discutais avec mon voisin sur le style d'un écrivain que j'aimais beaucoup, et que lui n'estimait guère.

— Je suis sûr, lui dis-je, que vous ne l'avez pas lu.

Il en convint, mais il ne m'en soutint pas moins qu'il en jugeait fort bien.

Il me fit alors connaître sa manière de juger expéditivement un livre. C'est mon secret, me dit-il, mais il est infaillible. J'ouvre un volume au hasard, et je lis fort attentivement deux ou trois pages. Je répète la même expérience trois ou quatre fois, à d'autres places, et alors....

— Le livre et l'auteur sont jugés pour vous.

— Oui, reprit-il; quand un écrivain ne peut pas supporter trois épreuves de ce genre, c'est un pauvre écrivain.

Voulant rivaliser avec mon voisin, j'ai inventé une manière expéditive d'apprécier non pas le style, mais la logique d'un livre.

Je le prends successivement par les deux bouts, par la tête et par la queue, et je regarde si la tête et la queue sont d'accord.

Je trouve ma méthode, en son genre, supérieure à celle de mon voisin. Car enfin un écrivain peut avoir des faiblesses : *quandoque bonus dormitat Homerus,* et il ne serait pas impossible que le hasard, par trois fois, vous dérobât ses beautés.

Mais quand il s'agit de logique, si la tête et la queue ne s'accordent pas, c'est un préjugé considérable et un témoignage presque certain.

J'ai en ma faveur Horace, qui définit une œuvre d'art manquée (précisément à cause du défaut de logique), une belle femme se terminant en queue de poisson :

Desinit in piscem mulier formosa superne.

J'ai aussi le dicton populaire. Car ne dites-vous pas d'un homme absurde, d'un discours stupide, d'un livre galimatias : *Il n'a ni queue ni tête?* Et que voulez-vous dire, sinon que la queue ne répond pas à la tête?

Voyons ! appliquons ma méthode.

Holà ! votre tête !

La voici : « Quand on suit de l'œil du philosophe, et « dans une grave synthèse, les développements de la Ré- « volution au milieu des siècles... (1). »

---

(1) Voyez, si vous êtes curieux, dans le journal *L'Homme,* la pièce en question. — (Ce journal *L'Homme,* publié par Ribeyrolles, paraissait à Jersey.)

Belle tête! ces gens-là sont assurément des philosophes. Ils en ont *l'œil,* comme ils le disent.

Mais voyons la queue :

« La force, tel est aujourd'hui l'unique instrument de
« la Révolution... »

Diable! la queue ne répond pas à la tête. La force! cela n'est guère philosophique. Les philosophes n'ont jamais préconisé la force, et n'en ont jamais fait l'unique instrument de l'évolution de l'humanité.

Mais il y a encore quelques phrases après cela. Prenons le dernier mot :

« Guerre donc, guerre à outrance sous la bannière du
« Socialisme, et au cri de *Liberté par l'égalité!* »

Liberté par l'Egalité! quelle singulière formule ont-ils là! Ah çà! ils suppriment donc la FRATERNITÉ dans la formule de nos pères!

CHAPITRE XXXVIII.

LE SOCIALISME ORGANIQUE ET VIRIL.

Et ils appellent cela la *bannière du Socialisme!*
Ce n'est pas cette bannière-là que j'ai portée.
Voyons, Citoyens, de quoi s'agit-il? qui êtes-vous?
— Le *Socialisme organique et viril.*
Pourquoi vous appelez-vous *virils?*
— Parce que « l'humanité est comme l'homme; elle
« a trois âges successifs : l'enfance, l'adolescence, et la
« virilité. »

C'est bien! vous répétez Pascal. Seulement une petite objection : et la vieillesse, pour quoi la comptez-vous? Mais n'importe, continuez.

— « Dans son enfance, l'homme est livré sans réserve
« à toutes les influences qui l'entourent ; sa vie est toute
« sensitive, toute d'impressions extérieures, sur lesquelles
« il n'a aucun pouvoir de réaction ni de contrôle, très-peu
« donc encore de sentiments. Il ne s'attache guère qu'aux
« objets, et dans des vues tout égoïstes. Il ne connait
« d'autre supériorité que celle de la force. *C'est l'âge de*
« *l'instinct.* »

Vous voulez dire que c'est l'âge de la sensation,
l'âge où la sensation est en prédominance. L'instinct est
tout autre chose. Mais n'importe, continuez.

— « Dans l'adolescence, ses sentiments se développent,
« et avec eux une certaine puissance d'action sur le
« monde extérieur. Susceptible alors d'attachement et de
« dévouement, il commence à se déterminer par des
« motifs supérieurs aux sens ; par l'affection, *mais pas*
« *encore par la raison.* C'est l'âge des illusions, des aspira-
« tions et des rêves : un âge qui appelle ardemment et
« impatiemment l'âge qui suit. »

Permettez que je vous arrête. Il y a de la raison dans
l'homme à tous les âges. Il y en a dans le jeune homme,
sans quoi il n'y en aurait pas dans l'homme mûr. Il y en
a même dans l'enfant. L'homme est à toutes les époques
de sa vie, comme à tous les moments de son existence,
Sensation — Sentiment — Connaissance — indivisible-
ment unis et simultanément manifestés. C'est la définition
que je donnais de l'homme quand je faisais de la psychologie.

Pourquoi différenciez-vous les trois âges que vous dis-
tinguez, au point d'en faire trois vies entièrement sépa-
rées, l'une où il n'y aurait que la faculté de sentir, l'autre
où il n'y aurait que la faculté d'aimer, et l'autre enfin où

l'homme serait uniquement raison? Il est évident, pourtant, que l'amour et toutes les passions de la jeunesse ont quelque rapport avec les sens.

Mais n'importe, continuez.

— « Ce n'est qu'au sortir de l'adolescence que les facul-
« tés sociales apparaissent en l'homme, et que la vérité et
« la justice commencent à s'imposer d'elles-mêmes à son
« esprit. Dès lors il acquiert la conscience de sa force, et
« sent le besoin de s'affranchir de toute tutelle. »

Toujours la même erreur. En devenant raisonnables, cessons-nous d'être sensibles? La raison peut-elle exister sans le sentiment? Et l'homme arrivé à la plénitude de son être est-il bien défini quand vous dites « qu'il acquiert
« la conscience de sa *force*, et sent le besoin de s'affran-
« chir de toute tutelle. » Si tel est l'unique résultat de son progrès dans la vie, je le vois ressembler beaucoup à l'enfant, dont vous disiez tout-à-l'heure : « Il ne connait
« d'autre supériorité que la *force*. »

Mais n'importe, continuez. Quelles conclusions tirez-vous de ces prémisses?

— « Nous concluons que le soldat et le prêtre, le capi-
« taliste et le juge, sont autant d'éléments morbides, au-
« tant d'organes caducs que les crises sociales ont pour
« but d'éliminer, afin de faire rentrer l'organisme huma-
« nitaire dans les conditions de santé, d'ordre et de calme
« indispensables à ses futurs développements. Le soldat
« et le prêtre, le capitaliste et le juge, sont comme la
« queue du têtard, qui se résorbe quand le têtard se
« change en grenouille. Ils appartiennent au premier âge,
« ils doivent disparaître. »

Mais si la queue du têtard ne disparaissait qu'en apparence, si elle se transformait! Pourquoi le soldat et et le prêtre, le capitaliste et le juge, n'ont-ils pas disparu quand l'humanité a passé à son second âge ? Pourquoi n'ont-ils fait que changer ?

Mais n'importe, continuez. Que concluez-vous encore ?

— « Une autre conséquence de cette progression de la
« vie sociale, c'est que la Révolution n'est plus, comme
« dans ses phases antérieures, affaire d'aspiration et de
« sentiment, mais bien affaire d'étude et d'organisation.
« C'est là une vérité importante à rappeler. »

Que voulez-vous dire ? Le sentiment est éternel dans l'humanité, et ses aspirations incessantes sont aussi utiles, aussi nécessaires aujourd'hui qu'autrefois. Vous croyez-vous donc déjà arrivés au terme de la carrière, qu'il n'y ait plus place au sentiment ? Mais ce serait la vieillesse, l'extrême vieillesse, suivie bientôt de la mort. Je suis curieux de voir où vous voulez en venir.

— « Il est bon qu'à l'avenir les peuples se mettent en
« garde contre les enthousiastes, les illuminés, les discou-
« reurs, les poètes, et autres cerveaux creux : ils ne sont
« plus de notre temps. »

Je crois rêver ! Ah çà ! que devient l'histoire ? que devient la conscience ? Vous massacrez d'un seul coup l'esprit humain !

Vous ne voulez plus d'enthousiastes ; mais tous ceux que l'humanité a consacrés comme des héros, à tort ou à raison, étaient des enthousiastes. Brutus était un enthousiaste, et Robespierre aussi.

Vous proscrivez les illuminés : vous auriez donc crucifié Jésus et brûlé Jeanne d'Arc ; vous auriez même donné la ciguë à Socrate.

Du moins la chose se passerait ainsi dans votre monde *viril*. Que Socrate ou Jésus se présentent, on leur fera leur procès : *illuminés!* dira-t-on. Que Brutus renaisse : *enthousiaste!*

Du même coup vous mettez les poètes à la porte de votre république. Puis, comme si vous craigniez d'épargner quelqu'un, vous ajoutez : *et autres cerveaux creux.*

Ah ! Citoyens, quand on fait des lois pareilles, il faut les faire claires et précises ; il ne faut pas laisser un vague qui prête à l'arbitraire. Je vous demande positivement de vous expliquer sur ces autres *cerveaux creux* qui ne sont plus de notre temps.

— « En révolution, de nos jours, faut des discours et de
« l'enthousiasme, pas trop n'en faut ; mais ce qu'on ne
« possède jamais assez, c'est un esprit solide et des con-
« naissances étendues, c'est un caractère ferme ; une con-
« viction raisonnée, réfléchie et inflexible comme la véri-
« té qui l'inspire ; c'est surtout un coup-d'œil juste, un
« grand bon sens, et un grand sang-froid. »

Vous êtes orfèvres, messieurs Josse, tous trois orfèvres ; vous avez cet esprit solide et ces connaissances étendues, ce caractère ferme, cette conviction raisonnée, ce coup-d'œil juste, et toutes ces autres qualités que vous énumérez si bien.

— « Ainsi donc, que les poètes chantent les gloires de
« la Révolution et flétrissent les crimes des despotes, c'est
« là un rôle utile, noble et grand ; mais qu'ils laissent aux
« esprits positifs et pratiques la tâche plus ardue et plus
« pesante de mettre en œuvre les éléments révolution-
« naires. A chacun sa fonction, et c'est en révolution sur
« tout qu'il faut tenir compte des aptitudes. »

Et c'est *Diogène* qui a écrit ou signé cela ! lui poète ou quasi-poète ! Il est donc comme Samson, il s'enterre sous les ruines du temple pour mieux écraser... qui ? Mon voisin. Car c'est à mon voisin, ne le niez pas, Citoyens, que cela s'adresse.

Mais quel reproche peut-on vous faire? Vous défendez votre fonction..., la fonction que vous vous êtes donnée vous-mêmes.

Si j'étais poëte, pourtant, je vous attraperais bien : je demanderais à mon tour qu'il fût défendu de faire de la littérature sous prétexte de pamphlets politiques.

Mais voyons la suite. Je redoute la suite ; car c'est le cas de dire avec Horace : Prends garde à toi, la maison de ton voisin brûle :

.... Proximus ardet
Ucalegon.

Dépêchez-vous, Citoyens, dépêchez-vous de me dire mon fait.

CHAPITRE XXXIX.

RÉSIGNATION SYNONYME DE LACHETE.

Non est mora longa. Voici mon paquet :
« Si le sentiment ne suffit plus à la virilité de notre
« âge, nous en concluons aussi que la protestation paci-
« fique n'est plus, comme aux temps Chrétiens, une puis-
« sance révolutionnaire. Résignation aujourd'hui est syno-
« nyme de lâcheté. Le martyre lui-même, érigé en prin-
« cipe, est l'arme des faibles ; et si l'abnégation et le sa-
« crifice personnel sont œuvre nécessaire, ce doit être par
« exception et comme nécessité de la lutte, jamais comme
« but. »

J'en étais sûr! Voyez ce que c'est que de n'avoir qu'une psychologie incorrecte!

Ils ont scindé dans l'homme les trois aspects de sa nature : aussi maintenant ils ne peuvent me sentir.

Pourquoi ?

Parce que j'estime l'un de ces aspects à l'égal des deux autres.

Poursuivez, Citoyens, poursuivez, je vous écoute.

— « La force ! la force au service du droit et guidée par
« la science, tel est aujourd'hui l'unique instrument de la
« Révolution ! »

Ah ! Citoyens, donnez-moi la science, et je vous quitte de la force. Ne voyez-vous pas qu'en réduisant tout à la force, vous anéantissez la science, et n'avez pas pour cela la force? Vous vous coupez les jambes, et vous n'avez pas de béquilles !

Mais ils sont tellement échauffés, malgré leur esprit solide et leurs connaissances étendues, leur coup d'œil juste, leur grand bon sens, et leur grand sang-froid, qu'ils ne m'entendent pas.

— « Quand la Révolution est, comme aujourd'hui,
« momentanément vaincue, quand la tribune se tait,
« quand la presse est muette, quand le bâillon est à toutes
« les bouches, l'espion à toutes les portes, la douleur à
« tous les foyers, oh ! alors, il ne reste qu'un moyen : la
« sainte insurrection ! Oui, l'insurrection, c'est-à-dire la
« guerre, la guerre sacrée du peuple contre l'ennemi pu-
« blic, la guerre au nom du droit de légitime défense, la
« guerre au nom de l'humanité! Guerre donc, guerre
« à outrance sous la bannière du Socialisme et au cri de
« Liberté par l'Égalité. »

Écoutez, Citoyens! Je vois bien que vous criez la guerre; mais la crier et la faire, c'est deux.

CHAPITRE XL.

MON EMBARRAS.

Quels guerriers, dans leurs programmes, que Ledru — Mazzini — Kossuth! comme ils remanient l'Europe! comme ils font mouvoir les peuples! quelle dextérité!

Mais il ne faut pas les contrarier.

Ah! vous dites que « L'amour est plus fort que la guerre. » *Honte à celui*, etc., etc.

Quels guerriers aussi dans leurs élucubrations philosophiques que Rougée- Pyat—Jourdain! comme ils vous font marcher l'humanité!

Mais il ne faut pas non plus les contrarier.

Ah! vous osez encore parler de la Solidarité humaine; vous en parlez comme du principe même de notre être, émané de l'auteur de tous les êtres; vous maintenez en conséquence la Fraternité dans la devise de nos pères; que dis-je! vous faites de cette devise ainsi complète l'éthique même de l'humanité! *Vous êtes un lâche!* etc., etc.

Ils sont d'accord pour dire *raca* aux pacifiques, anathématiser la résignation, et transformer le martyre en crime; mais ils ne s'accordent en rien, du reste.

Vous me direz que Ledru est surtout placé au point de vue de la politique extérieure, et que Pyat s'occupe particulièrement de l'intérieur. Mais la difficulté n'est pas résolue pour cela.

Je suppose que je m'engage dans la *grande armée* de Ledru. Je renonce à mes idées pacifiques, j'obéis au mot d'ordre, je pousse l'*armée* à la *bataille*. Tout cela est au mieux. Mais pendant que je m'évertue dans cette sainte croisade, voilà que Pyat, Rougée et Jourdain proscrivent *les enthousiastes, les illuminés, les discoureurs, les poètes,* ET AUTRES CERVEAUX CREUX, comme n'étant plus de notre temps; il peut se faire que l'on me mette dans une de ces catégories; en sorte que, quand nous revenons de la bataille (en supposant que la bataille ne dure pas plus longtemps que nous), je me trouve supprimé. Je vous demande si cela est de bon jeu, et s'il n'y a pas là quelque tricherie.

Autre hypothèse : je suppose, au contraire, que je serve dans la Commune Révolutionnaire de Pyat. Pyat supprime les militaires. Comment Ledru, Mazzini et Kossuth feront-ils, sans soldats, pour accomplir toutes leurs conquêtes et remanier la carte de l'Europe?

Décidément j'attendrai que le buste de Napoléon et le gilet de Robespierre soient parfaitement d'accord.

Voilà ce que dit la France, et voilà comme ils servent la cause qu'ils m'accusent de déserter!

CHAPITRE XLI.

LOUIS BLANC VIENT A MON AIDE.

Comme nous préjugeons souvent par ignorance!

N'est-il pas vrai, Lecteur, que je maudissais tout à l'heure l'idée que j'avais eue d'ouvrir mon Bahut?

Mon Bahut, c'était la boîte de Pandore!

Eh bien! savez-vous ce qui arrive? S'il n'y a pas de roses sans épines, il n'y a pas non plus de buissons d'épines qui ne fleurissent.

Au moment où je dépose dans mon coffre le Manifeste Rougée — Pyat — Jourdain, sur le Manifeste Ledru — Mazzini — Kossuth, que vois-je?

De fines *Observations* de Louis Blanc. Quand l'âme de Louis Blanc rayonne sous le choc des opinions, l'esprit humain s'illumine.

Ce généreux Louis Blanc! il ne veut pas qu'on donne le coup de pied de l'âne à son vieil ami; qu'on lui jette de la *honte* au visage; qu'on l'appelle lâche, sectaire, déserteur, que sais-je! et il s'écrie :

« Quant à moi, je ne saurais dire anathème au culte,
« même solitaire, de la vérité. Quand l'isolement d'un
« philosophe, ami du peuple, vient de la candeur effa-
« rouchée d'une conscience rigide qui dédaigne la popu-
« larité, répugne aux concessions, et ne se fie, pour la
« délivrance des opprimés, qu'à la force latente des choses
« servie par l'étude, on peut bien taxer ce philosophe
« d'erreur et le blâmer de trop d'orgueil; mais s'il est
« désintéressé dans ses croyances, s'il souffre pour ce
« qu'il croit être la vérité absolue, son erreur certes n'a
« rien de criminel, et son orgueil rien de *honteux*. J'ajoute
« que dans le *Etiamsi omnes, ego non*, il y a presque tou-
« jours eu quelque chose d'héroïque. Lorsque Galilée
« soutenait, seul contre tous les catholiques réunis, que
« la terre tourne autour du soleil, il n'était pas de la
« *grande Eglise...* des papes. Ce fut sa gloire, et non sa
« honte (1). »

Que de remercîments je dois à ceux qui, par leurs attaques, m'ont valu ce témoignage! Je ne donnerais pas

---

(1) *Observations sur une récente brochure de Kossuth, Ledru-Rollin et Mazzini*, par Louis BLANC, page 12.

CHAPITRE XLII.

JE SUIS UN GRAND ENFANT.

Vraiment je suis un grand enfant !

Les philosophes ont souvent disserté sur l'utilité que nous pouvons retirer de nos ennemis. « Si nous sommes sages, disent les sages, nos ennemis même se trouvent être indirectement de nos amis ; car ils servent à nous corriger de nos défauts. »

Mais s'il arrive, par hasard, que nos amis deviennent nos ennemis, ne pourra-t-il pas en résulter pour nous un autre genre d'utilité ? Ces anciennes connaissances se ressentiront toujours de nous avoir fréquentés, et porteront témoignage en faveur des idées vraies qu'elles tiendront de nous.

C'est précisément ce qui m'arrive.

J'ai le premier emprunté aux légistes le terme de Solidarité, pour l'introduire dans la Philosophie, c'est-à-dire, suivant moi, dans la Religion. J'ai voulu remplacer la Charité du Christianisme par la Solidarité humaine, et j'ai donné de cela mes raisons dans un gros livre.

Eh bien, quel est le mot inscrit sur l'étendard de Kossuth—Mazzini—Ledru ? Solidarité !

Il est vrai que leur Solidarité Européenne, bornée à l'indépendance de races reconnues à titre de races, est l'individualité la plus sauvage. Mais ils n'en font pas moins retentir le mot *Solidarité*, et il faudra bien que les esprits en viennent, à la fin, à comprendre ce mot dans son sens profond.

C'est moi aussi qui, le premier, me suis servi du mot de Socialisme. C'était du néologisme alors, un néologisme nécessaire. Je forgeai ce mot par opposition à *individualisme*, qui commençait à avoir cours. Il y a de cela environ vingt-cinq ans.

Mazzini—Ledru—Kossuth ont ce mot en horreur ; mais Rougée—Pyat—Jourdain le prennent sous leur protection.

Il est vrai que leur Socialisme *organique et viril*, comme la Solidarité des autres, ressemble beaucoup à l'individualisme. Mais ils n'en servent pas moins à répandre, avec ce mot, l'espoir d'un ordre social perfectionné.

Enfin ne suis-je pas le père de la Triade ; et quand le citoyen Coluber veut me tourner en ridicule (le digne homme !), n'est-ce pas ainsi qu'il m'appelle ? Quel avantage pour moi de pouvoir dire : « Voyez si la Triade est une chimère ; voilà Kossuth—Mazzini—Ledru, voici Rougée—Pyat—Jourdain, qui fonctionnent comme un seul homme. »

Il est vrai que, n'ayant pas un point d'appui solide, ils sont un peu comme Archimède ; ils veulent remuer le monde, et le monde ne remue pas. Mais qu'importe à mon principe ? Vous voyez qu'ils fonctionnent : cela me suffit.

Je pourrais faire sur eux une démonstration, absolument comme à l'hôpital un professeur de clinique sur un malade ou sur un cadavre ; je pourrais dire pourquoi ils s'accordent ainsi trois à trois ; pourquoi deux ne feraient pas l'affaire ; comment, dans la première triade, Kossuth est l'homme de la connaissance, Mazzini l'homme du sentiment, Ledru l'homme de la sensation ; et comment, dans la seconde, Rougée est le penseur, Pyat l'artiste, et Jourdain l'industriel.

Tout sert à qui a la vérité de son côté. Il n'y a pas jusqu'aux anathèmes qu'ils lancent contre moi dont je ne puisse, vous le voyez, tirer profit pour la vérité.

Jersey, 1858.

DEUXIÈME PARTIE.

RÉPONSE A MON BIOGRAPHE.

CHAPITRE I.

PETITE CORRESPONDANCE AU SUJET DE MES MÉMOIRES.

J'arrive enfin à ceux qui me conseillent d'écrire mes Mémoires.

J'ai communiqué l'idée que m'avait suggérée mon voisin à un ancien ami, qui m'est fort affectionné et qui m'a toujours paru de bon conseil.

Nous avons eu à ce sujet une petite correspondance... J'ai là ses lettres... Mon ami, vous allez le voir, est devenu très-laconique; de plus, il écrit quelquefois en énigmes.

Voici ce qu'il m'a répondu d'abord :

« Mon cher ami,

« Quand un homme tombe dans l'esclavage, Jupiter lui
« enlève la moitié de son âme.

« Je vous ai souvent entendu vanter cette pensée
« d'Homère.

« Donc, soumettez-vous au Destin, et écrivez vos Mé-
« moires. »

J'ai répliqué, ou à peu près, car je ne garde jamais co-
p.' de mes œuvres épistolaires :

« Si je vous comprends bien, vous me croyez déchu!
« Vous croyez que la pauvreté m'a ôté, dans l'exil, la moi-
« tié de mon âme! Hélas! tout est si triste en moi et hors
« de moi, que quelquefois je le crains moi-même.

« Cependant vous avez tort. Je sens poindre des idées
« nouvelles.

« J'ai eu la fantaisie de nommer la dernière petite fille
« qui m'est venue *Speranza*. Je l'aurais nommée ainsi, si
« sa mère n'avait préféré l'appeler Joséphine. Mais la fille
« de mon cerveau, *proles sine matre creata*, je serai bien
« maître, je l'espère, de l'appeler comme je voudrai, et je
« ne veux pas l'appeler mes Mémoires.

« Si j'écrivais mes Mémoires, je raconterais ce que vous
« savez : comment je n'ai pu me décider, il y a de cela
« une vingtaine d'années, à écrire une Vie de Napoléon en
« deux volumes, qui m'aurait rapporté cent mille francs,
« et l'honneur de voir, sur le titre d'un livre, mon nom à
« côté de celui de Béranger. Je préférai écrire le livre *De*

« *l'Humanité...* Faut-il donc qu'arrivé à la vieillesse, la
« pauvreté, me forçant d'écrire contre mon goût, me fasse
« faire ce qu'elle ne fut pas capable de m'obliger à faire
« dans mon âge mûr? »

Voyons ce qu'il m'a répondu là-dessus :

« Vous avez tort. Tout le monde rédige ses mémoires;
« on finit toujours par là. M. Guizot vient de vendre les
« siens cent mille francs. Je ne vous parle pas des Mé-
« moires d'un Bourgeois de Paris, ni de ceux d'un Enfant
« de la Savoie. Ne voyez-vous pas que c'est un *devoir*, à
« notre époque, de faire de l'argent de cette façon?

« Mais cette raison ne vous a pas touché jusqu'ici. Je
« vais vous en donner une autre.

« Vous êtes triste, me dites-vous, et je le conçois. Écri-
« vez vos Mémoires, racontez-nous tous vos chagrins.
« Cela vous consolera. »

Sur quoi je lui ai objecté :

« Un jour, en ma présence, un poète se plaignait à un
« poète des chagrins qui étaient venus l'assaillir, presque
« jusqu'à troubler sa raison.

« — *Cela,* lui dit l'autre, *vous servira à faire de beaux
« vers.*

« Cruel ami, vous me répondez comme ce poète. Eh !
« que savez-vous si le triste exercice auquel vous voulez
« me soumettre n'achèvera pas mon supplice! »

Nous en sommes là de notre correspondance. Je ne sais
s'il persistera dans son prochain courrier.

CHAPITRE II.

COMMENT L'HONNÊTE BOLTROPE, AYANT QUELQUE CHOSE A DIRE, FUT INTERROMPU PAR LA MORT.

Après tout, je me surprends moi-même à me donner très-sérieusement le conseil d'écrire mes Mémoires.

Quelquefois, en effet, je me dis que je ne voudrais pas mourir sans léguer à la postérité (à une postérité quelconque) certains faits qui périront inévitablement si je ne les mets pas en lumière.

Cooper, dans un de ses romans, représente les derniers instants d'un contre-maître de vaisseau, l'honnête Boltrope. Pendant que le chapelain lui parle, Boltrope est occupé de donner un avis qui intéresse la sûreté du navire. Un boulet, en traversant le gaillard d'avant, a coupé le câble à une toise de l'étalingure, aussi proprement qu'une vieille femme couperait son fil avec une paire de ciseaux. Cette avarie empêche l'excellent Boltrope d'écouter, comme il le devrait, les consolations religieuses qu'on lui donne. Et quand il expire, il s'écrie encore : « Souvenez-vous de la seconde ancre, et ayez soin de regarder aux surpentes des basses vergues. .et... et... » Il n'en peut dire davantage.

La leçon est bonne, il faut en profiter.

CHAPITRE III.

PRENONS NOS PRÉCAUTIONS.

Par exemple, je ne voudrais pas laisser perdre la conversation qui eut lieu un jour entre Dupuytren et une dame de ma connaissance.

Cet entretien est trop à l'honneur de Saint-Simon, de celui que j'ai appelé *mon maître*, et dont, à ma façon, j'ai suivi la trace, pour que je n'en prenne pas tout le soin qu'il mérite.

Si cette anecdote, que je suis peut-être le seul à connaître aujourd'hui, allait me revenir à ces instants funèbres!...

Prenons nos précautions. Je ne veux pas être dans la même situation que Boltrope.

Je suis sûr, d'ailleurs, qu'au moment de quitter le navire, il me restera toujours assez de choses auxquelles je n'aurai pas pensé.

CHAPITRE IV.

SAINT-SIMON ET M. DUPUYTREN.

Cette conversation me fut racontée le soir même du jour où elle eut lieu, et ma mémoire est fidèle.

La dame dont il s'agit ne manquait pas, je vous l'assure, d'occasions pour se trouver en tête-à-tête avec le célèbre chirurgien. Ce jour-là donc, par manière de distraction, elle était venue à lui parler de Saint-Simon.

— Je l'ai connu, dit Dupuytren, je l'ai vu deux fois en ma vie : quel étrange original! Oui, je me rappelle, il m'a fait deux visites; et je ne sais laquelle des deux fut la plus singulière.

— Contez-moi donc cela.

— J'avais vingt-deux ans, j'étais dans ma mansarde, je travaillais; je piochais, comme on dit dans les écoles quand on se prépare à un examen ou à un concours. On frappe à la porte.... Entrez! dis-je sans me déranger.

Entre un homme encore jeune, très-bien mis, bonne figure, un air ouvert et affable. Je me lève pour le recevoir.

— Vous êtes M. Dupuytren, me dit-il. Je suis Saint-Simon. Je suis votre voisin. Je me suis logé entre l'École Polytechnique et l'École de Médecine. Voici mon adresse.

Il me donne sa carte.

— On m'a parlé de vous, continue-t-il, comme d'un jeune homme qui fera faire des progrès à la science. Votre dernier concours a été très-brillant. Vous avez fait souvent l'objet de nos causeries. Je suis venu vous prier de vouloir bien être des nôtres. Je tiens maison. Je suis lié avec beaucoup de savants. Monge est de mes amis. Parmi les plus jeunes, je vous citerai Poisson et Arago. Ne pensez-vous pas qu'il est nécessaire que ceux qui cultivent les sciences avec succès se fréquentent? Venez nous voir, apportez-nous vos lumières. On dîne chez moi à cinq heures, vous trouverez toujours votre couvert mis.

J'écoute cet original, et ne sais trop que lui répondre. Je trouve ses airs engageants, mais sa familiarité me déplaît. Je lui dis que mes moments sont pris; que, pour réaliser les espérances flatteuses qu'il veut bien concevoir de moi, je n'ai pas trop de tous mes instants.

Il me parle alors de la nécessité de varier, de ne pas tenir toujours l'arc trop tendu. D'ailleurs, il faut dîner; c'est une occasion de se voir, d'échanger des idées, de sortir de sa spécialité.

Bref, après quelques propos, rebuté peut-être par ma froideur, il se retire. Je le reconduis jusque sur le palier.

Mais en rentrant, que vois-je? Sur ma commode un sac de mille francs qu'il a oublié...

Je prends le sac, et je cours après l'homme. Il avait déjà franchi deux étages. Je descends quatre à quatre, plus vite que lui.

— Monsieur, lui dis-je, voilà un sac d'argent qui vous appartient.

Il me répond, tout en essayant de gagner la porte, que cet argent est à moi.

Comprenez-vous un pareil original !

— Je le comprends, dit la dame; mais vous, avec votre orgueil....

— Je me sentais fait pour gagner beaucoup d'argent, et non pas pour en recevoir par pure munificence. J'aurais été humilié d'accepter un cadeau.

— Vous étiez pourtant pauvre alors, c'est votre gloire.

— Oh ! je manquais de bien des choses. Mais, comme vous dites, belle dame, j'étais fier; et, loin de me sentir touché de son offre, je me crus offensé. Je le lui fis comprendre. Il reprit son argent, après beaucoup de difficultés, en me faisant des excuses, en me disant je ne sais quoi....

— Il vous dit sans doute qu'il ne voyait pas les choses comme vous, qu'il n'était pas placé au même point de vue, que la société....

— Je l'écoutai à peine. J'avais le rouge au visage. Je remontai, content d'en être débarrassé.

— Et vous n'allâtes pas chez lui? Il ne vous prit pas envie de fréquenter un peu cet homme qui venait de faire une action de prince?

— Je l'aurais plutôt fui d'une lieue.... Mais laissez-moi vous dire ce qui m'arriva trente ans après. Vous allez voir que votre homme (puisque c'est votre homme) avait de la mémoire.

Un jour, mon domestique me dit qu'un monsieur, qui s'est présenté déjà plusieurs fois, désire me parler.

J'ordonne de le faire entrer.

« Vous ne me reconnaissez pas? me dit cet étranger. Je vous ai pourtant vu une fois dans votre jeunesse. Il est vrai que le temps a changé nos traits, comme il a changé nos positions dans le monde. »

Je ne comprenais pas où il en voulait venir. Je lui fais sentir que mes instants sont précieux....

— Toujours pressé!

— Enfin, prenant un air grave, il me dit : « Faites aujourd'hui pour moi ce que j'ai voulu faire autrefois pour vous. »

Comprenez-vous un pareil original! Parce qu'il m'avait voulu donner mille francs, que j'avais refusés, il voulait que je lui donnasse pareille somme....

— Que lui n'aurait pas refusée. En effet, cela dut vous paraître fort drôle. Mais dites-moi encore une fois comment il vous fit sa proposition.

— Comme je viens de vous rapporter; il me dit : « Vous étiez jeune, tout le monde ne pouvait pas savoir ce qui sortirait de vous, quels services vous rendriez à la société; je pressentais ces services, j'avais de l'argent, je vous en offris. Il ne tint pas à moi que vous en profitassiez. Combien d'autres savants ont usé de ma bourse! Eh bien, aujourd'hui je suis vieux, pauvre; vous êtes riche; je m'occupe toujours de la science, et je crois qu'il sortira quelque chose de mes travaux. »

En me disant cela, il me remit une brochure.... une brochure que j'ai conservée, que j'ai là encore.

(Et Dupuytren tourna les yeux vers un coin de sa riche bibliothèque.)

Il me remit donc cette brochure, ou plutôt il la déposa sur mon bureau, car je n'avançais pas la main pour la prendre.

— Et après ces préparatifs, que fit-il?

— Il finit par accoucher de sa demande, ou, si vous voulez, de son argument : « Il convient que vous fassiez pour moi ce que j'ai voulu faire pour vous. »

— Et que lui répondites-vous? Voyons! soyez franc.

— Moi! je regardai la brochure. Je vis qu'elle pouvait bien valoir trente sous. Je n'en avais nul besoin; je tirai de ma poche une pièce de cent sous, et je la lui offris.

— Et lui?

— Il me tourna le dos, et chercha le chemin de la porte. Je le sommai à plusieurs reprises de reprendre sa brochure, puisqu'il ne voulait pas recevoir le prix que je lui en offrais. Il se tut obstinément, et sortit sans me répondre.

Je sonnai; j'envoyai après lui mon domestique, avec ordre de le forcer à reprendre sa brochure. Le benêt revint avec.

— Et vous l'avez gardée!

— Comme malgré moi. Je l'ai même fait relier. J'ai pourtant envie, chaque fois que je vois ce livre, de le jeter au feu.

— Vous le conserverez comme un remords.

— Un remords, dites-vous?

— Ne voyez-vous pas qu'avec vos millions vous êtes le débiteur de Saint-Simon! et vous le serez jusqu'à la fin des siècles. Cachez ce livre, que vous n'avez pas payé, et qui vous est resté. Encore une fois, c'est un remords.

— Je vous assure que je n'en ai aucun.
— J'en aurais à votre place.
— Oh! vous êtes femme...
Et la conversation prit un autre tour.

CHAPITRE V.

MA BIOGRAPHIE.

O Dupuytren, le plus grand chirurgien de ton époque, Saint-Simon était un bien autre chirurgien que toi! c'était le chirurgien des esprits et des âmes...

J'allais continuer, quand le *Postman* frappe à la porte.

Il me remet une lettre, celle précisément que j'attendais, et un petit livre à couverture jaune.

J'ouvre la lettre, et je lis :

« J'ai pesé vos raisons, je persiste... Au surplus, vous
« voilà mis en demeure. Je vous envoie votre *Biographie*.
« Ce libelle a été tiré à quinze mille exemplaires, et l'édi-
« tion est déjà épuisée. Calculez le nombre de lecteurs.
« C'est tout ce qui sait lire en France. Resterez-vous sans
« répondre? Tenez-vous si peu à l'estime de vos contem-
« porains? Je vous répète, pour la dernière fois : *Écrivez*
« *vos Mémoires.* »

CHAPITRE VI.

UN SERPENT A L'OMBRE D'UN AUTEL, AU FRAIS.

Comment! il faudra que j'écrive mes Mémoires parce qu'il aura plu à M. Eugène de Mirecourt...

Mais voyons si réellement je suis dans cette nécessité.

Pourquoi m'arrêté-je à considérer si longtemps ce volume avec un *regard fauve*, comme disait un jeune poëte romantique de ma connaissance? mon biographe ne va pas me dévorer !

C'est tout de même bien dur de lire tout vivant sa biographie !

Après tout, le supplice ne sera pas long. Quatre-vingt dix pages in-32, en petit-romain, avec des blancs, douze lignes à la page.

Nous mettions soixante-douze lignes à la colonne dans l'*Encyclopédie*, notre justification était plus grande, et nous employions du petit-texte.

J'aurais donc à lire comme qui dirait huit à dix colonnes de l'*Encyclopédie*. Voyez si c'est la peine d'hésiter si longtemps !

J'hésite néanmoins. Je ne sais pourquoi, depuis que je suis devenu vieux, ces petits libelles me font toujours l'effet d'un serpent.

Serpent ! cela me rappelle un mot de M. Dupin, un mot qui m'a fait bien rire.

M. de Montalembert était à la tribune. Il dénigrait, dénigrait, dénigrait.

Je monte au bureau de la présidence, avec l'intention de me faire inscrire.

— Vous voulez donc lui répondre !

— Eh oui ! il ment. Ne voyez-vous pas comme il ressemble à un serpent?

M. Dupin me regarde, sourit ; sa figure prend un singulier caractère, et, avec un ton de malice qui sent son comédien, il me dit bas à l'oreille, en posant son index sur ses lèvres :

— *Un serpent à l'ombre d'un autel, au frais !*

Jamais on ne caractérisa mieux M. de Montalembert.

CHAPITRE VII.

UN BONHOMME CANDIDE.

Mon ami, pour me piquer au jeu, et craignant que je ne jette le livre sans le lire, l'a marqueté, çà et là, de croix à l'encre rouge.

Je ne vois point de croix sur la première ni sur la dernière page. C'est que mon ami ne connaît pas ma méthode.

Si je commençais par prendre le petit serpent, en cas que c'en soit un, par la tête !

Voici comme il débute :

« En examinant le portrait du personnage que nous al-
« lons peindre, chers lecteurs, ne vous sentez-vous point
« émus? Quelle figure admirable de bonhomie ! Quel
« regard plein de sérénité candide ! »

Il est évident que mon biographe a l'intention de me peindre comme un bonhomme très-candide. Une figure admirable....de *bonhomie !* un regard plein de sérénité... candide !

Voyons la queue :

« Il eût certainement accepté l'invitation que lui a faite
« l'Empereur, s'il ne craignait pas les reproches et la co-
« lère du parti brutal auquel il a le malheur d'appar-
« tenir. »

J'ai le malheur d'appartenir à un parti *brutal.* Sans cela je consentirais à me faire faire sénateur. Décidément je suis un bonhomme candide.

Mon biographe a de l'unité.

Quand il fait ses biographies, il se demande, avant de commencer : « Comment peindrai-je celui-là ? en ferai-je un méchant ou un imbécile ? »

Et ce qu'il a décidé, il le fait ; il suit son plan depuis la tête jusqu'à la queue.

CHAPITRE VIII.

COMMENT LE BONHOMME CANDIDE FIT PERDRE QUARANTE MILLE FRANCS AU DUC DE LUYNES.

Voyons maintenant les passages que mon ami s'est donné la peine de signaler à mon attention.

Je parie que je serai partout un bonhomme trop candide!

Page 26, une croix.

« Il (c'est moi), il intéresse à son invention le duc de
« Luynes, le seul homme du siècle qui sache encore agir
« en grand seigneur. *Le duc lui donne quarante mille*
« *francs* pour procéder à des expériences décisives. Mais
« soit que la somme ne fût pas suffisante, soit que l'in-
« venteur eût mal jeté ses plans, la fonte de caractères ne
« réussit pas, et tout fut perdu. »

Voyez-vous ce bonhomme qui fait perdre d'un coup quarante mille francs à M. le duc de Luynes. Il avait *mal jeté ses plans !* l'invention ne réussit pas, et *tout fut perdu.*

Mais de pareils bonshommes sont fort dangereux ! L'argent ne leur coûte rien pour tenter de faire réussir leurs plans mal *jetés.*

Ah ! mon biographe, mon biographe ! comme vous écrivez la biographie !

Vraiment ici vous êtes impardonnable ; car je me suis donné la peine de raconter mes déboires pendant sept ans de ma vie consumés vainement à vouloir, par cette découverte, affranchir l'imprimerie.

Vous auriez trouvé cette page de mes Mémoires (car celle-là est écrite) dans la Revue Indépendante. Là vous auriez vu que, bien loin de rencontrer un si généreux protecteur et quarante mille francs, le jeune inventeur ne rencontra personne pour le comprendre, pas même Lafayette, trop occupé du Carbonarisme, et conséquemment pas un sou. Ce qu'il fit, il le fit en prenant sur son salaire, et en réduisant presque sa pauvre mère et lui-même, et ses frères, encore enfants, à mourir de faim.

Mais, dites-moi, est-ce que vous vouliez flatter à mes dépens le duc de Luynes, *le seul homme du siècle qui sache encore agir en grand seigneur !*

Quoi ! j'aurais fait une petite brèche dans l'immense fortune de ce duc !

Pourquoi n'affirmez-vous pas tout de suite que c'est moi qui suis cause que M. Ingres a quitté Dampierre ?

CHAPITRE IX.

M. INGRES A DAMPIERRE.

O puissance erratique de ce que l'on appelle la Mémoire, qui fait que notre esprit parcourt en un instant des orbites aussi vastes que celles des comètes ! Voilà que mon biographe, avec ses folichonneries, me fait penser à M. Ingres ; et je suis tenté de laisser un instant son petit méchant livre, qui veut être si méchant, pour causer avec vous, Lecteur, d'un monde déjà bien trépassé.

Au temps où Louis-Philippe encombrait Versailles de tableaux commandés à l'aune et faits de même, M. le duc de Luynes méditait avec M. Ingres dans son château de Dampierre.

Magnifique antithèse, qui fit alors l'objet de toutes les conversations.

D'un côté, un roi, mais un roi sans goût, aidé de tout ce qu'il y avait de peintres dans son royaume, allait changer Versailles en un magasin de *bric-à-brac.*

De l'autre, un simple particulier, aidant un véritable artiste, allait faire de Dampierre le vrai Versailles du Dix-Neuvième Siècle.

Et pourtant, que résulta-t-il de cette alliance, qui devait être si féconde?

M. Ingres sortit un jour de Dampierre comme il y était entré, sans y avoir rien fait, et par conséquent sans y rien laisser.

Il sortit en faisant au jardinier un cadeau dont l'énormité occupa ce soir-là tout Paris. Il avait voulu payer, et payer au centuple, les légumes qu'il avait mangés à Dampierre.

Mais d'où vint ce discord entre le grand seigneur et l'artiste? Me voilà forcé de vous le dire.

CHAPITRE X.

LA STATUE DE MINERVE.

Une des merveilles d'Athènes, vous le savez, Lecteur, c'était la statue de Minerve.

Placée à l'extrémité du Parthénon, dans cette partie qu'on laissait découverte pour livrer passage à la fumée du sacrifice, de quelque côté qu'on abordât à Athènes, on la voyait s'élever au-dessus des murs du temple. C'est que sa taille n'était pas commune. Elle avait vingt-six coudées, à peu près trente-sept pieds ; d'une main elle portait une lance, et de l'autre une Victoire haute de quatre coudées, environ cinq pieds huit pouces.

Lorsqu'il avait été question d'exécuter cette statue, Phidias, paraissant devant l'assemblée du peuple, avait demandé à n'employer que du marbre. L'éclat du marbre, avait-il dit, subsiste aussi longtemps que le marbre même, et le choix de cette matière n'imposera aucun sacrifice à la république. A ces mots, le peuple se récria, et, par acclamation, vota l'or et l'ivoire. Il voulut que ce fût l'or le plus pur, l'ivoire le plus beau et le plus cher.

Mais vous pouvez voir tout cela, et beaucoup d'autres choses encore concernant ce chef-d'œuvre antique, dans le *Voyage du jeune Anacharsis*. Je ne sais pourquoi je me donne tant de peine.

Il fait très-lourd aujourd'hui, et voilà que je m'endors...

CHAPITRE XI.

REPROCHES QU'ELLE FAIT AU BONHOMME.

A peine avais-je fermé les yeux, que Minerve m'est apparue.

Oui, grâce à mon biographe, je viens de voir ce que mon biographe n'a jamais vu et ne verra jamais, la Minerve du Parthénon. Seulement, au lieu de la Victoire de cinq pieds huit pouces, savez-vous ce qu'elle tenait de sa main gauche ? ma *Biographie !*

« C'est toi, malheureux, s'est écriée Minerve, qui fais

que je continue à ne plus exister que dans les récits de Valère Maxime, de Diodore de Sicile, de Pline, de Cicéron, de Plutarque, et de Pausanias! Ce sont ces quarante mille francs, que tu parvins, par ton astuce, à soutirer à M. le duc de Luynes, ce grand protecteur des arts, qui ont mis à néant ma restauration.

— Eh! Madame, je vous vois; vous existez encore!...

— Exister ainsi, est-ce exister? Tandis que sans toi, grâce à M. le duc de Luynes, *le seul homme de ce siècle qui sache agir en grand seigneur*, et grâce aussi à M. Ingres, le seul artiste de ce siècle qui sache que ledit siècle ne peut avoir d'autre art que l'art du passé, j'allais revivre! Il est vrai qu'au lieu de me trouver à Athènes, chez moi, je me serais trouvée à Dampierre, chez M. le duc de Luynes. Mais qu'importe! j'allais revivre!

— En supposant, madame, que M. Simard, dont on avait fait choix pour remplir le rôle de Phidias, eût pu vous faire revivre!

— Tu ne sais donc pas qu'on avait relevé avec le plus grand soin et commenté avec le plus grand détail tout ce que Valère Maxime, Diodore de Sicile, Pline, Cicéron, Plutarque, et Pausanias, disent de moi?

— Je le sais, et tout cela ne fait pas que M. Simard soit Phidias... Mais, dites-moi, deviez-vous avoir vraiment trente-sept pieds de haut, comme à Athènes?

— Non, pas tout-à-fait. Je ne devais en avoir que dix-huit.

— Et vous appelez cela vous ressusciter! Mais, en outre, confiez-moi la chose, deviez-vous être en or?

— En or? non pas, mais en argent. L'argent, disait M. le duc de Luynes, fera tout aussi bien....

— Et coûtera moins cher.... Ah! Madame, s'il était vrai

que ce fût moi qui vous eusse empêchée de renaître ainsi, vous devriez m'en remercier. Mais, en vérité, il n'en est rien. Ne savez-vous pas, ô grande déesse, comment la chose se fit?

La dimension, comme la matière, avait été arrêtée; et M. Simard était déjà armé de ses ébauchoirs. Mais voilà que M. Ingres apporte d'Italie un fragment de statue qu'il déclare une copie fidèle de celle du Parthénon. Selon lui, c'est ce fragment qui doit servir de guide à M. Simard. Or, ce fragment, par la disposition d'un des bras, qui est levé, contredit à la fois les auteurs et les médailles, qui s'accordent à démontrer que les deux bras de la statue de Phidias étaient abaissés. M. le duc de Luynes, s'appuyant de ces auteurs et de ces médailles, se permet des doutes sur la foi qu'il faut accorder à la fidélité de la copie proposée par M. Ingres. Mais celui-ci tient bon. Que lui importe ce qu'ont pu écrire Diodore de Sicile, Quintilien ou Pausanias? En vain on lui oppose les textes les plus formels, en vain on lui prouve qu'il va donner un démenti à toute l'antiquité : rien n'y fait; et M. de Luynes, ne pouvant se passer de l'aveu du peintre chargé de faire de Dampierre la merveille du monde, et ne voulant pas, d'un autre côté, comme archéologue, abdiquer une conviction fondée sur tant de témoignages, donne contre-ordre à M. Simard.

— Oui, tout cela est vrai; mais tu ne dis pas la fin.

— C'est ainsi, je crois, que finit l'histoire. M. de Luynes fit une économie, moyennant ce différend, et, suivant moi, il fit bien.

— Non, non. M. de Luynes se ravisa. Il commanda deux statues pour satisfaire à toutes les exigences : une comme la voulait M. Ingres, l'autre selon les indications fournies par les auteurs et les médailles.

— Vous croyez cela, Madame; vous qui êtes la sagesse même, vous pouvez croire que cette double commande était sérieuse. Il y a des gens qui ont pensé que M. de Luynes voulut, en tournant la chose en ridicule, blesser M. Ingres et se débarrasser des traités qu'il avait faits avec lui.

— Ce sont des médisants. M. le duc de Luynes commanda deux statues. Ainsi, au lieu d'une, j'en aurais eu deux....

— Deux Phidias, au lieu d'un !

— C'est toi, malheureux inventeur d'une typographie nouvelle, qui m'as empêché de renaître !

CHAPITRE XII.

COMMENT LE DUC DE LUYNES CROQUA LE BONHOMME ET NE FUT PAS CROQUÉ PAR LUI.

Assurément, il sera fort étonné, le duc de Luynes, s'il lit ma *Biographie*.

Je le trouvai, ce duc, mais seulement trente ans après l'époque où il m'aurait été si utile. Je le rencontrai à l'Assemblée Constituante. Il s'était placé au côté gauche, à peu de distance de moi : il craignait, je crois, que la révolution ne devînt sérieuse. Et, un jour que j'avais essayé vainement de lire quelque chose à la tribune, il s'amusa à me croquer ; il paraît que mon attitude lui plut. Quand je revins à ma place, il me montra mon portrait. Je vis qu'il savait dessiner.

Le croquis dont il m'est redevable est peut-être dans un de ses *albums*. Mais les quarante mille francs qu'il m'a donnés sont assurément encore dans sa cassette.

Voilà, mon biographe, un premier coup de dé qui n'est pas à votre avantage, sous le rapport de la vérité historique et de l'exactitude des faits.

Cherchons une autre marque.

CHAPITRE XIII.

COMMENT LE BONHOMME CANDIDE ÉCRIT D'UN STYLE TÉNÉBREUX.

Page 46, une croix :

« Comme écrivain, Pierre Leroux a un style *ténébreux*, « dont nous devons donner un spécimen :

« *L'amour*, dit-il quelque part, *est l'idéalité de la réalité* « *d'une partie de la totalité de l'être infini, réunie à l'objecti-* « *vité du moi et du non-moi; car le moi et le non-moi, c'est lui.* »

Ah! voilà qui est fort!... m'attribuer effrontément une phrase qu'assurément je n'ai jamais écrite, et que pas un chat ne saurait comprendre !

Et il continue, le scélérat, d'un air cafard :

« Qu'en dites-vous, chers lecteurs ? Des lignes aussi bi- « zarres et aussi abstraites méritent, vous en conviendrez, « d'être lues uniquement par l'homme qui les compose, et « c'est là précisément ce qui arrive à notre héros.

« *Nous lui pardonnons ses ouvrages, puisque la lecture en* « *est impossible.* »

Lorsque je commençai à écrire, tous les journaux dont je blessais les passions ou les préjugés, le *Constitutionnel* et le *National*, aussi bien que la *Gazette* et l'*Etoile*, tombèrent à l'envi sur moi. Ils croyaient me désarçonner.

Plus tard, ils employèrent la tactique.

Quand quelque chose de moi paraissait, *Silence! silence!* disait-on dans toutes les officines.

Je me rappelle ce brave Desloges (le sourd de M. Marchangy, celui qui reçut *charbonniers* les sous-officiers de la Rochelle) rongeant son frein au *National*. Deux choses lui étaient positivement défendues par Carrel : 1° de parler des *prolétaires*, d'introduire ce mot dans ses articles; 2° de discuter avec moi.

Jamais le *Journal des Débats*, pendant le quart de siècle que nous avons vécu côte à côte, n'a cité le nom de mon journal ou de ma revue, quoiqu'il m'ait bien souvent dénigré.

On appelait cela *la conspiration du silence*. Après Février, ce fut autre chose.

Quand je parlais à l'Assemblée, les journaux, dans leurs comptes rendus, avaient bien soin de me prêter des amphigouris de phrases où il était impossible de démêler aucun sens, afin que l'on dît : Voilà sa profondeur !

Et maintenant que je n'écris ni ne parle, mon biographe donne des *spécimens* de mon style, afin qu'on juge en dernier ressort que *la lecture de mes ouvrages est impossible!*

Mais quel diable d'homme que mon biographe ! comment a-t-il pu forger une pareille phrase !...

Je veux jouter contre lui. Où est mon Molière ?

« SGANARELLE. — Entendez-vous le latin ?

« GÉRONTE. — En aucune façon.

« SGANARELLE, *se levant brusquement.*—Vous n'entendez point le latin ?

« GÉRONTE. — Non.

« SGANARELLE, avec enthousiasme. — *Cabricias arci thu-*
« *ram, catalamus, singulariter, nominativo; hæc musa,* la

« muse; *bonus, bona, bonum. Deus sanctus, est-ne oratio*
« *latinas? etiam,* oui. *Quare?* pourquoi? *Quia substantivo*
« *et adjectivum concordat in generi, numerum, et casus.* »

C'est un poëte comique que mon biographe! il rivalise avec Molière!

Mais si cette phrase était empruntée à M. Cousin?... c'est-à-dire si le *Charivari* avait attribué cette phrase à M. Cousin, mon biographe ne serait plus le rival de Molière, il ne serait plus que le plagiaire du *Charivari*.

Au temps où M. Cousin voyageait en Allemagne, il en rapporta ces termes d'*objectivité*, de *subjectivité*, de *moi*, de *non-moi*, à quoi il joignit encore l'*idéalité* opposée à la *réalité*, et l'antithèse du *fini* et de l'*infini*.

Il fit manœuvrer tous ces termes, comme il faisait manœuvrer ses *régiments piémontais*. Ces termes-là, c'étaient ses régiments en philosophie, comme les soldats du roi de Piémont lui servaient d'idées en politique.

Qu'arriva-t-il? Le public, ne voyant goutte dans sa philosophie, se jeta sur les termes dont il se servait, les prit en horreur, les tourna en ridicule.

Ces termes n'étaient pourtant pas nouveaux en France. Loin de là, ils avaient appartenu à la France avant de passer en Allemagne.

Malebranche et Arnauld, par exemple, dans leur controverse fameuse sur la réalité des idées, s'en étaient amplement servis.

Mais le public, qui ne lisait plus ces vieux livres, prit tout cela pour de l'allemand.

De là les plaisanteries sans fin du *Miroir*, du *Figaro*, du *Corsaire*, du *Charivari*, sur le *moi* et le *non-moi*, l'*objectivité*, la *subjectivité*, et le reste.

Les plus malins se mirent à imiter Molière. Il leur semblait que M. Cousin débitait la philosophie allemande comme Sganarelle le latin.

Mon biographe, qui prend son bien partout où il le trouve, n'a eu, le pauvre homme, qu'à se baisser dans les annales comiques de l'Éclectisme, pour ramasser la phrase qu'il m'attribue.

CHAPITRE XIV.

COMMENT LES DISCIPLES DU BONHOMME LUI FRAPPÈRENT UNE MÉDAILLE.

Or sus, honnête homme qui fabriquez des *spécimens*, dites-moi si vous avez beaucoup de traits aussi ingénieux... Assurément j'en passe, et des meilleurs.

Mais que vois-je! Vous fabriquez donc aussi des *médailles!*

Au secours! Lecteur, et jugez ce faussaire.

Page 57 :

« Messieurs du *National* dépêchent au plus vite le ci-
« toyen Trélat pour remuer Limoges et y combattre les
« prétentions du Socialisme. Quelques milliers de voix
« sont enlevées à Pierre Leroux. Il n'a pas l'honneur d'être
« nommé représentant limousin. Mais l'élection de Paris
« le dédommage, et il arrive à la Chambre avec cent dix
« mille votes, en même temps que Louis Bonaparte et
« Proudhon.

« Son premier discours, veuf de toute profession de foi
« humanitaire, invite le pouvoir à coloniser l'Algérie.

« On l'écoute religieusement.

« Chacun s'étonne de trouver à l'un des ogres du Socia-

« lisme un cachet de bonhomie si précieux, et de l'en-
« tendre proposer des choses si douces, si convenables,
« si dégagées de perturbation.

« Ses collègues se disent à l'oreille : — Mais il est fort
« bien, ce garçon-là ! d'honneur, il ne paraît pas mé-
« chant du tout.

« Le 15 juin, autre discours.

« Cette fois, la Chambre aperçoit un bout de l'oreille so-
« cialiste, et l'orateur est interrompu par d'assez violents
« murmures. Ses disciples, le lendemain, lui font frapper
« une médaille, sur la face de laquelle on lit : *République*
« *démocratique et sociale* : Pierre Leroux. Et sur le revers :
« Assemblée nationale, séance du 15 Juin : *Depuis trois*
« *mois qu'avez-vous fait ? Rien. Comme Malthus, vous aussi*
« *vous semblez admettre que si un pauvre naît là où un riche*
« *n'a pas besoin de ses services, ce pauvre doit se retirer du*
« *banquet de la vie.* »

Cet homme veut donc m'attribuer les journées de Juin !

Il parle d'une médaille que je n'ai jamais vue. C'est lui qui invente cette médaille, comme il a inventé le *spéci-men* de mon style.

Si ce sont *mes disciples* qui, le 16 juin, ont fait frapper cette médaille, assurément ce sont eux qui ont pris les armes, et qui les ont fait prendre.

Ah ! mon ami a raison. Il est nécessaire que j'écrive mes Mémoires. Il faut que je dise clairement à qui appartiennent ces infâmes journées.

Mais convenez que cet homme a du talent. C'est bien là le libelliste que rien ne gêne et n'embarrasse. Il veut déprécier votre style, il invente un *spécimen*. Il veut déprécier votre vertu et votre raison, il invente une *médaille*.

Et comme tout, dans son récit, répond bien à l'idée générale qu'il a donnée d'un *bonhomme candide,* coupable innocemment de mille imprudences !

Je découvre une typographie nouvelle, et du coup je fais perdre quarante mille francs au duc de Luynes. Je monte le 15 juin à la tribune pour indiquer les moyens de terminer la révolution *sans verser une seule goutte de sang*, et, le 16, mes disciples me frappent une médaille et tirent des coups de fusil !

CHAPITRE XV.

COMMENT L'HISTORIEN DU BONHOMME CANDIDE NE RECULAIT PAS DEVANT UN ANACHRONISME.

Je vous dis que rien ne l'embarrasse, cet homme ! Voilà que, pour certaines raisons, il a besoin de faire tomber mon livre *De l'Humanité* en pleine révolution de 1848. J'avais pourtant publié ce livre dix ans auparavant ! Mais que lui importe ?

Page 61 :

« M. Pierre Leroux publia vers cette époque son fameux « livre *De l'Humanité*, etc. »

Un homme qui fabrique, au besoin, des *spécimens* et des *médailles*, pouvait-il reculer devant un anachronisme ?

CHAPITRE XVI.

COMMENT LE BONHOMME CANDIDE TENDIT LES JOUES A DEUX OU TROIS CENTS VACHÈRES.

Me voici à la page 72, encore une croix :

« Nous avons vu, de nos propres yeux vu, le saint

« apôtre présider, dans la plaine de Montrouge, le Ban-
« quet des Bergers.

« O la noble fête républicaine !

« Agapes des premiers jours du Christianisme, où êtes-
« vous ? Il est difficile de vous bien juger, à la distance
« où nous vous apercevons dans les siècles ; mais, à coup
« sûr, vous n'avez jamais eu le cachet pittoresque et ca-
« naille des festins socialistes.

« Ivres de vin bleu... »

Permettez, mon biographe, permettez..... Pourquoi dites-vous CANAILLE?... et pourquoi IVRES?... Personne n'était ivre.... excepté vous, peut-être.

« Ivres de vin bleu, gorgés de veau froid, les hôtes de
« Montrouge... »

Vous auriez dû faire remarquer que bon nombre de ces hôtes appartenaient au *faubourg Saint-Marceau*, lequel a toujours eu la réputation d'être habité par de la canaille. Combien cela aurait servi à justifier le *cachet pittoresque et canaille* que vous donnez à notre festin !

« Ivres de vin bleu, gorgés de veau froid, les hôtes de
« Montrouge couvrirent d'applaudissements frénétiques
« un long discours que prononça l'apôtre.
« Jamais il ne se montra plus tendre dans ses diva-
« gations : il parlait à des cœurs simples.
« Pour lui ce fut un beau triomphe et un beau jour. Le
« banquet avait lieu dans une immense étable, autour de
« laquelle circulait une foule curieuse.
« Tous les convives étaient des bergers ou des vachères.

« Une de ces dames, électrisée par l'éloquence de
« Pierre Leroux, s'élança vers lui, en criant :

« *Il faut que je vous embrasse!*

« L'exemple fut contagieux. Un autre convive féminin
« demanda l'accolade à son tour; puis un troisième, puis
« dix, puis quarante.

« On ne compta plus.

« Ce fut un déluge de baisers. Le pudique philosophe
« tendit les joues à deux ou trois cents vachères. »

Eh bien! mais... pourquoi mon ami a-t-il marqué ce passage à l'encre rouge? Je ne trouve dans ce récit rien de répréhensible, rien qui porte atteinte à mon honneur.

Des vachères! est-ce un crime d'être vachère?

Je n'ai jamais été embrassé par des princesses. Je suis content d'avoir été embrassé par des vachères.

Ah! mon biographe, si vous aviez eu du cœur, vous auriez pu sourire à cette scène, mais non pas d'un sourire méchant; je dis plus, vous auriez été attendri.

C'était, Lecteur, peu de temps après les Journées de Juin.

On avait tué, des deux parts, onze mille hommes dans Paris.... Je n'ajoute rien, l'histoire dira le reste.

Eh bien! devant cette *canaille*, je prononçai un discours pacifique, et cette *canaille* m'applaudit. Je dis que le Socialisme triompherait par l'amour, par la raison, par le nombre aussi, mais par le nombre votant pacifiquement; et cette *canaille*, comme vous dites, mon biographe, cette *canaille en deuil* m'embrassa!

Combien, en m'embrassant, avaient les larmes aux yeux! combien me dirent, l'une : « J'ai perdu mon père! » l'autre : « Mon frère est à Belle-Ile! »

Ah! malheureux que vous êtes, vous ne sentez pas ce qu'il y a de bon dans la nature humaine !

CHAPITRE XVII.

COMMENT L'IMMACULÉE CONCEPTION EST UN REMÈDE VICTORIEUX PRÉPARÉ PAR LA PROVIDENCE.

Mais achevons de lire ce passage. J'en étais au *déluge de baisers* :

« Quelques mois plus tard, nous le voyons assister au
« Banquet des Dames Socialistes, en l'honneur desquelles
« il a renouvelé, dit-on, le mot hardi d'Olympe de Gouges :
« *Vous avez le droit, citoyennes, de monter à la tribune,*
« *puisque vous montez à l'échafaud.*
« L'émancipation politique et sociale de la femme est le
« dada favori de Pierre Leroux. Madame Sand n'a pas
« contribué médiocrement à le lui faire enfourcher, etc. »

Mais, encore une fois, pourquoi donc mon ami a-t-il entouré ces lignes, et les a-t-il marquées d'une croix à l'encre rouge? Je ne vois là rien qui me soit désagréable.

Peut-être la suite résoudra pour moi ce problème.
Cherchons plus loin.

Page 79 :

« Heureusement la Providence est là pour réparer la
« sottise des hommes. *Du principe même du mal elle fait*
« *découler un remède victorieux.* »

Je vois que mon ami ne s'est pas contenté de faire ici une croix. Il a griffonné à la marge, de son écriture la plus fine : « Sachez que l'Immaculée Conception est la

« transformation jésuitique de l'idée socialiste de l'éman-
« cipation de la femme. »

Quelle singulière rêverie !

Mais c'est une folie que dit là mon ami !...

Eh ! non.... j'avais déjà pensé cela.

CHAPITRE XVIII.

MON ENTRETIEN AVEC DEUX JÉSUITES DE ROBE COURTE OU LONGUE.

Un jour, — il y a déjà bien longtemps, c'était après la réimpression en petit format de mon *Discours aux Philosophes*, — deux Jésuites vinrent rue Saint-Benoît, n° 15, me demander un entretien.

C'étaient des Jésuites de robe courte ; je jugeai cela à leur costume : peut-être, néanmoins, étaient-ils de robe longue.

« — On a lu votre livre, me dirent-ils.

« — Qui ? leur demandai-je.

« — Un comité.... ce que vous appelez un comité.... Enfin, nous avons lu votre livre, et nous en sommes contents.... Il n'y a pas une ligne, pas un mot à retrancher. Vous avez sondé profondément la plaie du siècle. Vous avez montré le *déficit* de la Philosophie.

« Nul doute aussi, le Christianisme, tel qu'il est compris, ne suffit pas.

« *Il faut transformer le Christianisme.*

« Rien ne nous manque pour cette œuvre.... L'argent, la position dans le monde qui sert à donner de l'argent, et qui sert aussi à *masquer les desseins* (oui, ils employèrent cette expression), nous avons tout.

« Voulez-vous contribuer à cette grande œuvre?

« Rien ne vous fera défaut.

« Est-ce une chaire que vous voulez? Nous allons ouvrir des écoles, des institutions, des colléges.

« Voulez-vous, et c'est plus probable, continuer à écrire? *Nous vous mettrons la bride sur le cou.*

« Nous avons déjà des journaux, et nous en aurons d'autres. Nous allons publier des livres.

« Ce que nous pouvons vous dire, ce que *nous sommes chargés de vous dire,* c'est que nous irons, dans la transformation à faire subir au Christianisme, aussi loin qu'il est possible. »

Je répondis ; ils ne furent pas contents de moi, je ne les revis jamais.... et c'est ce que je voulais.

C'est en 1841 qu'eut lieu cette conversation ; elle m'est aussi présente que si c'était hier.

CHAPITRE XIX.

IL NE RESTE PLUS AU BONHOMME QU'UN PAS A FAIRE.

Mais laissons mes deux Jésuites, et continuons avec mon Biographe.

Page 80, deux croix au lieu d'une :

« A l'heure qu'il est, si *Pierre Leroux n'est point encore*
« *orthodoxe,* on peut dire qu'il est essentiellement chré-
« tien. *Nous ne saurions trop insister sur ce point.* Pour lui,
« comme pour ses disciples, *il ne reste plus qu'un pas à*
« *faire.* »

Ah çà! mais.... c'est certain.... Je vois clairement que

mon biographe est.... comme M. de Montalembert....*un serpent à l'ombre d'un autel, au frais.*

CHAPITRE XX.

MAIS LE BONHOMME NE VEUT POINT FAIRE CE PAS.

Un pas à faire! rien qu'un petit pas!
Je relis encore!

« Pour Pierre Leroux, comme pour ses disciples, il ne reste qu'un pas à faire. »

Eh bien, dit le bonhomme, nous ne le ferons point.... ce pas!

CHAPITRE XXI.

EN QUEL ÉQUIPAGE LE BONHOMME CANDIDE DÉBARQUA A LONDRES.

J'ai pris goût à mon biographe. Je ne vois plus de croix, et pourtant je continue.

Tiens! le voilà qui parle de ce qui m'est arrivé depuis six ans.... Mais cela m'intéresse.

Page 81 :

« Après les événements de Décembre, Madame la com-
« tesse d'Agout, Daniel Stern, cacha notre philosophe, au
« logement duquel on faisait une perquisition rigoureuse.
« Pierre Leroux, âgé de cinquante-cinq ans, n'était pas
« curieux d'expérimenter les douceurs d'un cachot po-
« litique.

« Les messieurs Péreire, ex-Saint-Simoniens, lui ob-
« tiennent un sauf-conduit.... »

Vous ne dites pas pourquoi je refusai d'abord ce sauf-
conduit quand on me l'offrit au nom de M. de Morny,
pourquoi je l'acceptai ensuite venant par le canal de
M. Collet-Meygré, allié d'Isaac Péreire. C'est pourtant là
ce qu'il aurait fallu dire.

Ce sont mes pensées, au moment où je me décidai à
sortir de France, qu'il aurait fallu rapporter. Je restai
douze jours presque continuellement seul dans un appar-
tement inoccupé, considérant de temps en temps, par
manière de distraction, les soldats campés dans la rue. Je
méditais.... C'est cette méditation qu'il aurait fallu donner dans ma *Biographie*. En ces occasions-là, les vrais
poètes et les grands historiens se font connaître. Ils savent, par divination au moins, ce qu'ont pensé, ce qu'ont
dit ceux qu'ils mettent en scène. Ils sondent l'âme humaine et les destinées. Mais, pauvre homme que vous
êtes, vous ne savez faire que du décor, et encore quel décor! Vous vous attachez à mon habit troué, et vous ne
voyez ni mon cœur percé de blessures, ni les pensées qui
s'agitent dans ma tête.

« Madame la comtesse d'Agout lui donne trois cents
« francs, et il part pour Londres avec sa famille. »

Il faut que mon biographe ait été bien renseigné. Madame d'Agout me donna, en effet, trois cents francs, sans
que j'eusse besoin de lui rien demander; elle devinait ma
situation. Plus chanceux que beaucoup de mes collègues,
j'avais pourtant touché, l'avant-veille du Coup-d'Etat,
mon traitement de novembre. Mais le sac entier avait été

remis par moi à Louis Nétré. Or, il arriva que, pendant la bataille, la femme d'un ouvrier de nos amis vint à faire ses couches. Louis vit la situation du ménage : six ou sept enfants et un nouveau-né ; et pas de pain, pas de vêtements. Il donna la moitié du sac. Il employa l'autre en dépenses non moins légitimes, quoique d'un genre bien différent. Je partis donc pour Londres, emmenant ma femme et trois enfants, avec les cent écus dont l'amitié m'avait fait riche. Quand j'arrivai, mon magot était déjà fort endommagé.

« Bientôt il s'y trouve exposé à la plus terrible dé-
« tresse. »

C'est encore vrai, c'est très-vrai....

Mais quoi! vous n'en dites pas davantage! vous ne dites pas pourquoi je tombai dans cette détresse!

Ah! mon Biographe, vous montrez là encore combien est mérité le reproche que je vous faisais tout à l'heure; vous êtes insuffisant.

Je vous le demande, pourquoi votre héros (car je suis votre héros, puisque vous m'appelez ainsi et que vous êtes mon biographe), pourquoi votre héros, dis-je, tomba-t-il dans la plus terrible détresse?

Il jouissait de quelque notoriété sur le continent, vous le dites à chaque page. N'avait-il rien à apprendre à l'Angleterre, lui qui avait vécu si longtemps au centre du mouvement intellectuel de la France?

Quoi! ne pouvait-il écrire quelque article dans les journaux, dans les revues?

Il savait le français passablement : ne pouvait-il trouver assez de leçons pour vivre? Il n'est pas, je crois, d'un grand luxe.

C'était donc un fainéant, un vaurien, que votre héros !
Ah ! je vois bien qu'il faut que je supplée à vos lacunes.

CHAPITRE XXII.

COMMENT LE TIMES ENSEIGNE AUX ANGLAIS A USER DE LA MACHINE PNEUMATIQUE AVEC LES ESPRITS DANGEREUX.

Je lisais dernièrement dans le *Times* un article curieux et instructif.

C'était à propos de la mort de ce pauvre Worcell. On avait prononcé des discours démocratiques sur sa tombe, et les Journaux Français de crier : « Voilà l'Angleterre ! l'anarchie y a ses coudées libres. »

Là dessus le *Times :* « Eh ! nos dignes alliés, nos aimables voisins, pourquoi vous fâchez-vous ? Voyez ce que deviennent avec nous les démocrates, les révolutionnaires, les utopistes, *tous les esprits dangereux.* Nous ne les mettons pas en prison, nous les laissons mourir de leur belle mort. Nous leur fermons nos demeures, nous ne les admettons pas dans notre *home,* nous ne les regardons pas, nous ne nous en occupons pas ; ils s'éteignent bientôt dans le vide que nous faisons autour d'eux. Nous trouvons fort bon que vous vous serviez de Cayenne ; mais laissez-nous user de la machine pneumatique, et fiez-vous à nous.

« Voyez ce Worcell ! Ce gentleman, nous avons été charmés de l'apprendre, avait droit dans son pays à une immense fortune ; il lui aurait suffi d'un mot de soumission. Il a préféré la pauvreté. Quelqu'un a-t-il fait attention à lui en Angleterre ? Il y a pourtant vécu bien des années, mais complètement ignoré ; il y est mort impuissant.

« Que l'Europe nous envoie tous ses brouillons : il en

sera d'eux comme de Worcell, *il n'y a pas d'air ici pour eux.* »

Infâme journal qui flatte le *cant* anglais pour faire de son île une Tauride, et qui proclame sans vergogne qu'il n'y a de considération en Angleterre que pour l'argent !

CHAPITRE XXIII.

SUITE DE L'HISTOIRE DU BONHOMME CANDIDE.

« Il rejoint à Jersey ses frères Jules et Charles, employés
« l'un et l'autre dans un atelier typographique. Mais les
« ressources partagées ne peuvent fournir à la nourriture
« commune. La famille de Pierre Leroux à Jersey se com-
« pose de trente-et-une personnes. On dit que les savants
« n'engendrent point.... »

Les savants engendrent comme les autres. Mais certains hommes, savants ou non, ont des secrets pour.... Tenez ! ce n'est pas le lieu de causer de cela. Continuez, malheureux !

« Pierre fait mentir l'axiome. Il a eu neuf enfants de
« son double hymen. Ses frères, mariés eux-mêmes, ont
« une nombreuse progéniture. Notre philosophe ouvrit à
« Jersey un cours de phrénologie avec entrée payante. Il
« débuta par un magnifique portrait de S. Augustin... »

Un magnifique portrait de S. Augustin ! Ce monsieur plaisante apparemment. Autrement, que deviendrait mon style ténébreux ? et le *spécimen !* à moins que je ne sois devenu tout à coup un grand écrivain en me rapprochant de l'orthodoxie.

« Un magnifique portrait de S. Augustin, capable de
« convaincre ceux qui douteraient encore de la franchise
« de son retour... »

De son retour! voyez-vous le petit serpent !

« .... De son retour et de sa prédilection sincère pour
« les hommes comme pour les choses de la religion. »

Ceci cache ou révèle une insinuation perfide. Mais vous
voilà bien attrapé! Ce portrait de S. Augustin est un emprunt que je me faisais à moi-même, comme j'en avertis
mes auditeurs.

« Ce morceau d'éloquence chrétienne est imprimé;
« chacun peut le lire... »

Il est imprimé tout au long dans l'Encyclopédie Nouvelle
(Paris, librairie de Ch. Gosselin, 1836). Ainsi il y a juste
vingt-et-un ans qu'il a paru pour la première fois. Voyez
comme j'ai changé !

« Pascal et Bossuet ne le désavoueraient pas. »

Pascal et Bossuet n'ont pu penser comme moi sur S.
Augustin !

« Malheureusement Pierre Leroux, qui très-souvent
« manque de lucidité pour ses compatriotes, fut beaucoup
« moins clair encore pour des Anglais. Après s'être mon-
« trés assidus pendant quelques semaines, ceux-ci ne
« vinrent plus à son cours. Sachant l'état de misère de la
« pauvre famille, Jean Reynaud s'empressa d'organiser
« une souscription à Paris. Quelques milliers de francs,

« expédiés au philosophe, arrivèrent à propos pour l'aider
« à résoudre son problème du *Circulus*. »

Merci ! mon biographe ; j'aime qu'on publie les services que m'ont pu rendre mes amis, et j'aime aussi qu'on fasse connaître le *Circulus*.

CHAPITRE XXIV,

OU LE BONHOMME CANDIDE PARDONNE A SON BIOGRAPHE.

Quoi ! mon biographe se donne ici la peine d'emprunter à ma *Réfutation de Malthus* quelques pages sur le *Circulus !* Mais vraiment je suis comblé.

Passons... j'ai hâte de voir comment a fini le bonhomme. C'est un charme, en vérité, de lire ses faits et gestes recueillis encore chauds, et racontés au public. Je me trouve dans la même position que Sancho après sa première sortie. Sancho ne revenait pas de son étonnement, ni moi non plus. Seulement il trouvait qu'on l'avait un peu défiguré.

Nous voici à la terminaison :

« Il veut associer les hommes en les groupant. Mais
« cela ne suffit pas ; il faut avoir le moyen de les nourrir
« dans l'association.

« Donc, il se préoccupe, depuis son arrivée à Jersey,
« de l'emploi d'une sorte de guano qui rendrait fertile le
« sol le plus ingrat.

« N'ayant pas un pouce de terre à sa disposition, le
« vieux Socialiste eut la constance de répandre cet engrais
« sur la berge des chemins

« Au bout de sept à huit jours, il allait constater le ré-
« sultat.

« Un gazon magnifique et luxuriant croissait partout.

« Les propriétaires de l'île, qui font un grand com-
« merce de fleurs et de fruits pour Londres, adoptent les
« procédés de Pierre Leroux, s'en trouvent à merveille, et
« lui témoignent de temps à autre leur reconnaissance
« par un banquet. »

Il n'y a encore rien à dire à tout cela.

Allons! allons! plus de reproches à mon biographe.

Je lui remets toutes ses offenses. (Que Dieu lui remette ses mensonges... et surtout son *spécimen* et sa *médaille!*) Quant à moi, je lui pardonne. Qu'il soit comme la femme adultère, que le Christ mit hors de cause parce qu'elle avait beaucoup aimé. Moi, je l'amnistie parce qu'il a popularisé autant qu'il était en lui le *Circulus*.

Je le trouve bien supérieur, comme moralité, à MM. tels et tels.

CHAPITRE XXV.

UN PROFESSEUR D'AGRICULTURE.

Il y en a qui ont reçu de nous l'enseignement d'une grande loi naturelle, qui en ont plaisanté, qui n'ont vu là qu'une idée agronomique comme une autre, qui n'ont pas compris que c'était une idée philosophique de premier ordre et la réfutation des sophismes désolants de Malthus, lequel tenait en échec l'humanité depuis plus d'un demi-siècle. Ils nous ont vu pratiquer cette idée à Boussac, cultiver la terre pour cette idée, afin de la faire adopter : ils ont ri de plus belle. Et aujourd'hui que l'Angleterre a reçu de nous cette idée et la pratique, ils ne rient plus, mais lâchement ils nous suppriment. Ils vont écrivant, — par exemple, l'autre jour, Victor de Tulle, dans je ne sais quel journal, — que c'est un fermier du Yorkshire qui est l'inventeur de la théorie du *Circulus*. Par là même ils ôtent à cette idée son caractère de généralité philosophique, pour n'en faire qu'une découverte comme celle de la pomme de terre. Est-ce sotte jalousie, est-ce ignorance, je n'en sais rien. Je croirais volontiers que c'est absence de toute espèce de génie. Il y a des gens qui ne connaissent pas, qui ne connaîtront jamais le rapport qu'il y a entre une idée et un fait, de vrais Épiméthées.

Prométhée, Épiméthée : deux frères à la fois unis et séparés, l'un qui voit déjà *le fait* quand il n'est encore qu'à l'état d'invisible, l'autre qui ne voit *l'idée* que quand elle est devenue un fait.

CHAPITRE XXVI.

JE NE SUIS PAS STOÏCIEN DE DOCTRINE.

— Allons ! te voilà encore qui pleures et qui grondes, parce qu'on dédaigne tes idées...

— Eh ! pourquoi pas ? Je ne suis point Stoïcien de doctrine : comment le serais-je ? je professe le dogme de la Solidarité humaine. Impossible à moi de ressembler à ce sophiste qui, tourmenté de la goutte, s'écriait : « O douleur, je n'avouerai jamais que tu sois un mal. »

Je crois qu'Épiméthée fait souvent, même à son insu, beaucoup de mal à Prométhée.

On reprochait à Saint-Simon de défendre ses idées comme il aurait défendu sa vie et son honneur. Il répondit :

« Le savant passionné » (et pour Saint-Simon tout savant non passionné était nul), « le savant passionné est
« complétement identifié à la proposition qu'il avance, et
« ses opinions prennent nécessairement le caractère de la
« personnalité. Voir les choses autrement, c'est ne pas les
« voir telles qu'elles sont. Désirer qu'elles soient autre-
« ment, c'est désirer qu'elles changent de nature, ce qui
« est une extravagance. »

CHAPITRE XXVII.

PROMÉTHÉE ET ÉPIMÉTHÉE.

On m'a donné, l'autre jour, un petit morceau d'un fil de cuivre entouré de résine.

Quoi! avec ce simple fil les hommes communiqueront d'un bout de la terre à l'autre, et seront partout à la fois! Mais c'est le vrai fil d'Ariane, qui nous délivre enfin du Labyrinthe!

Épiméthée voit aujourd'hui que l'Europe et l'Amérique communiquent ensemble ; je le crois bien! c'est *un fait*. La force invisible qui attire l'aimant vers le pôle, ou plutôt la force invisible qui unit sympathiquement tous les êtres, est devenue un télégraphe. Épiméthée ne peut s'empêcher de le voir. Mais quand Prométhée, sous la forme d'un capitaine du génie, présentait, il y a vingt ans, à l'Académie des Sciences, *l'idée* d'un télégraphe électrique, l'Académie, par l'organe d'une commission, déclarait le projet inexécutable, bon tout au plus à fabriquer un joujou pour un cabinet de physique.

La force qui conduit aujourd'hui les vaisseaux et les locomotives se jouait de toute éternité dans la nature, où elle produisait de temps à autre les révolutions des volcans. Mais, pour s'être douté que l'homme pouvait s'emparer de cette force et s'en servir, Salomon de Causs a été traité d'insensé.

CHAPITRE XXVIII.

ANNE, MA SŒUR ANNE, NE VOIS-TU RIEN VENIR?

Épiméthée voit-il ce qui viendra un jour par le chemin de fer, et ce qu'annonce le télégraphe?

Non, il ne voit que le chemin de fer et le télégraphe.

Si on lui parle de Synthèse nouvelle et de Religion de l'Humanité, Épiméthée détourne la tête et ricane.

Qu'est-ce qu'une religion pour lui, à moins qu'elle ne soit déjà vieille et qu'elle n'ait des temples et des autels?

CHAPITRE XXIX.

SOLIDARITÉ. — TRIADE. — CIRCULUS.

Je voudrais savoir si Épiméthée devine ce qui sortira de ces trois termes que j'ai pris pour devise:

SOLIDARITÉ — TRIADE — CIRCULUS.

Oh! non, il n'en augure rien; ce sont pour lui trois mots dont il ne saisit pas la valeur. Comment verrait-il la métaphysique renouvelée dans l'un, la morale régénérée dans le second, l'économie politique ramenée au vrai dans le troisième?

CHAPITRE XXX.

SAINT-SIMON EST MORT SUR DES FAGOTS.

Je lisais l'autre jour cette pensée : « Dans chaque âge, « aucune découverte n'est plus haute que la conception « religieuse. »

Puisque notre siècle est, comme on le dit, le siècle des découvertes, n'est-il pas probable qu'il s'y mûrit aussi quelque conception religieuse?

Comme ces conceptions sont les plus hautes, elles sont les plus inaccessibles à Épiméthée.

Aussi, de tous les inventeurs, les plus méconnus, les plus vilipendés de leur temps, les plus conspués, ce sont les découvreurs de vérités générales ou religieuses.

Je causais de Saint-Simon avec un de ces illustres qui ont gouverné la France au temps de Louis-Philippe. « Que « me parlez-vous de cet homme, me dit-il ; *il est mort sur* « *des fagots!*

« C'était un mendiant, ajouta-t-il, un parasite... »

Néanmoins, tout ce qui pense aujourd'hui pense à travers le cerveau de ce parasite; et le *fait* se traîne, en boîtant, vers la réalisation des chimères léguées à l'humanité par ce mendiant.

CHAPITRE XXXI.

JE POURRAI BIEN MOURIR DE MÊME.

Et moi aussi, je suis pour eux un mendiant et un parasite!...

CHAPITRE XXXII.

REVENONS A VICTOR DE TULLE.

Quel Épiméthée que ce Victor de Tulle, transformé en professeur d'agriculture, qui, parce que l'idée suprême de l'agriculture, l'idée du CERCLE NATUREL, lui arrive d'Angleterre avec de grands *hourrahs,* oublie ses amis de Boussac, et professe que la découverte est *anglaise!* Il a peur du ridicule qu'on a jeté en France sur cette théorie. Il a peur de passer pour socialiste. Et puis la compagnie financière qui va se former pour utiliser à son profit le *sewage* des prolétaires de Paris ne serait pas bien aise qu'une idée si utile eût une origine pareille.

CHAPITRE XXXIII.

SON INJUSTICE.

Je pense que Victor de Tulle a été vivement sollicité par mon ami Gustave Sandré d'insérer dans son journal une rectification au sujet de ses articles, et qu'il s'y est obstinément refusé; ce qui a rempli Sandré d'indignation.

Quelle injustice, en effet, non pas envers moi seul, mais envers tant de nobles amis qui, sous ses yeux, se sont livrés aux travaux réputés les plus vils pour instruire l'ignorance humaine! quel mépris du témoignage de tous ceux qui participèrent à cette expérience: mes trois frères, Ulysse Charpentier, Grégoire Champseix, Louis Nétré, Ernest Lebloys, Adolphe Berteault, Luc Desages, Auguste Desmoulins, Alfred Frézières, Pauline Roland, sans compter ceux qui vinrent souvent vivre des mois entiers auprès de nous : Philippe Faure, les deux frères Soudan, Marcellin Dussoubs, Paul Rochery, Émile Aucante, Henri Touchet, Collet le tisserand, etc., etc. ; et ceux qui, nés dans le pays même où nous faisions notre expérience, se joignirent à nous, comme Victor Vincent; sans parler aussi de notre amie George Sand, dont le Nohant joignait presque Boussac. Quand Victor de Tulle ira visiter à Nohant cette noble amie que nous lui fîmes connaître, qu'il fasse quinze lieues de plus, qu'il pousse jusqu'à Boussac, et il y retrouvera ceux de nos compagnons que nous fûmes obligés d'abandonner dans cette solitude de la Creuse, quand les sbires de la République vinrent dissoudre notre établissement, et qui continuent encore aujourd'hui à apprendre aux Marchois le secret de leur profonde misère. O pauvre Fichte, généreux Hylas, d'ouvriers des villes devenus journaliers dans les campagnes pour y *professer* la théorie du *Circulus*, combien vous me semblez supérieurs à ce *professeur* d'agriculture qui vous dédaigne!

Nous passâmes quatre ans dans un désert, sur une montagne aride, pour montrer que l'économie politique avait une autre issue que l'éternel prolétariat ; — que la loi de Malthus était fausse ; — qu'il y avait un CERCLE NATUREL antérieur et supérieur à la circulation des économistes ; — que, de par la nature, tout homme était producteur, et même exactement reproducteur de sa consommation.

CHAPITRE XXXIV.

UNE PROMENADE DANS LONDRES.

O souvenir du passé! sentiment de nous-même! conscience du bien que nous avons voulu faire! joie légitime que nous tirons de nos travaux et des efforts tentés par nous pour servir l'humanité! venez à notre aide, venez nous faire oublier l'injustice de cet Épiméthée.

Je pense avec bonheur que pas un seul de ceux qui ont compris la Doctrine de l'Humanité ne l'a trahie, ne l'a abandonnée; que les uns sont morts pour en témoigner; que les autres souffrent avec moi, ou loin de moi.

Quant à cet homme qui, sur un point de cette doctrine, nous refuse son témoignage, il nous le donne néanmoins sans le savoir, puisqu'il proclame si haut que la pratique de cette idée répandra partout la richesse. Son tort, encore une fois, c'est de ne pas comprendre le rapport qu'il y a entre une idée et un fait.

Si je lui racontais ma promenade dans Londres! Si je lui donnais mon explication de la prophétie d'Ezéchiel! Il est certain qu'il ne l'aurait jamais comprise de lui-même, cette prophétie. Eût-il vécu cent ans, il eût, cent ans durant, répété à ce sujet le persiflage de Voltaire.

CHAPITRE XXXV.

OUVRIER QUI DEMANDE DU TRAVAIL.

Un jour, donc, à Londres, devant l'église Saint-Paul, du côté où la circulation des voitures est interdite, je vis dans la rue, à quelques pas du trottoir, un objet que tous les passants s'arrêtaient à regarder.

C'était un homme dans la force de l'âge, de taille moyenne, et qui paraissait très-robuste. Il se tenait droit, dans une complète immobilité, la tête inclinée, les yeux baissés vers la terre. Un de ses bras était pendant et collé sur sa blouse, tandis qu'avec l'autre il pressait transversalement sur sa poitrine le manche d'une de ces pelles en bois dont on se sert pour les terrassements. Le plat de cette pelle était à la hauteur de la tête de l'homme, et présentait à lire aux passants cette inscription : *Ouvrier qui demande du travail.* La phrase anglaise était écrite à la craie, en lettres grossièrement tracées, avec plusieurs fautes d'orthographe.

Ce prolétaire ne ressemblait pas, je vous assure, au Spartacus des Tuileries ; il ressemblait plutôt au barbare vaincu des cariatides antiques. Et pourtant, cette manière de se *pavoiser* de l'instrument de son labeur, comme un soldat s'envelopperait de son drapeau, avait quelque chose de saisissant.

CHAPITRE XXXVI.

ON L'AURA CONDUIT AU WORK-HOUSE.

« Voilà un homme, me dis-je ; *il existe, donc il a le droit d'exister*. Et pourtant, un autre homme, Malthus, déclare qu'il n'a pas droit de vivre. »

Je regardai la foule qui l'entourait. C'était l'heure où les belles dames fréquentent les magasins de mode et les boutiques de confiseurs : on s'arrêtait, on l'examinait de la tête aux pieds, on déchiffrait ce qui était écrit sur sa bêche, et on passait son chemin. Je m'approchai, et lui mis une petite pièce de monnaie dans la main. J'étais presque aussi pauvre que lui, et j'avais, moi aussi, *besoin de travail*. Est-ce pour cela que je fus plus sensible qu'un autre à sa peine, et faut-il répéter encore le mot si profond de Virgile : *Non ignora mali...*

Quand je revins, deux heures après, je le retrouvai

dans la même position. Il attendait toujours du travail !
On l'aura conduit le soir au *Work-House.*

CHAPITRE XXXVII.

EXHIBITION HUMAINE. — L'HOMME CHANGÉ EN BALAI
OU EN MUR AMBULANT.

Je m'éloignai, l'âme pleine de tristesse, en songeant aux *millions d'indigents* que les statistiques constatent. La France n'a rien à envier sous ce rapport à l'Angleterre, ni l'Angleterre à la France.

Et je pensais aussi avec amertume que DEPUIS VINGT ANS j'ai le secret de cette misère, que ce secret je l'ai dit, et qu'à l'exception de quelques amis qui ont bravé le ridicule avec moi, personne n'a voulu m'écouter !

Tout en marchant au milieu de la foule, je voyais à chaque instant des enfants et des vieillards quitter le bord des trottoirs, et se précipiter, un balai à la main, sur les pas des chevaux, au risque de se faire écraser. « Ville stupide ! m'écriai-je en moi-même, où les hommes estiment les déjections des chevaux et jettent les leurs dans la Tamise ! Il semble qu'il n'y a qu'à voir agir cette nuée de pauvres gens pour comprendre que le fumier des villes est une richesse ; et pourtant toutes ces maisons, toutes ces rues, sont précieusement *tuyautées* pour perdre cette richesse ! Que la folie humaine est grande ! Il n'y a pas un de ces malheureux qui se ruent sous les chevaux *qui ne pût vivre en utilisant son propre fumier.* »

A tous les carrefours, d'autres vieillards, d'autres enfants, sollicitaient par signes la pitié des passants en leur frayant un sentier dans la boue pour traverser d'une rue à une autre : balayeurs-mendiants, en faveur de qui la police oublie que la mendicité est interdite. Elle a tant de pauvres, d'ailleurs, à enfermer, cette police, qu'elle peut bien permettre à quelques-uns de présenter l'échantillon de la nature humaine réduite à l'état complet d'esclavage. J'ai entendu dire à Londres que c'est en effet pour maintenir le dogme salutaire de différentes espèces dans l'espèce humaine que cette triste exhibition est faite. Cela est-il vrai? Je l'ignore; mais quand on a vu ces malheureux, qui ne sont plus des hommes, mais des balais, et ces autres malheureux qui ne sont plus des hommes, mais des affiches et des murs ambulants, il est sûr que, malgré soi, on croit moins à l'égalité humaine !

CHAPITRE XXXVIII.

LES MALAIS A LONDRES.

Mais parmi eux, de distance en distance, se montraient à moi d'autres hommes qui inspirent, s'il se peut, plus de pitié, les infortunés Malais !

Je n'ai rien vu de plus triste que le spectacle que présentent ces enfants de l'Asie prosternés devant leurs ravisseurs. Ils semblent autant de spectres venus de l'Orient pour reprocher à l'Angleterre les crimes de son commerce.

Vos capitaines les ont enlevés, quand ils en avaient besoin, pour combler le vide de leurs équipages; ils ont servi alors à sauver vos vaisseaux, à les ramener dans les mers d'Europe. Pourquoi les laissez-vous mourir de phthisie, à demi nus, sous votre ciel de brouillards? Pourquoi ne forcez-vous pas vos navires à les rendre à leur soleil, à leur patrie?

Est-ce pour qu'on puisse voir l'aspect qu'a la douleur chez les insulaires de l'Océan Pacifique, et qu'on puisse contempler la folie sur des hommes à peau jaune, que vous laissez aussi ces malheureux demander l'aumône, un balai à la main ?

Demander !... de quel mot me suis-je servi ? Ils sont muets comme la tombe ; muets comme si la nature ne leur avait pas donné la faculté de parler, comme s'ils n'avaient pas reçu de leurs pères un dialecte émané de la langue dont toutes les langues sont sorties, dont toutes les sciences sont issues. Mais avec qui voulez-vous qu'ils parlent leur langue, et comment voulez-vous qu'ils apprennent la vôtre ? Silencieux, ils semblent plongés dans un rêve; on dirait que leur âme est en Orient ; ils assistent à la vie de l'Europe sans la voir, d'un œil terne et égaré.

CHAPITRE XXXIX.

L'IRLANDE, TOUJOURS L'IRLANDE.

Comme les grandes villes m'ont toujours produit le même effet que je suppose que Londres produit aux Malais, et comme je ne peux y vivre sans que mon âme soit ailleurs, involontairement je me détourne des rues où s'étale le luxe. Je quittai *Fleet-Street*, et traversai ce qu'on appelle à Londres des *îles*.

Dans le langage de Londres, les *îles* sont les quartiers qui distancent les grandes voies de communication. Ces grandes voies sont appelées les *artères*. A ce compte, il est permis de considérer comme les *veines* de la ville toutes ces rues, tous ces passages, qui se ramifient dans les *îles*.

Le sang est d'un rouge brillant dans les artères, il est

noir dans les veines. De même, tandis que la richesse s'étale dans les grandes voies de Londres, la misère s'étale dans les rues prochaines. Chaque grande rue de Londres est pour ainsi dire doublée d'une ou plutôt de dix rues où, au lieu de boutiques somptueuses ou de palais, on ne découvre que la pauvreté.

Je vis des rues où grouillait une population de pauvres; des enfants sans bas, sans souliers, au milieu de la boue (on voit cela hiver comme été); des femmes presque nues, couvertes souvent d'habits d'hommes.... Je pensai à l'Irlande!

CHAPITRE XL.

LE QUARTIER DES FRANÇAIS.

J'arrivai ainsi à notre Irlande Française, à ce qu'on nomme à Londres le *quartier des Français*. La misère habituelle de ce quartier a eu ce qu'on pourrait appeler ses Saturnales, lorsque, après le 2 Décembre, des centaines d'exilés vinrent s'y réfugier. O hospitalité de l'Angleterre, tu te montras là ce que tu es : la liberté politique, mais la liberté aussi de mourir de faim. Quel secours Albion donna-t-elle à tant de victimes? Aucun, absolument aucun. Il est vrai qu'elles ne s'abaissèrent pas à implorer. Mais les forêts n'auraient pas été plus sourdes, ni les abîmes de la mer plus impitoyables. Je vis, ce jour-là, ce qui se vit pendant des mois entiers, des hommes, des femmes, des enfants, logés dans une espèce d'étable, couchés pêle-mêle sur la paille! Tous les malheurs de mon pays me revinrent en mémoire.

CHAPITRE XLI.

LES CENT MILLE PROSTITUÉES DE LONDRES.

Au bout du Strand, je pris le passage qui conduit à l'embarcadère du pont de Westminster. On descend par de noirs escaliers de granit entre deux grands murs noirs; on suit une allée obscure qui s'incline en pente, et l'on entre dans des cryptes. Les percées de jour qui viennent des diverses issues où aboutissent ces souterrains servent à se diriger; on a aussi quelques becs de gaz. Il m'a toujours paru étonnant qu'il existât non pas une, mais dix cavernes semblables, à Londres, à cent pas de rues insolentes de luxe. Celle où j'étais rappelle la description que les poètes font de l'entrée des Enfers : car on y voit des espèces de larves fuyant dans ces ténèbres visibles, se montrant dans le demi-jour, et s'enfonçant dans l'horreur de la nuit; ce sont de malheureuses femmes que la misère condamne à la prostitution et au vol. Je pensai aux cent mille prostituées de Londres?

La navrante et énergique peinture qu'une femme courageuse et trop hardie peut-être, que j'ai vue autrefois, et que la mort a bientôt enlevée, Flora Tristan, a faite des débauches *à l'anglaise*, me revint en mémoire. « Malédiction! me dis-je; à voir les horreurs de la civilisation, on croirait volontiers que le démon existe. »

CHAPITRE XLII.

L'AIR PUR DE LA TAMISE.

Sorti de cet antre, je pris le bateau à vapeur qui remontait au pont de Chelsea. Il m'eût été doux de respirer un air pur. De l'air pur, est-ce qu'on en respire sur la Tamise ? Les émanations de la Tamise étaient ce jour-là ce qu'elles sont toujours, un véritable poison !

CHAPITRE XLIII.

LA PROPHÉTIE D'ÉZÉCHIEL.

Maintenant, Lecteur, une fausse délicatesse vous empêchera-t-elle de me suivre plus loin ?... Si je vous dis que la Carthage moderne ne sait, comme l'ancienne, qu'égorger des enfants à Moloch, et qu'il en est ainsi de toutes les nations, puisque *la misère règne chez toutes*, vous m'écouterez ; mais si je vous parle du remède, si je dis ce que j'ai fait, moi, sans fausse délicatesse, pour signaler ce remède plus énergiquement encore que je ne l'avais fait jusque-là, voudrez-vous m'entendre ?

Vous lisez pourtant dévotement dans la Bible ce que Dieu ordonna à Ezéchiel.

Comment Dieu exprime-t-il *la famine qu'il y aura dans Jérusalem ?*

Dieu ordonne au prophète de SE FAIRE DU PAIN AVEC LES EXCRÉMENTS HUMAINS....

Le prophète ne comprend pas l'ordre de Dieu, sa délicatesse se révolte, et il s'écrie : « Ah ! ah ! Seigneur Eter-
« nel, voici ! mon âme n'a point été souillée, et je n'ai
« point mangé d'aucune bête morte d'elle-même, ou dé-
« chirée par les bêtes sauvages, depuis ma jeunesse jus-
« qu'à présent, et aucune chair impure n'est entrée dans
« ma bouche. »

Sur cela, Dieu continue : « Voici ! je te donne la fiente

« des bœufs, au lieu de la fiente de l'homme ; et tu feras
« ton pain avec cette fiente. »

Puis aussitôt il ajoute : « Voici ! je vais rompre le bâton
« du pain de Jérusalem, et ils mangeront du pain au poids
« avec chagrin, ils boiront l'eau par mesure et avec éton-
« nement, parce que le pain et l'eau leur manqueront ; et
« ils seront étonnés, se regardant l'un l'autre ; et ils fon-
« dront, à cause de leur iniquité. »

Or il est bien démontré pour moi que, si les hommes *mangent leur pain au poids avec chagrin*, si *le pain leur manque*, si *l'eau* de leurs villes est empoisonnée, s'ils *sont étonnés, se regardant l'un l'autre*, et s'ils *fondent à cause de leur iniquité ;* il est bien démontré, dis-je, pour moi, que c'est parce que les hommes ne suivent pas le conseil que Dieu donna à Ezéchiel de FAIRE DU PAIN AVEC LES EXCRÉMENTS HUMAINS.

CHAPITRE XLIV.

JE RÉSOLUS CE JOUR-LA DE SUIVRE LE CONSEIL DE DIEU.

Je résolus donc, ce jour-là, de suivre le conseil de Dieu.

J'allai acheter un vieux mortier de fer que j'avais vu à vendre dans le *Borough*, et je l'emportai moi-même avec assez de peine. J'allai ensuite chercher une charge de sable de la Tamise au pont du Vauxhall. Je passai ce sable à plusieurs eaux, afin d'être bien certain qu'il ne renfermait plus de terre. Je le pilai et le réduisis en poussière aussi fine que je pus.

Je pris ensuite du charbon de terre, que je pilai.

Je pris des cendres de notre foyer, c'est-à-dire des cendres de houille.

Je pris enfin de la brique, que je pilai également.

Je fis, en mêlant ces substances, une poudre *minéro-végétale*.

Je mêlai cette poudre avec mon urine et mes excréments, et j'obtins *de la terre*.

Je découvris ensuite que la quantité de matière excrémentitielle que chaque homme donne dans un jour peut servir à composer *vingt-cinq livres de terre végétale*.

Je fis faire deux caisses, élevées sur des poteaux ; je les remplis de cette terre. J'y semai des haricots. La saison était très-avancée. Les haricots germèrent, poussèrent, se couvrirent de feuilles, de fleurs, de graines. Je les ai vus portant de belles gousses ; et un de mes amis, qui est à Jersey, en a fait la récolte après que j'eus quitté Londres.

J'avais expliqué la leçon de sagesse que Dieu donne à l'homme dans la vision d'Ezéchiel.

J'avais démontré que L'HOMME EST REPRODUCTEUR DE SA SUBSISTANCE.

CHAPITRE XLV.

UNE CONVERSATION ENTRE UN JOURNALISTE ET UN BIOGRAPHE DANS UN CERTAIN NOMBRE D'ANNÉES.

Je m'imagine mon biographe, dans un certain nombre d'années, se rencontrant avec Victor de Tulle, cette ancienne connaissance à moi, qui n'ose pas rendre témoignage à la vérité. La scène se passe, je suppose, à la Bibliothèque de la rue de Richelieu, si elle existe encore, ce que je souhaite, car je ne suis pas partisan du feu comme Omar (en admettant qu'on n'ait pas calomnié Omar).

Victor de Tulle *fermant un grand journal in-folio, pendant qu'*Eugène de Mirecourt *achève de parcourir un petit volume in-18 :* — Comme nos aïeux étaient lourds et stupides !

Eugène de Mirecourt. — Je suis de votre avis.

Victor de Tulle. — Je m'occupe de recherches sur l'agriculture.

Eugène de Mirecourt. — Et moi je fais des *Biographies*.

Victor de Tulle. — Imaginez-vous que nos pères étaient si bêtes, qu'ils se sont moqués pendant vingt ans de l'idée du *Circulus*.

Eugène de Mirecourt. — C'est inconcevable ! une idée si simple, si claire, qui se lit en caractères si évidents dans toute la nature !

Victor de Tulle. — Ils ne concevaient pas qu'étant consommateurs par nature, ils étaient en même temps producteurs par nature, et qu'ils ne pouvaient pas être l'un sans l'autre !

Eugène de Mirecourt. — Bah ! vraiment ! Et comment donc s'imaginaient-ils que les choses se passaient ? Ne mangeaient-ils pas tous les jours ?

Victor de Tulle. — Oh ! pour manger, il y en avait qui mangeaient beaucoup. Ce qu'ils nommaient gastronomie avait ses adeptes, ses législateurs et ses poètes. On était même d'autant plus distingué qu'on mangeait mieux.

Eugène de Mirecourt. — Mais n'avaient-ils pas encore d'autres besoins ?

Victor de Tulle. — On aurait bien ri de vous si vous aviez osé supposer que ces autres besoins pouvaient avoir un but dans la nature.

Eugène de Mirecourt. — Mais quoi ! leurs agriculteurs n'employaient-ils pas les engrais ?

Victor de Tulle. — Assurément ; et c'est là ce qui rend plus étonnante leur stupidité. Ils employaient l'engrais des bestiaux et laissaient perdre l'engrais humain.

Eugène de Mirecourt. — C'est fabuleux !

Victor de Tulle. — Par exemple, en France, ils étaient trente-six millions d'hommes qui laissaient leurs excréments infecter leurs maisons, l'air de leurs villes et de leurs villages, empoisonner leurs ports et leurs rivières, se contentant d'utiliser l'engrais d'environ dix millions de bœufs, vaches, etc., composant leur bétail.

Eugène de Mirecourt. — C'est fabuleux, encore une fois.

Victor de Tulle. — Il fallut qu'il vint un théologien pour leur apprendre que « Dieu n'avait pas pu créer un « être qui ne fût point reproducteur de sa subsistance par « l'effet utile de ses sécrétions pour d'autres êtres. »

Eugène de Mirecourt. — Quoi ! cette loi naturelle, qu'aujourd'hui tous nos enfants apprennent à l'école, la loi de la nutrition générale des êtres par leur réciprocité et leur pénétration mutuelle ! j'aurais cru qu'elle était connue de toute éternité.

Victor de Tulle. — Combien vous vous seriez trompé !

Eugène de Mirecourt. — Mais qu'enseignaient donc leurs savants ?

Victor de Tulle. — Oh ! les choses les plus drôles du monde ! D'abord ceux qui passaient pour les plus savants croyaient que les plantes se nourrissaient de ce qu'ils appelaient des corps simples.

Eugène de Mirecourt. — Comment ! ils étaient assez simples pour cela !

Victor de Tulle. — En conséquence, les uns imaginaient qu'il fallait les nourrir avec de l'ammoniaque, d'autres proposaient des phosphates. Mais d'autres retournaient à la théorie de Jethro Tull, un Anglais qui avait prétendu, cent ans auparavant, que les plantes se nourrissaient uniquement de minéral, et qu'il ne fallait pas de fumier. Enfin on enseignait encore que la nourriture unique des plantes était l'ulmine, provenant de la carbonisation des détritus végétaux. Ces trois théories, toutes trois fausses, luttaient confusément, et rien n'était plus obscur que ce que l'on appelait la théorie des engrais. Le théologien en question apprit aux hommes, qui ne l'avaient jamais su jusque-là, ce que c'était que *de la terre*. Du même coup, il se moqua beaucoup des savants, en leur montrant que les animaux étaient faits pour les plantes, comme les plantes pour les animaux. Il leur révéla le but de la seconde portion du canal intestinal des animaux, que les physiologistes les plus célèbres n'avaient pu deviner. Il leur expliqua l'instinct des chats, des chiens, de tous les animaux carnivores, qui les porte à enterrer leurs déjections. Il apprit à Buffon, qui ne s'en doutait pas, pourquoi le chat est propre. Il découvrit, ce dont aucun botaniste ne s'était avisé, le secret de la nutrition des plantes, et montra le rapport qui existe entre ce mode de nutrition et celui des animaux. Enfin, il découvrit à la suite une foule de vérités naturelles qu'on enseigne aujourd'hui, comme vous le disiez tout à l'heure, dans toutes nos écoles. Mais ce qui n'est pas moins remarquable, c'est l'effet d'une idée si simple sur ce qu'on appelait l'économie politique.

Eugène de Mirecourt. — Voyons, dites-moi cela; vraiment, vous m'intéressez.

Victor de Tulle. — Imaginez que, quand ce théologien révéla une chose si claire, on ne croyait plus à la Provi-

LIVRE I.

dence, et on ne pouvait plus y croire, car toute la science avait convergé à ce triste résultat.

Eugène de Mirecourt. — Et pourquoi?

Victor de Tulle. — Je vais vous le dire. Vous ne connaissez donc pas ce que les économistes d'alors appelaient *la loi de Malthus*, cette célèbre loi devant laquelle, depuis cinquante ans, tous baissaient humblement la tête?

Eugène de Mirecourt. — Non. Quelle était cette loi?

Victor de Tulle. — Et vous ne connaissez pas davantage le système que Malthus avait conclu de cette loi?

Eugène de Mirecourt. — Pas davantage. C'est de l'histoire si ancienne, et cette vieille économie politique est si justement méprisée!

Victor de Tulle. — Commençons par le système, c'est-à-dire la conclusion que Malthus tirait de sa loi. Voici les termes mêmes de Malthus : « Un homme qui naît dans un « monde déjà occupé, si les riches n'ont pas besoin de « son travail, est réellement de trop sur la terre. Au grand « banquet de la Nature, il n'y a point de couvert mis pour « lui. La Nature lui commande de s'en aller, et elle ne « tardera pas à mettre elle-même cet ordre à exécution. »

Eugène de Mirecourt. — Quelle abomination! Ah! je comprends que ces hommes du Dix-Neuvième Siècle ne crussent pas en Dieu! Mais que disaient leurs prêtres en entendant de pareils sacrilèges?

Victor de Tulle. — Leurs prêtres! ils disaient absolument la même chose que les économistes. Ils n'avaient rien trouvé à objecter, et ils en concluaient la nécessité du rétablissement des ordres monastiques.

Eugène de Mirecourt. — Je conçois cela de la part des Catholiques; mais les Protestants, qui avaient aboli les ordres monastiques et le célibat?

Victor de Tulle. — Oh ! ceux-là avaient inventé... ma foi ! je ne veux pas vous dire ce qu'ils avaient inventé.

Eugène de Mirecourt. — Dites toujours.

Victor de Tulle. — Différents moyens plus abominables les uns que les autres. Par exemple, un célèbre médecin allemand avait, en fin de compte, proposé l'émasculation.

Eugène de Mirecourt. — C'est fabuleux !

Victor de Tulle. — La secte du révérend docteur Chalmers avait inventé les éponges, et elle avait des missionnaires *ad hoc.*

Eugène de Mirecourt. — Que signifie cela ?

Victor de Tulle. — Quoi ! vous ne devinez pas ? Un moyen de satisfaire une loi de la nature sans courir le risque d'augmenter la population.

Eugène de Mirecourt. — Ah ! je crois comprendre ! Quelle obscénité ! quelle affreuse pratique ! et quel moyen d'obéir à la nature en lui désobéissant ! C'est fabuleux !

Victor de Tulle. — Mais la plus atroce recette que la doctrine de Malthus ait fait imaginer, c'est celle que j'ai lue dans un livre imprimé à Londres, où l'auteur propose très-sérieusement un Massacre annuel des Innocents dans toutes les familles dont la génération dépassera le nombre fixé par la loi.

Eugène de Mirecourt. — C'était donc comme Hérode avec l'enfant Jésus.

Victor de Tulle. — Précisément. Seulement on aurait employé le gaz carbonique.

Eugène de Mirecourt. — Si j'avais vécu alors, j'aurais demandé qu'au moins on me laissât le choix de faire périr mes enfants comme je l'aurais voulu... Quoi ! nos pères du Dix-Neuvième Siècle en étaient là ! C'est fabuleux !

Victor de Tulle. — Fabuleux ou non, c'est si vrai que je puis vous montrer ce livre où l'on prépare les mères à consentir à ce que chaque troisième ou quatrième nouveau-né soit enfermé dans une boîte faite exprès, pour y être asphyxié par le gaz carbonique... ou tout autre gaz délétère. On vous aurait laissé le choix.

Eugène de Mirecourt, *réfléchissant*. — Et ils appelaient leur siècle *le siècle des lumières!*... Vous avez beau dire, mon cher monsieur Victor de Tulle, j'ai peine à croire que les fous dont vous venez de me parler fussent considérés même alors comme des sages.

Victor de Tulle. — Voulez-vous d'autres preuves? Je vais vous en fournir. Le système de Malthus était tellement le dernier mot de l'économie politique, et cette économie politique était si bien acceptée, que les gouvernements se donnaient ouvertement pour fonction de créer des *checks* à la population?

Eugène de Mirecourt. — Comment dites-vous, des *checks* à la population?

Victor de Tulle. — C'est un mot anglais équivalant à notre mot d'*échec*. Il s'agissait, pour les gouvernements, de faire échec à la population, de la limiter, de la restreindre.

Eugène de Mirecourt. — Vraiment! c'est fabuleux! Mais j'ai lu dans leurs livres saints : *Crescite et multiplicamini*. Comment, étant Juifs ou Chrétiens, s'arrangeaient-ils avec ce commandement divin?

Victor de Tulle. — Soyez-en sûr, ils ne croyaient plus à la Bible, ni à l'Évangile, ni à rien de divin, tout en faisant semblant d'y croire. Quant au précepte dont vous parlez, ils répondaient que « les livres saints n'avaient
« pas en économie politique plus d'autorité qu'en phy-

« sique et en chimie. » C'est la réponse que fit un de leurs hommes d'État, nommé Duchâtel, dans un livre auquel l'Académie Française accorda un prix Montyon. Bref, la pensée secrète ou manifestée des gouvernants était cet axiome d'Herrenschwand, le maître de Malthus : « Le « fléau des États étant l'excès de population, la sagesse « des législateurs consiste à puiser dans l'humanité des « moyens raisonnables de s'en délivrer. »

Eugène de Mirecourt. — Fi ! l'horreur ! Être chef du troupeau pour le décimer ! Mais c'était un rôle semblable à celui du choléra, ce fléau qui régnait alors ! Et de combien d'hommes était donc composé le Genre Humain ?

Victor de Tulle. — Il aurait tenu tout entier dans six lieues carrées. On ne comptait pas sur la terre plus d'un milliard d'hommes.

Eugène de Mirecourt. — Les malheureux ! ils croyaient le Genre Humain trop nombreux, et ils n'étaient en tout qu'un milliard !

Victor de Tulle. — Un des utopistes les plus hardis de ce temps ne supposait même pas que le globe pût avoir jamais plus de trois milliards d'habitants. C'est ce qu'il appelait le globe *au grand complet*.

Eugène de Mirecourt. — Comment le nommez-vous, celui-là ?

Victor de Tulle. — Charles Fourier.

Eugène de Mirecourt. — Quoi ! Fourier aussi était de l'avis des économistes !

Victor de Tulle. — Parfaitement ; et c'est même pour cela, disait-il, qu'il avait inventé ses *mœurs phanérogames*, comme un remède capable d'amener *l'équilibre de population* en procurant *la stérilité des deux tiers des femmes*.

Eugène de Mirecout. — Ah çà ! mais nous marchons de

folie en folie. Les hommes d'État, les économistes, les prêtres, les savants, et les rêveurs aussi, se donnaient donc la main dans ce siècle des lumières....

Victor de Tulle. — Ajoutez les poètes, qui ne savaient que gémir et trembler devant le Destin. En un mot, le Genre Humain, représenté par toutes ses notabilités, se croyait sur le radeau de *la Méduse.*

Eugène de Mirecourt. — De quel radeau parlez-vous?

Victor de Tulle. — Un vaisseau nommé *la Méduse* fit naufrage, et son équipage et ses passagers, réfugiés sur un radeau, se mangèrent les uns les autres. Tel était l'idéal qu'on avait des destins de l'humanité. Les hommes se croyaient soumis à la loi qui fait que *les plantes, se disputant un sol limité, s'étouffent, et que les animaux, après une multiplication trop abondante, périssent ou s'entre-dévorent.* C'est ainsi que formulait la chose un économiste de ce temps, disciple de Malthus, qui avait, de plus, l'avantage d'être ministre de l'intérieur dans ce petit pays qu'on appelait la France; ce qui lui permettait d'appliquer sa doctrine en supprimant tous les établissements de charité que le Christianisme avait fondés, sous prétexte qu'ils servaient à dépenser un capital considérable sans pouvoir s'opposer à l'invincible loi découverte par son maître.

Eugène de Mirecourt. — Ah! je comprends maintenant comment la théorie du Cercle naturel a renversé toute la fausse économie politique.....

Victor de Tulle. — Et vous devez comprendre aussi comment elle a été l'origine de cette immense révolution dans l'agriculture, qui a fait que l'Europe, l'Amérique, et la plus grande partie du globe, sont aujourd'hui cultivées comme l'étaient alors uniquement la Chine, le Japon, et, en Europe, quelques rares localités.

Eugène de Mirecourt. — Ce que c'est qu'une idée générale ! On dut bien féliciter le théologien qui, quand le monde était ainsi prosterné devant la fatalité, vint relever le Genre Humain en montrant que l'homme n'était pas comme *les plantes s'étouffant l'une l'autre*, ni comme les animaux *s'entre-dévorant après une multiplication trop abondante*. Plus l'idée était simple, plus la théorie fondée sur cette idée dut paraître belle et imposante. Le changement de l'opinion dut se faire en un clin d'œil.

Victor de Tulle. — Mais pas du tout ! Combien il faut de temps aux idées les plus simples pour faire leur chemin ! Imaginez que, vingt-cinq ans après que notre théologien avait démêlé le nœud gordien du problème de la population et réfuté Malthus, — pendant qu'il était en exil, — il se trouvait à Paris un professeur d'agriculture à qui il avait généreusement enseigné toutes ses idées. L'occasion vint de lui rendre justice. Que fit le professeur ? Il attribua la théorie du *Circulus* à un fermier du Yorkshire.

Eugène de Mirecourt. — Et cet honnête témoin, comment s'appelait-il ?

Victor de Tulle. — Ne me le demandez pas, car j'en rougis de honte ; il s'appelait comme moi, Victor de Tulle.

Eugène de Mirecourt. — A votre place, je ne voudrais plus porter mon nom.

Victor de Tulle. — Ne soyez pas si fier, mon cher monsieur de Mirecourt. Il y avait alors un pamphlétaire qui écrivait des *Biographies*. Eh bien ! il fit la biographie de l'inventeur du *Circulus*; et savez-vous ce qu'il lui reproche ?

Eugène de Mirecourt. — Non.

Victor de Tulle. — Sa pauvreté.

Eugène de Mirecourt. — Il me semble pourtant qu'il

était fort riche, et qu'il était même le plus riche des hommes, celui qui découvrit cette grande loi naturelle, source pour l'humanité de tant de richesses, à tous les points de vue.

Victor de Tulle. — Eh bien! le biographe en question va jusqu'à faire de lui cette aimable raillerie : « Notre « héros fut souvent obligé dans sa longue carrière d'em-« prunter à un ami dix centimes pour avoir du tabac. »

Eugène de Mirecourt. — Et ce plaisant biographe se nommait...

Victor de Tulle. — Comme vous, Eugène de Mirecourt.

Eugène de Mirecourt. — J'y suis décidé, je vais changer de nom.

Victor de Tulle. — A tout péché miséricorde. Que voulez-vous! votre homonyme aura servi à nous apprendre que le théologien, inventeur de la théorie du *Circulus*, prenait du tabac. A propos, en usez-vous, monsieur de Mirecourt?

Eugène de Mirecourt. — Certainement, monsieur Victor de Tulle.

Victor de Tulle, *ouvrant sa tabatière*. — Je vous en offre.

Et les deux honnêtes savants prennent ensemble une prise de tabac.

TROISIÈME PARTIE,

OU JE CONTINUE MA CONSULTATION.

CHAPITRE I.

LETTRES MISES EN RÉSERVE.

Mais quelle est donc cette grosse liasse que je lorgne depuis si longtemps de l'œil?

Ce n'est pas moi, oh! non, certes, ce n'est pas moi qui ai fait cette liasse.

Je n'ai jamais su arranger si joliment un paquet. Voyez cette belle enveloppe de papier gris scellée hermétiquement, et, pour surcroît de précaution, ce cordonnet de soie verte, artistement noué.

Dénouons cette soie, et brisons cette enveloppe.

Que vois-je d'abord? Une étiquette : LETTRES QUE J'AI CRU DEVOIR METTRE EN RÉSERVE (*j'ai brûlé tous tes autres papiers*).

Ah! je te reconnais là, cher Louis, je reconnais ton ordre et tes soins délicats.

Quand, après le Coup-d'État, je te priai de vendre nos meubles, tu mis ces lettres en réserve, et me les apportas ensuite à Londres.

Avais-tu donc aussi l'idée que je devrais écrire mes Mémoires?

Jamais, du moins, tu ne m'en parlas.

CHAPITRE II.

SUITE.

Combien j'étais loin de penser à ces Lettres, qui surgissent comme pour me dire....

En vérité, serait-il donc *écrit* là-haut que je dois *écrire* mes Mémoires?

Mais, si certaine malle laissée par moi à Boussac, et perdue, m'a-t-on dit, allait se retrouver et m'arriver demain! Oh! alors j'aurais bien d'autres matériaux! Que d'échantillons du style épistolaire des plus notables personnages de ce temps.... J'espère que cette malle ne se retrouvera pas.

Voyons ce que Louis m'a conservé.

CHAPITRE III.

UNE LETTRE DE BARBÈS.

Quelle est cette grande et noble écriture qui s'offre d'abord à mes yeux?

Je ne m'étonne pas que cette lettre soit placée en tête de toutes les autres, puisque Louis a été le collecteur. En mai 1839, quand une balle frappa Barbès au front, et laboura tout son crâne, Louis était à ses côtés, prêt à lui servir de bouclier et à mourir pour lui. De guerrier, devenu, avec moi, pacifique, il continue à regarder Barbès comme le type de la grandeur morale. Comment aurait-il pu détruire cette page écrite par un héros, par un martyr? Il a dû la lire deux ou trois fois avec respect; puis il l'a mise précieusement par-dessus toutes les autres, afin que, quand j'ouvrirais le paquet, elle vînt doucement flatter mon cœur.

« Mon bien cher citoyen,

« Vous me permettrez de commencer cette nouvelle
« année en venant vous serrer la main.

« Quoique nous soyons ici à peu près privés de jour-
« naux, j'ai pu, grâces à quelques numéros de *La Répu-
« blique* envoyés exprès par un ami, ne pas rester tout à
« fait étranger à la belle lutte que vous soutenez contre le
« rédacteur de *La Voix du Peuple*. Au milieu des terribles
« coups que vous êtes occupé à lui porter, vous avez été
« assez bon pour songer quelquefois à moi, et me prendre
« sous votre protection.

« Merci de vos nobles paroles, cher ami. Dans ma pen-
« sée, je vous compare à un de ces généreux chevaliers
« chantés par les poètes qui, dans leurs plus formidables
« combats, ne manquaient pas de couvrir de leur épée
« les petits et les faibles, incapables de se défendre eux-
« mêmes.

« Dans ce cas-ci, j'espère bien que votre Bélisarde finira
« par percer d'outre en outre l'armure de Nembrod de
« votre fier adversaire.

« Orgueilleux de sa force, il a cru, comme son prédé-
« cesseur le roi d'Alger, prendre à lui seul le Paris du
« Socialisme, et établir sur ses ruines je ne sais quel Sar-
« razianisme économique.

« Mais Paris ne se prend pas comme cela; et, cette fois-
« ci, surtout, il vous y a trouvé dedans, vous, mon cher
« citoyen, qui lui avez appris que la violence et la rage ne

« sauraient prévaloir contre la calme valeur du bon droit
« et de la science.

« Vous nous avez protégés et vengés tous, et tous doi-
« vent vous en avoir de l'obligation. Mais la reconnais-
« sance m'est surtout commandée à moi qui ne pouvais me
« secourir moi-même ; et, soyez-en sûr, elle ne vous man-
« quera pas dans mon cœur.

« Adieu. Faire des vœux pour vous, c'est certainement
« en faire pour le triomphe de la vraie république et de
« notre sainte cause. Je vous dis donc que j'en fais, et je
« vous embrasse.

« Bonjour pour moi à notre bon Louis, à votre frère, et
« à Desages, dont je n'ai pas oublié non plus la fraternelle
« visite à Vincennes.

« Tout à vous,

« A. BARBÈS.

« Prison de Doullens, le 31 décembre 1849. »

O Louis, mon cher Louis, je te remercie d'avoir conservé cette lettre, et de me l'avoir rendue.

Ecoute! Je sais l'histoire, mon esprit la parcourt avec facilité. Aisément j'évoque devant moi les hommes qui ont fait l'honneur ou la honte de notre espèce. J'ai parcouru les annales de presque tous les peuples; j'ai visité curieusement tous les Panthéons. Les révolutions qui ont signalé les différents siècles me sont aussi connues que les périodes avilies que l'on répute pour des temps glorieux. Je sais aussi ce que les poètes de toutes les langues ont débité d'éloges vrais ou faux devant leurs idoles, et tous les panégyriques faits tantôt pour la vertu, tantôt pour le crime. Eh bien! la vertu de l'homme qui m'a écrit cette lettre défie à mes yeux toutes les vertus.

Barbès, vois-tu ! c'est une figure voilée, mais c'est une figure prophétique.

C'est une ombre, dira-t-on. Oui, j'en conviens, c'est une ombre, et même une ombre *enchaînée* qui, depuis vingt ans, se promène de prison en prison, et du cachot en exil. Ombre aujourd'hui, réalité demain : j'entends le demain des siècles.

C'est une ombre parce que nous sommes dans la nuit. Mais le soleil de justice viendra, et ce ne sera plus une ombre.

O cher Louis, encore une fois je te remercie de m'avoir sauvé ce témoignage de l'homme qui aima le plus la République pour elle-même. Cette lettre consolera mon âme socialiste d'avoir porté le Socialisme à cette République homicide qui n'a pu se faire le bourreau du Socialisme sans se faire le bourreau de Barbès.

CHAPITRE IV.

LIBERTÉ — ÉGALITÉ — FRATERNITÉ.

Barbès se rit de Proudhon, qu'il compare à Agramant. Il caractérise spirituellement son système, en l'appelant *une sorte de Sarrazianisme économique.*

Quand Barbès m'écrivit cette lettre, Proudhon venait d'attaquer tout ce qui n'était pas digne, selon lui, de représenter la Révolution : Cabet et ses amis, qu'il appelait insolemment des *huîtres attachées au rocher de la Fraternité ;* Louis Blanc et ses partisans, qu'il avait caractérisés d'une façon tout aussi brutale, et Barbès lui-même.

J'entrepris de répondre à Proudhon ; il cessa le combat le premier.

Je ris quand je pense à ceux qui s'étonnent de l'humeur que Proudhon a déployée pendant ces trois ans de révolution.

Eh! c'est tout simplement que Proudhon représentait, pour ce temps, la tête de la Secte Révolutionnaire *Liberté*, comme Cabet représentait la tête de la Secte Révolutionnaire *Fraternité*, comme Louis Blanc représentait la tête de la Secte Révolutionnaire *Egalité*.

Quant à Barbès, il représentait l'énigme de la République : *Liberté-Egalité-Fraternité*.

CHAPITRE V.

LES TROIS SECTES RÉVOLUTIONNAIRES.

J'ai expliqué souvent comment tout le drame de la première Révolution a consisté dans la lutte de ces trois Sectes; comment Robespierre représentait le terme *Egalité* de la formule, comment Danton représentait le terme *Liberté*, et comment Camille Desmoulins, entre eux deux, prêchant l'oubli et la clémence, demandant la fin du régime révolutionnaire, représentait le terme *Fraternité*; comment, ces trois termes ne s'accordant pas faute d'une Doctrine, cette formule, — toute sublime et divine qu'elle soit, ou plutôt parce qu'elle est telle, et que, quand on la scinde, on est perdu, — cette formule, dis-je, força ces trois hommes en qui la Révolution s'était incarnée à s'exterminer mutuellement en moins de quinze mois. J'ai montré aussi comment, après Danton, Camille, et Robespierre, les trois Sectes renaissent; comment les Idéologues, les Théophilanthropes, et les Babouvistes, sont sortis de la mare du sang des échafauds où périrent leurs devanciers. J'ai suivi cette filiation jusqu'à nos jours.

On s'obstine à ne pas comprendre cela. Les événements, en reproduisant les mêmes luttes, confirment la démonstration.

CHAPITRE VI.

LE COMITÉ DES DROITS-DE-L'HOMME.

Que de souvenirs cette idée me rappelle !

Je les trouvai, ces trois Sectes, je les trouvai rivales ardentes et acharnées l'une contre l'autre, quand Marrast, Godefroy Cavaignac, Vignerte, et Lebon, nous invitèrent, Reynaud et moi, à nous adjoindre à eux dans le Comité de la *Société des Droits-de-l'Homme*. Il s'agissait de calmer, s'il était possible, les différends des membres du Comité, et de les aider à préparer un *Credo Républicain*.

Quelle anarchie ! D'un côté, Marrast pour le principe de *Liberté*; de l'autre, Lebon et Vignerte pour l'*Egalité*; au milieu, représentant la *Fraternité*, Godefroy Cavaignac, l'artiste, le guerrier, l'homme de sentiment, impuissant à les concilier.

Le premier mot que Godefroy me dit en me révélant les secrets du Comité fut : « Nous sommes divisés; *il y a trois « partis dans le parti !* »

Je le crois bien ! c'étaient les trois Sectes !

On a appelé Babeuf la *queue* de Robespierre : combien Marrast était fait pour représenter le bout, l'extrême bout de la queue de Danton !

Mais je ne veux pas songer à Marrast : j'aime mieux penser à Godefroy.

CHAPITRE VII.

UN SOUVENIR DE SAINTE-PÉLAGIE.

C'était un grand cœur et un artiste que Godefroy Cavaignac ; mais il était, à cette époque de Sainte-Pélagie, extrêmement Voltairien. Il peignait, il faisait des vers, il chantait ; mais son esprit n'avait pas le sérieux que je lui ai vu depuis. Je l'ai entendu alors, à un dîner donné dans la prison, entonner une chanson satirique de très-mauvais goût, qu'il avait composée contre Louis-Philippe. Marrast l'accompagnait sur sa guitare.

Hélas ! pendant que ces prisonniers heureux et leurs avocats sablaient le champagne, les ouvriers prisonniers pour la même cause n'avaient que du pain dans leurs chambres ; et les plus humiliés nous servaient à table, après avoir préparé le festin.

J'étais à côté de la sœur de Cavaignac, cette belle et généreuse jeune fille, qui mourut quelque temps après, victime du dévouement qu'elle mit à servir l'évasion de son frère et des amis de son frère ; je ne pus m'empêcher de lui faire remarquer ce contraste. J'étais triste, glacé, en voyant ces républicains qui ressemblaient à la jeunesse dorée. Je rougissais, comme la sœur de Godefroy, et pour elle, des propos légers qui circulaient autour de la table.

CHAPITRE VIII.

COMMENT LAMENNAIS VINT AU PARTI RÉPUBLICAIN.

Cela me fait penser comment il advint que Lamennais se rangea ostensiblement dans le parti républicain.

Il était à La Chesnaie ; il avait rompu avec Rome ; il était seul, abandonné de ses disciples. Il avait eu des idées comme de se retirer au mont Athos. Reynaud et moi nous apercevions clairement où en était son esprit. Nous proposâmes à Godefroy Cavaignac et à Marrast de le comprendre au nombre des défenseurs qu'ils appelaient autour d'eux pour leur procès. Nous leur garantissions son acceptation. S'imagine-t-on qu'ils firent beaucoup de façons, et qu'ils nous répondirent d'abord par un refus positif !

« Que voulez-vous que nous fassions d'un *calotin* ? » fut la réponse de Cavaignac.

— « Ce *calotin*-là, lui répliquai-je, sera ce qu'il y aura
« de plus remarquable dans votre procès. »

Pendant trois mois, Reynaud et moi nous insistâmes pour qu'ils fissent à Lamennais cet honneur, et qu'ils se le fissent à eux-mêmes.

Ils cédèrent à la fin, et un jour Godefroy nous dit :
— « Vous allez être contents, nous avons écrit à Lamennais. »

CHAPITRE IX.

LAMENNAIS A SAINTE-PÉLAGIE.

Trois jours après, Lamennais était à Paris. Je reçois un matin un billet de Carnot, qui me dit : « M. de Lamen-
« nais désire que vous le meniez à Sainte-Pélagie ; venez
« déjeuner avec nous. »

Je connaissais Lamennais personnellement, quoiqu'il ne me connût pas au même titre. Quelques années auparavant, étant prote d'une imprimerie où l'on imprimait son *Mémorial Catholique*, j'avais souvent prêté mon cabinet à l'abbé Féli (c'est ainsi que ses amis d'alors l'appelaient), pour lire ses épreuves. Mais il n'avait sans doute pas fait attention à moi. Depuis, j'avais écrit, discuté son principe de *certitude*, souvent parlé de lui. Je ne lui étais pas inconnu de cette façon.

Il me fit l'accueil le plus aimable. Après le déjeuner, je le prends sous le bras, et nous voilà trottant vers Sainte-Pélagie.

« Dame ! lui dis-je en marchant, c'est un tout autre monde que celui où vous êtes habitué à vivre. Je vous ai vu autrefois au milieu de vos abbés : les gens que vous allez voir ne leur ressemblent guère. »

— « Ils n'en valent probablement que mieux, » me répondit-il ; et il me conta sur ses abbés, sur leurs ruses, sur leurs tromperies, dont il avait été victime, beaucoup de choses qu'il est inutile de dire.

Je le prévins de toute façon, afin qu'il ne fût pas trop étonné; mais il était brave, intrépide.

Nous arrivons, et nous traversons trois ou quatre grandes salles dont les murailles étaient tapissées de toutes sortes de symboles et d'inscriptions plus bizarres et plus énergiques les unes que les autres. Les prisonniers, qui avaient été avertis, accueillent Lamennais avec une simplicité républicaine par trop rustique. — « Bonjour, citoyen Lamennais, » lui dit l'un. — « Com-« ment te portes-tu, citoyen Lamennais? » lui dit un autre. Lamennais leur répond avec bonté et avec candeur.

On se réunit dans la salle du fond. On attendait les Lyonnais. Il s'agissait de savoir si les accusés de Lyon consentiraient à se laisser juger avec ceux de Paris, s'il y aurait deux procès, ou s'il n'y en aurait qu'un.

Enfin Lagrange arrive, tout empanaché de rubans, suivi des autres accusés de Lyon, qu'on avait transportés de la prison du Luxembourg dans des voitures cellulaires.

Alors Cavaignac commença à lire le plan de défense que se proposaient de suivre les accusés de Paris. A proprement parler, ce n'était pas une défense; c'était plutôt un acte d'accusation contre le gouvernement, et c'était en même temps une profession de principes, et la déclaration de ce que ferait la République victorieuse.

Ce rapport avait été l'objet de bien des discussions, de bien des controverses. Marrast et Cavaignac en étaient les rédacteurs.

Toute la partie historique était pleine de hardiesse, de franchise, de vérité. On y respirait un air de grandeur. Mais il s'agissait d'arriver à la partie dogmatique.

Comment la République réaliserait-elle la Liberté, la Fraternité, l'Egalité? C'était là le point scabreux; et moi qui savais ce qui avait retardé si longtemps l'élaboration de cette œuvre, j'étais inquiet sur ce que j'allais entendre.

Enfin cette partie redoutable parut; c'était une espèce de compromis entre les trois Sectes, compromis qui se terminait par cette promesse étrange que « la République, aussitôt qu'elle serait victorieuse, livrerait au jugement du Peuple, réuni en comices, les propriétés mal acquises et les propriétés exubérantes. »

Je regardai Lamennais, qui était à côté de moi, écoutant attentivement, la tête penchée et les yeux fixés sur les dalles de pierre qui nous servaient de parquet.

C'était en hiver. — « Vous devez avoir bien froid aux pieds, monsieur de Lamennais? » lui dis-je.

— « Oh! mon ami, me répondit-il, comme s'il avait

compris ma pensée, je n'ai pas trop froid aux pieds, mais j'ai bien chaud à la tête. »

Le rapport fini, je demandai la parole, et je dis qu'il devait être bien entendu que ce plan de défense et les principes qu'il contenait n'obligeaient en rien et n'engageaient nullement les défenseurs ; que nous n'avions pas été appelés à le rédiger ; que nous n'étions pas convoqués pour le discuter ou le réformer, mais seulement pour l'entendre et en prendre connaissance ; que nous nous mettions au service de la défense des accusés dans la mesure de nos forces et avec la liberté de nos opinions et de notre conscience, et que, quant à moi, plusieurs des moyens révolutionnaires qui venaient d'être indiqués ne me paraissaient ni sages ni conformes à la justice et à une saine politique.

M. de Lamennais me remercia tout bas de mes réserves.

Cavaignac et Marrast, l'un après l'autre, déclarèrent qu'ils n'avaient entendu la chose que de cette façon ; que leur plan de défense leur était personnel ; qu'il ne nous obligeait pas ; qu'ils ne nous avaient pas appelés pour le discuter ; qu'ils se défendraient ainsi, et que nous les défendrions comme nous l'entendrions.

Il y eut alors des pourparlers entre les accusés de Lyon et ceux de Paris.

N'ayant rien à faire dans tout cela, M. de Lamennais et moi nous nous retirâmes.

En me quittant, il me dit : « Oh ! mon ami, nous mon-« terons sur l'échafaud, mais ce sera un beau jour ! »

Lamennais, c'était vraiment Savonarole.

CHAPITRE X.

GODEFROY CAVAIGNAC.

Ce souvenir me ramène à Godefroy.

Je l'ai beaucoup aimé, et il m'a payé de retour. Il se lia surtout avec moi quand il revint de son exil. Quel mépris il avait pour Marrast, qu'il appelait le compère de M. Thiers ! Son *Journal du Peuple* lui donna beaucoup d'ennuis et de tourments, et dans une occasion grave je pus les lui adoucir. Quand je fis paraître le livre *de l'Humanité*, seul de toute la presse il en défendit les principes et la doctrine dans la *Revue du Progrès* que publiait Louis Blanc; et il le fit malgré toutes les insinuations tentées pour l'en empêcher. Nous avons été liés jusqu'à sa mort. Quand il se sentit atteint, il voulut faire la connaissance de mon amie madame Sand, « afin, me dit-il, qu'elle l'aidât à bien mourir ». Elle le vit souvent pendant sa maladie; on peut dire qu'il est mort dans ses bras.

Un jour, à Nohant, je causais avec George Sand des derniers moments de Godefroy ; je l'interrogeais sur ses sentiments et ses pensées dernières. Voici sa réponse :
« Il est mort sur la limite entre le pur Républicanisme et
« nos idées.... *presque* Socialiste. »

Godefroy mourut; mais quel héritage il laissa à son frère Eugène, dont il me disait un jour : « C'est mon fils ; je l'élève pour la République

Son fils a tué la République aux Journées de Juin !

CHAPITRE XI.

LE GÉNÉRAL CAVAIGNAC.

Je n'ai jamais vu le général Cavaignac sans penser vaguement à ce *condottiere* de Venise dont Shakspeare a fait son Maure.

Par son air hautain, sa stature militaire, son visage étrange et sinistre, et la couleur de sa peau qu'avaient noircie et jaunie à la fois le soleil d'Afrique, une ambition concentrée, et le feu lent de la maladie, il me rappelait Othello.

Il fut l'Othello insensé de cette République de Marrast que conduisait la Peur, et qui le conduisait.

O razzias d'Alger, combien nous avions eu raison de pronostiquer que vous nous amèneriez des razzias de France !

Il semble qu'à force de voir ses *Zouaves* s'exercer à couper des têtes de Bédouins, Eugène Cavaignac avait fini par adopter le dogme oriental de la *Fatalité*.

La nuit où l'on condamna Louis Blanc, à la suite des Journées de Juin, me rencontrant avec Cavaignac à l'entrée de la salle, presque au moment du scrutin :

« C'est bien malheureux, Monsieur, lui dis-je, que vous soyez obligé de *commettre un crime !*

— Oui, Monsieur, me répondit-il avec son ton bref et saccadé, c'est bien malheureux, mais *c'est nécessaire.* »

Il ne s'arrêta pas, il entra dans la salle, et alla déposer sa boule pour ce qu'il reconnaissait être un crime.

Quel triste réveil il a eu !

Un de ses flatteurs essayant un jour de dissiper son

humeur sombre en lui parlant des services rendus par lui à la République : « Savez-vous, dit-il, comment la « Postérité nous appellera ? *Elle nous appellera des bou-* « *chers !* »

Il avait cent fois raison.

CHAPITRE XII.

QUELQUES AUTRES LETTRES.

Je n'en finirais pas si je continuais à me livrer à mes réflexions. Reprenons mon dépouillement.

Voici une longue lettre que Cabet m'écrivait d'Amérique, au moment où il pensait à revenir en France pour se faire juger. Quelles illusions il avait encore ! Je n'ai jamais partagé ses illusions.

Voici un billet de Greppo, où il m'annonce que *son ami* Gérard demande à avoir un entretien avec moi. Son ami Gérard ! Combien Greppo était trompé !

Voici un mot de Nadaud... Ce brave Nadaud ! Je l'ai vu, à Londres, remonter sur les échafauds qui servent à bâtir les maisons, comme s'il n'avait jamais été Représentant du Peuple.

Pelletier me fit passer ce billet quand j'étais à la Conciergerie.... Que me dit-il donc ? Qu'il arrive de Lyon, qu'il n'a pas pu se rendre plus tôt à son poste, à cause d'une chute faite en voiture, et qu'il est « bien étonné de « me trouver en prison sous la République ! » Cela était étonnant, en effet ; mais ce n'était pas plus étonnant que de voir Barbès à Vincennes.

Ah ! voici quelques lignes de Dussoubs jeune ! Il m'écrit, lui aussi, qu'il vient d'arriver à Paris. Mais c'était trois ans après la révolution.

Quel spectacle ce billet de Dussoubs fait passer devant mes yeux !

Je vois.... un régiment marchant au pas de charge, d'un côté ; et, de l'autre, un homme seul qui descend d'une barricade, et porte des paroles de paix. C'est Dussoubs : il a pris la médaille de son frère, que la fièvre retient au lit ; il a attaché à sa boutonnière le ruban de Représentant du Peuple ; il est ceint de l'écharpe tricolore ; il tient à la main la Constitution. L'officier voit tout cela....
— *En joue ! feu !* — Les soldats obéissent. La République périt avec ce jeune homme.

CHAPITRE XIII.

LE REPAIRE.

Si ceux qui ont peint les Socialistes, les Rouges, comme des monstres féroces, avaient su que la maison des Dussoubs s'appelait le *Repaire !*

Oh ! indubitablement ils se fussent servis de ce nom, comme ils se sont servis du drapeau *rouge*. Un repaire ! mais c'est le lieu où se retirent des bêtes malfaisantes et féroces, comme les tigres, les ours, les serpents. On dit aussi : un repaire de hiboux, d'orfraies. On dit figurément : un repaire de voleurs, de brigands, de scélérats.

Mes deux Dussoubs, mes amis, mes enfants, étaient bien dignes du nom de leur demeure.

L'un, l'aîné, était tellement sauvage, qu'au banquet de Limoges, comme on voulait chanter la *Marseillaise* (que nous aimions très-médiocrement, parce que ce n'est qu'un chant de guerre, un vœu pour qu'*un sang impur abreuve des sillons*), il empêcha la multitude de le faire avec ce mot sublime : « *Citoyens ! il n'y a plus de sang impur.* » Il parlait à des prolétaires, qui applaudirent avec enthousiasme, et la *Marseillaise* ne fut pas chantée.

Le second, celui que l'officier a tué, aurait pu être un guerrier; jamais homme ne fut plus brave. Il avait un corps de fer et une force herculéenne. Mais il était aussi bon que brave, bon par tempérament, par caractère, et aussi par principes. Du reste, je n'ai jamais vu un plus beau jeune homme. Il y avait dans toute sa personne je ne sais quelle noblesse héroïque mêlée à une grâce féminine.

Je pense à leur *Repaire*, et aux quelques jours que j'ai passés là, dans un vallon du Limousin, avec eux, avec leur oncle, avec leur mère, avec leur frère infirme, avec la vieille Négresse.

Quel doux et triste souvenir !

Cette vieille Négresse avait sauvé son maître dans l'insurrection de Saint-Domingue.

Lui, de retour en France, avait sauvé de la misère sa belle-sœur, devenue veuve. Il avait adopté ses neveux, qu'il aimait comme ses enfants.

Le plus jeune des trois frères était tombé du haut d'un rocher, et était resté infirme. Ses deux aînés l'aimaient comme leur propre cœur.

La bonne mère était là, comme le centre de ce petit monde, fière de ses enfants, mais toujours inquiète.

Ah! elle avait raison d'être inquiète.

Qu'est devenu ce petit monde? Des cendres, encore des cendres.

CHAPITRE XIV.

PLUSIEURS LETTRES DE PAULINE ROLAND.

Mais que vois-je là?... plusieurs lettres de madame Roland.

Madame Roland.... Pourquoi appelé-je ainsi cette morte? Tous ceux qui en parlent l'appellent Pauline Roland.

Certes, il est impossible d'être plus unis d'amitié que nous ne l'avons été. Nous n'eûmes jamais de secret l'un pour l'autre. Il n'y a que l'amour qui puisse former des liens plus intimes. Eh bien, je ne puis m'empêcher, à cette heure même, de l'appeler, comme je l'ai toujours fait, *madame* Roland.

Je disais tout à l'heure de Dussoubs que je n'avais jamais vu plus de grâce féminine jointe à plus de force herculéenne; je dirais d'elle que je n'ai jamais vu de femme plus virile.

Etait-ce une *virago?* Oh! non; elle était femme; elle avait le cœur tendre, faible même; et, dans sa jeunesse, elle eut autant de grâce que de beauté. Mais ce que, dans le langage de la galanterie, on appelle les charmes d'une femme, disparaissait devant le caractère.

C'était une âme énergique et fière, visant haut.

Jusqu'à un certain point, et si on ne considère que l'honneur, elle a atteint son but.

Elle est morte, elle aussi! Je ne la verrai plus jamais, elle ne relèvera plus mon courage, elle me manque, elle manque à mes enfants, elle manque à tous.

CHAPITRE XV.

UN DÉMOCRATE SOCIALISTE.

Peut-être pourra-t-on joindre ces lettres de Pauline Roland à celles qu'Auguste Desmoulins a pieusement rassemblées.

Que de soins il a pris sans pouvoir parvenir à faire imprimer ce recueil !

Si je racontais comment un démocrate socialiste *millionnaire* n'a pas consenti à donner cinquante écus pour qu'on publiât le testament de la martyre ! Il a pris pour prétexte que ce n'était pas le moment !

Les hommes, tels qu'ils sont aujourd'hui, ne sont pas tous aimables.

Et l'on veut que j'écrive mes Mémoires !...

Si, en les écrivant, j'allais devenir misanthrope !

CHAPITRE XVI.

LETTRE D'UN DÉMOCRATE ANGLAIS, ASSOCIÉ DE CŒUR ET D'ESPRIT
A LA LUTTE DES SOCIALISTES FRANÇAIS
POUR LA RÉGÉNÉRATION DES INSTITUTIONS HUMAINES.

« East India House, London.
« Le 28 novembre 1851.

« Monsieur,

« Permettez qu'un Démocrate Anglais, associé de cœur
« et d'esprit à la lutte des Socialistes Français pour la
« régénération des institutions humaines, vous fasse

« l'hommage de sa reconnaissance pour la noble initiative
« que vous venez de prendre sur une des plus grandes
« questions d'avenir, en faisant à l'Assemblée Nationale
« la proposition de reconnaître *les droits politiques des*
« *femmes*. Il est vraiment honteux pour l'intelligence hu-
« maine que des hommes qui se disent partisans du *suf-*
« *frage universel* en principe et en droit se permettent de
« retrancher ce droit à une moitié tout entière du Genre
« Humain. L'assurance, donnée dans votre discours, de
« *l'adhésion générale des Ouvriers Socialistes aux principes*
« *de justice et d'égalité dans la relation politique des deux*
« *sexes*, fait le plus grand honneur aux sentiments et à
« l'intelligence de la classe ouvrière en France, sur la-
« quelle reposent, aux yeux de tous ceux qui compren-
« nent l'époque, les plus belles espérances d'amélioration
« dans le sort de l'humanité. J'ai pensé, Monsieur, que
« vous ne seriez pas indifférent à un témoignage de sym-
« pathie intellectuelle et morale sur une question si haute
« et si mal comprise, et je me suis permis de vous adres-
« ser un article réimprimé de la Revue de Westminster,
« où cette question est traitée avec une certaine étendue.
« Cet article, écrit de concert par moi et ma femme, ou
« plutôt par ma femme, a été beaucoup lu, et a fait une
« certaine sensation ici et aux États-Unis d'Amérique.
« Vous savez probablement que depuis quelque temps il
« existe aux États-Unis une nombreuse Association de
« femmes et d'hommes pour revendiquer les droits poli-
« tiques et industriels des femmes. Notre article, fait à
« l'occasion de cette Association, lui a fourni récemment
« le texte presque entier des résolutions adoptées à sa der-
« nière manifestation publique.

« S'il vous arrivait, Monsieur, de passer en Angleterre,

« et que vous voulussiez bien nous faire, à moi et à ma
« femme, l'honneur d'une visite fraternelle, nous serions
« charmés de vous renouveler personnellement l'expres-
« sion de notre sympathie.

« Agréez, Monsieur, l'assurance de ma considération la
« plus respectueuse.

« J. S. MILL. »

CHAPITRE XVII.

L'ANGLETERRE EN VOIE DE SE FAIRE SOCIALISTE.

L'Angleterre en voie de se faire Socialiste! Qui croirait cela?

C'est cependant la vérité.

Je n'en voudrais pour preuve que ces lignes de M. Mill.

Quand on les lit, on ne peut s'empêcher d'être frappé du ton de profonde conviction qui y règne.

Quel témoignage historique que cette lettre!

Un économiste, et *le premier économiste de l'Angleterre*, parler ainsi du Socialisme! Un savant s'exprimer avec cette chaleur! Le secrétaire d'une Compagnie qui a cent millions de sujets (1), faire une profession de foi si explicite!

En France, suivant M. Thiers, les Socialistes ne pouvaient appartenir qu'à la *vile multitude*. Mais M. Mill n'appartient pas à la *mob*!

---

(1) Le privilége de la Compagnie des Indes existait encore quand ceci fut écrit.

CHAPITRE XVIII.

MA PERPLEXITÉ DEVANT CETTE LETTRE.

Je voudrais, néanmoins, je voudrais pour beaucoup que Louis eût brûlé cette lettre; elle me met dans une étrange perplexité.

Rousseau, au dernier siècle, accusait Hume de l'avoir attiré dans cette même Angleterre, pour lui faire ensuite toutes sortes d'avanies; Hume répondait que son hôte *n'avait pas compris la politesse anglaise.*

Si j'allais ressembler en mal à ce pauvre Jean-Jacques?

Les juges les plus indulgents disent en sa faveur que le climat de l'Angleterre avait encore augmenté sa mélancolie.

Si ce maudit climat m'avait aussi fait voir tout en noir!

CHAPITRE XIX.

UN RAPPROCHEMENT QUE POURRA FAIRE L'HISTOIRE.

Cette lettre est datée du 28 novembre 1851!.... C'était, en effet, bien près du Coup-d'État, comme l'a remarqué ce damné Mazzinien!

« Ainsi, — dit-il malicieusement, — *à la veille du*
« *Coup-d'État,* un de ces insensés Socialistes plaidait
« devant les législateurs de la France en faveur du droit
« politique des femmes, *droit tout à fait chimérique.* C'EST
« UN RAPPROCHEMENT QUE L'HISTOIRE POURRA FAIRE. Le Peuple
« Français a abandonné son Parlement le lendemain du

« jour où, à propos d'une loi sur le régime municipal
« qui commençait ainsi : *Tous les Français...*, quelqu'un
« proposa d'ajouter : *Et toutes les Françaises.* »

Hélas! pauvre Mazzini, qui écris ou fais écrire ces choses dans un supplément anonyme à ton *Acte d'accusation* contre les Socialistes, je ne crains pas plus l'histoire à ce sujet que je ne redoute tes foudres.

N'eussé-je pas profité de l'occasion pour proclamer le droit de la moitié du Genre Humain stupidement dépouillée par l'autre moitié, le Coup-d'État n'en aurait pas moins eu lieu, et la vérité serait encore au fond du puits.

Après tout, étais-je donc si novateur! Je ne faisais que répéter ce que Sieyès et Condorcet avaient dit soixante ans auparavant.

On se scandalisa à l'Assemblée, j'en conviens; mais on ne sut rien me répondre. Le gouvernement représentatif fondé sur le privilége des écus était tombé dans l'opinion et tombé en fait : fondé sur le privilége de la barbe, il parut inique, et les rieurs furent pour moi.

CHAPITRE XX,

OU JE ME DÉCIDE A RACONTER LA RÉCEPTION QUE ME FIT M. MILL.

Si j'avais les rieurs à Paris, j'étais sûr, au moins, d'avoir pour moi à Londres M. Mill et sa femme : j'en atteste leur lettre!

Hélas! pourquoi M. Mill, terrifié... (comment dirai-je).... par *deux têtes de Méduse* qui lui apparurent tout à coup, et dont l'une le menaçait à droite, tandis que l'autre le menaçait à gauche, eut-il une si terrible défaillance?

Tu voudrais bien savoir, n'est-ce pas, quelles sont ces deux têtes de Méduse qui ont terrifié M. Mill?

Tiens! Louis, mon cher Louis, puisque tu t'es donné la peine de conserver cette relique, je vais te raconter cette petite histoire.

CHAPITRE XXI.

M. MILL SERVIRA A EN EXPLIQUER D'AUTRES.

Dis-moi, t'es-tu jamais expliqué l'étrange conduite de l'Angleterre à notre égard, cette conduite que je stigmatiserai chaque fois que l'occasion s'en présentera?

As-tu compris comment il est possible qu'au dix-neuvième siècle, nous ayons été traités par ce pays comme nous l'avons été?

Trois mois s'étaient à peine écoulés depuis le Coup-d'État qu'on nous fuyait comme la peste.

Et pourtant l'Angleterre, avec une unanimité qui, à nos yeux, lui faisait honneur, avait protesté contre ce Coup-d'État.

Prenons la chose au point de vue de la plus simple humanité, de la compassion que l'on accorderait à des brutes.

J'ai vu, et nous avons tous vu à Londres, pendant des semaines entières, des proscrits, hommes, femmes, enfants, couchés pêle-mêle, sur de la paille, dans une espèce d'étable.

D'autres erraient la nuit dans les parcs, faute d'avoir même un pareil gîte!

Je me souviendrai toujours de la conversation qui eut lieu devant moi entre deux de ces malheureux.

L'un avait trois enfants, l'autre en avait sept.

Ils se disputaient un peu d'ouvrage.

— « Vous voulez donc que je meure de faim? » dit celui qui avait sept enfants.

— « Si ce n'est vous, il faudra que ce soit moi! » répondit l'autre.

Et il ajouta :

« Ne me disiez-vous pas vous-même, hier, en parlant de notre situation, que *c'était le naufrage de la Méduse?* Eh bien, j'accepte votre définition, qui est exacte, et je me conduis comme sur *la Méduse!* »

Ainsi l'horrible abandon produisait le désespoir, et le désespoir engendrait la férocité!

Qu'on m'explique comment l'Angleterre a été pour nous si cruelle, au point de nous rendre si cruels les uns pour les autres!

Le naufrage de *la Méduse* en pleine mer, cela se conçoit; mais le naufrage de *la Méduse* en pleine civilisation, à Londres!

Dira-t-on que notre désastre n'a rien d'extraordinaire? que nous fournîmes un millionième exemple de la vérité du *Væ victis?*

Mais on ne peut pas dire cela.

En Angleterre, ce n'est pas nous qui étions les vaincus; notre opinion triomphait. Le *Væ victis* n'avait donc pas d'application.

Eh bien, néanmoins, voici un fait que personne ne saurait démentir.

Un ancien libraire dont Louis Blanc pourrait dire le nom (je ne me le rappelle pas... Si fait, je me le rappelle, et suis heureux de me le rappeler, il se nomme M. Weller), un homme jouissant d'une considération méritée, et bien connu des gens de lettres, parce qu'il a été à la tête de journaux et de revues, imagina, voyant tant de misère, de provoquer une souscription (c'était une idée assez naturelle). Il communiqua son projet à Louis Blanc, qui l'approuva. Voilà donc ce brave homme qui se met en route pour trouver des *partners*.

Trois jours durant, il parcourut Londres, cherchant à intéresser toutes ses connaissances (et elles étaient nombreuses) au plan qu'il avait conçu. Vains efforts! partout il fut repoussé, et il revint désolé vers Louis Blanc, lui déclarer que la chose était impossible, qu'il n'avait trouvé aucun concours; que pas un journal ne voudrait se charger de la souscription ni la patronner, pas même le *Leader*, ou plutôt le *Leader* moins encore qu'un autre.

Tu le vois, mon cher Louis, M. Mill n'est pas le seul qu'il faille expliquer.

Seulement, il peut servir à expliquer les autres.

CHAPITRE XXII.

IL SERVIRA A EXPLIQUER LA CHUTE DU SOCIALISME EN ANGLETERRE.

Je t'assure que nous traitons là un problème intéressant, et sur lequel personne que je sache n'a jeté encore aucune lumière.

Nous venons de le considérer sous une face, mais c'est la moins importante.

Ecoute-moi bien, en effet.

Les Français proscrits n'ont pas été reçus en Angleterre

avec froideur seulement ; ils ont été reçus avec inhumanité : voilà une chose certaine.

Mais en voici une autre qui ne l'est pas moins.

Avant le Coup-d'État, l'Angleterre était en voie de se faire socialiste ; après le Coup-d'État, toutes ses velléités à cet égard disparurent.

CHAPITRE XXIII.

ARRIVÉE A LONDRES.

Inutile de te dire en quel état nous partîmes de Paris, puisque c'est toi qui nous mis en voiture. Pendant le voyage, je m'aperçus que je marchais très-difficilement. Une de mes jambes refusait le service ; elle était raide, enflée, horriblement douloureuse ; un érysipèle s'était déclaré.

Nous voilà donc à Londres,

> Ville de bruit, de boue, et de fumée !

Que dirait-il aujourd'hui, l'homme de goût qui fit ce vers sur le Paris du dix-septième siècle, s'il se trouvait planté dans *Cheapside* ou près de *London-Bridge?*

Après une nuit passée dans un fort triste hôtel, il nous fallut chercher un gîte. Que de peines pour trouver un *furnished appartment* en rapport avec notre bourse !

Nous en trouvons un, à la fin, pour le modeste prix de *quinze shellings par semaine.*

Quinze shellings ! Songe à l'énormité de cette somme quand on possède si peu de shellings.

Et dans quelle demeure étions-nous !

Une petite chambre obscure, donnant, par une seule fenêtre, sur une cour grande comme la main, avec un cabinet de trois pieds de large, tout à fait sombre.

Quels lits! quels meubles! J'y pense avec dégoût.

La chambre si pleine de fumée, qu'au cœur de l'hiver, il nous fallait tenir la fenêtre ouverte.

Que vont devenir mes enfants? Ces pauvres enfants, les voilà en captivité! car je ne pourrai de longtemps me lever et sortir pour leur trouver un autre gîte.

A quoi pensais-je donc sur mon lit de douleur?

A bien des choses; mais, entre autres, à la lettre de M. Mill.

CHAPITRE XXIV.

SUITE.

Il faut que tu saches que cette lettre m'était déjà revenue en mémoire après le Coup-d'Etat, quand je fis cette longue Méditation dont je parlais hier à mon Biographe, lequel aurait dû, mais n'a pas su en donner la substance.

Je me résolus VOLONTAIREMENT à sortir de France. Ce fut le résultat de ma Méditation.

Mais je pouvais aller en Allemagne, en Suisse, en Belgique; du moins, je le pensais. Pourquoi ai-je été en Angleterre?

C'est pourtant cette lettre qui en est cause!

Je l'avais reçue depuis trop peu de temps pour que je l'eusse oubliée. D'ailleurs, oublie-t-on des lettres si bien tournées?

Elle confirmait pour moi toutes les notions vagues ou positives que j'avais pu recueillir des progrès du Socialisme en Angleterre.

L'Angleterre, me dis-je pensant à cette belle lettre, est le pays de la Liberté; c'est aussi le pays des applications, le pays où les idées se réalisent. Donc c'est là qu'il faut continuer de servir l'esprit humain.

Aussi quand, muni du sauf-conduit d'Emile Péreire, j'allai trouver à la préfecture de police M. Collet-Meygré, celui-ci me disant (d'un ton qui sentait trop, il faut en convenir, le lieu où nous conversions ensemble) que *l'intention du Gouvernement était que j'allasse en Amérique*, je lui répondis tout d'abord que je n'irais pas en Amérique; et comme il se retrancha sur l'Angleterre, je ne fis aucune difficulté d'accepter l'Angleterre.

J'avais toujours dans l'esprit la lettre de M. Mill.

Ah! le bon billet qu'a La Châtre!

CHAPITRE XXV.

SUITE.

Dès lors j'associai dans ma pensée M. Mill à Mazzini.

Le jour, quand je n'avais à causer avec personne, et la nuit, quand je ne dormais pas, je me disais, en manière de confort, pour dissiper les inquiétudes qui ne manquaient pas de m'assaillir :

« Mazzini est depuis longtemps en Angleterre. Lorsque je le vis, il y a quinze ans, et que nous passâmes tant de bonnes soirées ensemble, il y avait déjà de nombreuses relations. Il me trouvera bien quelques écoliers, peut-être même quelques articles à faire dans des journaux.

« M. Mill, de son côté, m'introduira dans quelque Revue. Il pourra au moins me procurer des leçons. »

Hélas! je n'avais pas tort de les associer!

CHAPITRE XXVI.

SUITE.

Aussitôt que je fus guéri de mon érysipèle, et que je pus marcher, je sortis pour aller voir mes futurs appuis.

J'étais bien un peu mécontent en moi-même de Mazzini. Trois semaines s'étaient écoulées depuis que j'étais à Londres, et je pensais quelquefois qu'instruit par Louis Blanc de l'état dans lequel je me trouvais, il aurait bien pu me faire une visite.

Mais ma première sortie n'en fut pas moins pour lui, conformément à cet apophthegme : *Est aliquid sacri in antiquis consuetudinibus* : « Il y a quelque chose de sacré dans « les anciennes relations. »

Je cours donc les bras tendus vers Mazzini ; mais l'*invisible* se dérobe, et je n'embrasse que du vent.

Ma seconde sortie fut pour M. Mill.

CHAPITRE XXVII,

OU JE M'INTERROMPS POUR ADRESSER DES REPROCHES A M. MILL.

Que vous m'avez fait de peine, monsieur Mill, et que vous m'en faites encore !

Pourquoi m'avez-vous écrit ? Quelle nécessité y avait-il à vous de m'apprendre :

« Que vous étiez *Démocrate Anglais*, associé DE COEUR ET D'ESPRIT *à la lutte des Socialistes Français pour la régénération des institutions humaines ;*

« Que *vous fondiez les plus belles espérances d'amélioration dans le sort de l'humanité sur les sentiments et l'intelligence de la classe ouvrière en France* ; etc., etc. ? »

Tout cela n'avait-il qu'un but, celui de me faire savoir :

« Que vous aviez écrit, vous et votre femme, ou plutôt votre femme toute seule, un article dans la *Revue de Westminster* ;

« Que cet article avait été beaucoup lu ; qu'il avait fait une *certaine sensation* en Angleterre et aux Etats-Unis d'Amérique, etc., etc. ? »

Et pourquoi, traître que vous êtes, terminiez-vous en me disant :

« Que s'il m'arrivait de *passer en Angleterre*, et que je voulusse bien (ce sont vos termes) *vous faire à vous et à votre femme l'honneur d'une visite* FRATERNELLE, vous seriez charmés de me renouveler *de visu* l'expression de votre *sympathie ?* »

Dites, pourquoi cela ?

Ah ! oui, je suis allé en Angleterre.... Mais comment m'avez-vous reçu ?...

CHAPITRE XXVIII.

SUITE.

Retournons dans la petite chambre où nous étions prisonniers, moi, ma femme, et mes enfants.

Je n'étais pas sans voir quelques visiteurs.

Je m'informe pour savoir quel est ce M. Mill qui m'a adressé naguère une lettre si aimable.

« Connaissez-vous, dis-je, un M. Mill qui écrit dans la *Westminster Review?*

— Si nous le connaissons! Mais c'est le plus célèbre économiste vivant de l'Angleterre. M. Mill est l'auteur d'un Traité d'Économie Politique en deux gros volumes qui fait autorité. C'est un homme du plus grand mérite, un esprit très-avancé.

— Ah! tant mieux! Un Économiste Socialiste! Nous ne sommes pas habitués à voir cela en France. Au contraire, en France, les Économistes et les Socialistes sont comme chats et rats :

> La nation des belettes,
> Non plus que celle des chats,
> Ne veut aucun bien aux rats.

Il paraît qu'il en est autrement en Angleterre. Tant mieux! Ah! que j'ai bien fait de venir en Angleterre!

— Mais de plus, me dit-on, M. Mill a une grande place, presque un ministère. Il est le secrétaire de la Compagnie des Indes.

— Comment! l'Angleterre est aussi avancée! »

Et M. Mill, ajoutai-je en moi-même, écrit, lui et sa femme, dans la *Revue de Westminster!*

Ah! cet ami-là, qui me traite si tendrement, et qui est économiste, pourra sans doute me trouver quelque *débouché*.

CHAPITRE XXIX.

SUITE.

Je descends *Charing-Cross*, j'enfile le *Strand*, j'arrive à *Cheapside;* me voilà devant l'Hôtel de la Compagnie des

Indes : *East India House*. Je lis cet écriteau avec plaisir. C'est bien de là, me dis-je, qu'est datée la lettre !...

Je demande à parler à M. Mill.

On lui porte mon nom.

Quelques instants après, il paraît.

De ma vie je n'ai vu d'homme plus mystérieux, plus silencieux, plus froid.

Il ne me reçut pas dans son cabinet.

Il me conduisit, à travers un long corridor, jusqu'à l'extrémité de l'immense bâtiment.

Arrivé là, il se fait ouvrir une salle.

Il s'y enferme avec moi, il ne me fait pas même asseoir.

Son œil m'interroge, il me prête l'oreille, il me donne l'exemple de parler bas, — absolument comme si nous conspirions.

Il me questionne sur ce qui vient de se passer en France, et sur les suites probables.

Il m'écoute quelque temps, hoche plusieurs fois la tête, ne me répond rien, ou peu de chose.

Puis il me reconduit, et, me laissant dans le corridor : « Vous prendrez à gauche, me dit-il, et vous trouverez l'escalier. »

Bonhomme que je suis ! j'attribuai dans le moment cette étrange réception à son *profond désespoir*. Je me promis de lui faire une autre visite.

CHAPITRE XXX.

SUITE.

Les jours s'écoulaient, et le lendemain ne me voyait pas plus avancé que la veille.

Cependant il fallait sortir du taudis sans air, sans ciel, sans lumière, où nous étions, et où la santé de mes enfants déclinait à vue d'œil.

Enfin Berjeau et Ribeyrolles viennent à mon secours. Ils ont trouvé un Français, commis voyageur, qui quitte Londres. Il lui reste encore quelques meubles dont il n'a pu se défaire : un bois de lit, un matelas, une paillasse, une table, cinq ou six chaises, et quelques ustensiles. Il demande de cela cent vingt francs ; mais sachant ma position, il se contentera de soixante francs comptant payés, je payerai le reste plus tard.

J'accepte avec empressement. Note, mon cher Louis, à l'honneur de notre espèce, que cet homme est venu depuis à Jersey, et que, ne me voyant guère plus riche qu'à Londres, il n'a pas voulu me presser d'achever le payement.

Me voilà donc avec des meubles, pas de couvertures, il est vrai, mais qu'importe ! il y a bien des gens qui passent l'hiver à Londres sans couverture, et j'ai pu être de ce nombre.

L'espoir renait dans mon cœur. Il ne s'agit plus que de trouver un petit *cottage* à louer.

Que de courses à cet effet ! Des courses en *omnibus* qui achevaient de ruiner ma bourse.

Enfin, devers *Chelsea*, bien loin, bien loin, je découvre un cottage assez grand pour nous contenir, pas trop cher pour ce que j'espérais gagner en travaillant courageusement.

Le propriétaire consent, quoique je sois étranger, à me louer son cottage.

Mais il lui faut une *référence*, une référence Anglaise.

Je n'hésite pas, et je n'avais pas d'ailleurs à hésiter.

Je ne connaissais à Londres d'Anglais que M. Mill.

Je donne son nom et son adresse.

Le propriétaire sourit en voyant ce nom imposant. « Quoi ! dit-il, le secrétaire de l'honorable Compagnie des Indes? Ah ! c'est parfait, *very well.* »

Rentré à la maison, j'écris à M. Mill. Je lui dis que j'ai pris la liberté, ayant besoin de louer un petit cottage, d'envoyer auprès de lui pour des informations.

J'attends trois jours. Enfin un soir, comme nous étions à faire notre repas, un morceau de pain sec et un verre d'eau, nous entendons notre hôtesse parler près de notre porte à un visiteur.

« Papa, dit Joseph, qui commençait à comprendre quelques mots d'anglais, c'est le propriétaire de la maison que tu as louée.

— Ah ! nous sommes sauvés ! »

Entre l'Anglais, qui d'un air évidemment peiné m'annonce... qu'*il ne peut pas me louer sa maison.*

Moi, bien surpris :

« Mais vous avez pourtant vu M. Mill ? » lui dis-je.

— « Eh ! oui, me répondit-il après un moment de silence ; et c'est précisément à cause de ce qu'il m'a dit que je ne puis vous louer ma maison. »

Ce fut un coup de foudre pour moi. Nous passâmes une triste soirée. Mes enfants, qui ne m'avaient pas vu un seul moment d'inquiétude sur la réussite de cette affaire, apprenaient là, pour la première fois peut-être, à se défier de la nature humaine. Or rien n'est affreux pour un père comme de voir cet horrible poison du doute et de la défiance envahir l'âme candide et aimante des enfants.

CHAPITRE XXXI.

SUITE.

Eh bien, le croirais-tu, mon cher Louis (mais pourquoi ne le croirais-tu pas? je suis sûr qu'en pareille circonstance tu aurais été absolument comme moi), le lendemain de ce jour désastreux, l'illusion m'avait repris de plus belle, et je ne doutais pas plus de M. Mill que je n'avais fait jusque-là.

O l'étrange fascination qu'une lettre peut produire !

J'attribuais ce qui venait de m'arriver à un pur accident, à une maladresse, à une distraction.

A force d'interrogations, j'avais obtenu du propriétaire du *cottage* de me révéler positivement ce que lui avait dit M. Mill.

Il est vrai que je l'avais pressé de toute sorte.

« M. Mill vous a-t-il laissé comprendre que je ne vous payerais pas?... que j'incendierais ou ruinerais votre maison?... Ou bien vous a-t-il déclaré qu'il ne me connaissait point, et que j'avais abusé de son nom?... Voyons, répondez. »

Ainsi pressé, l'Anglais avait fini par s'exprimer catégoriquement en ces termes :

« M. Mill m'a dit QU'IL NE CROIT PAS QUE VOUS PUISSIEZ RESTER EN ANGLETERRE. »

Le lendemain, donc, je répétais mentalement :

Il a dit qu'*il ne croit pas que je puisse rester en Angleterre !*

Ah! sans doute, c'est qu'il croit que les événements vont changer.

Il y aura eu là une scène comme dans le *Joueur* de Regnard, quand Hector prend des renseignements sur Sénèque :

> Ce Sénèque, Monsieur, était un galant homme.
> Était-il de Paris?...

Le Joueur, qui pense à autre chose, répond imperturbablement :

> .... Non, il était de Rome.

M. Mill m'a paru un homme très-occupé, très-absorbé dans ses cogitations. Quand le propriétaire lui aura dit :

« M. Pierre Leroux veut me louer un petit *cottage* pour la durée d'un an, »

Il aura songé en lui-même : « Non, je ne puis croire que la France ne se rouvre pas bien vite pour tous ces exilés. »

Et il lui aura échappé : « Il me paraît peu probable que M. Leroux puisse rester un an à Londres. »

Ah! l'imprudent ami!

Mais je le verrai bientôt. Je lui ai donné mon adresse; il sait à merveille quel intérêt j'attachais à changer de logement; au lieu de me servir, il m'a nui : il va venir s'excuser sans nul doute.

Vaine attente! ni ce jour, ni les suivants pendant un an que je restai à Londres, M. Mill ne parut.

CHAPITRE XXXII,

OU JE COMMENCE A EXPLIQUER M. MILL.

Ah! Louis, je te vois! je te vois d'ici!... ta douce figure est rouge d'indignation.

Alceste, en pareil cas, lève les bras au ciel, trépigne, se livre à des éclats de voix. Toi, tu rougis... (tu rougis pour ton espèce).

Mais calme-toi, cher Louis, et soyons philosophes. Il est certain que M. Mill m'a fait penser amèrement au :

> *Donec eris felix, multos numerabis amicos;*
> *Tempora si fuerint nubila, solus eris.*

Mais, que veux-tu ! cela était écrit là-haut.

— Cela, dis-tu, ne pouvait être écrit que dans le cœur...

— Ah ! te voilà qui éclates !

— Manquer à ses engagements un mois après les avoir pris, lorsque c'était le cas de s'en souvenir !

— De grâce, sois moins violent....

— Comment ! je ne m'indignerais pas contre cet homme pour le mal qu'il t'a causé, quand je m'indigne contre lui à cause de lui-même !

— Que veux-tu dire ?

— Le sot ! il a trouvé moyen de te faire tort, quand il ne s'agissait que de se faire plaisir ! Car une *référence* n'est pas une garantie. Il n'était pas question de répondre pécuniairement pour toi : il lui suffisait de dire qu'il te connaissait, et qu'il te croyait honnête.

— C'est vrai ; il eût fait son devoir sans qu'il lui en coûtât rien.

— Assurément ; et, au lieu de se conduire ainsi, il s'est exprimé de façon à t'empêcher de réussir !

— C'est encore vrai ; il a répondu, mais positivement répondu : JE NE CROIS PAS QUE M. PIERRE LEROUX PUISSE RESTER EN ANGLETERRE.

— Mais c'est inconcevable !

— Si inconcevable que je serais encore à le comprendre sans une conversation que j'eus un jour, ou plutôt une nuit... Cette nuit... restera dans ma mémoire. C'était la nuit où l'on célébra le *quatre-vingt-troisième anniversaire de la naissance de Robert Owen.*

CHAPITRE XXXIII.

SALUT A TOI, ROBERT OWEN!

A ce souvenir, à ce nom de ROBERT OWEN, permets-moi, mon cher Louis, d'oublier pour quelques instants M. Mill.
Salut à toi, Robert Owen, compagnon inséparable désormais de Saint-Simon et de Fourier; car en ce moment même où le hasard de mes pensées m'amène sur ton sujet, *j'apprends que la mort vient de t'achever*, et de te placer, non dans une Pyramide d'Egypte, ni dans un Saint-Denis, avec ceux qui ont eu la puissance, mais avec tes pairs, dans un monument plus durable, où vous régnerez ensemble... du *vrai règne,* du règne qui n'est pas encore de ce monde, mais qui en sera un jour !

CHAPITRE XXXIV.

SALUT AUSSI A TOI, CABET!

Et ton disciple, trop peu fidèle, y sera avec toi. Lui, il est mort aussi, mort avant toi, bien que le nombre de ses années fût loin du nombre des tiennes. Il est mort de soucis, de douleur, comme, hélas! je le lui avais prédit; mort au milieu de disciples révoltés, et, malheureusement pour lui, révoltés sinon avec justice, au moins sans injustice. Car comment pouvait son système, — emprunté originairement à tes idées, ô Robert Owen, mais les déguisant et les faussant pour les associer à un établissement politique sans plus d'idéal et de nouveauté que n'en présente la société actuelle, — comment ce système, dis-je, pouvait-il, au milieu des solitudes de l'Amérique, satisfaire le cœur et l'imagination d'hommes émancipés de toutes les croyances du passé, et auxquels leur guide ne présentait que des rêves d'un bonheur matériel irréalisable! malheureux égarés qu'il semble n'avoir réunis dans son *Icarie* que pour réaliser en grand le supplice de Tantale!

Pourtant il y sera, mais loin derrière son maître, dans ce *règne* dont je parle, l'aveugle qui voulut établir au Dix-Neuvième Siècle la communauté de S. Pierre sans la Foi Chrétienne. Il y sera, parce que la Révolution Française, émanation du Christianisme, l'avait illuminé par un de ses côtés, et qu'en prêchant, avec l'idéal d'Owen, la Révolution par ce côté, il a fait faire un pas à l'idéal de cette Révolution.

CHAPITRE XXXV.

INVISIBLE COMMUNION DE LA FRANCE ET DE L'ANGLETERRE.

Qui sait, en France, que Cabet fut un disciple de Robert Owen? Personne. C'est cependant utile à savoir.

Qui connaît le rapport intime de la Pensée cherchant pour l'Espèce Humaine une nouvelle route avec Robert Owen, et de la Pensée aussi s'élançant vers un idéal nouveau avec Saint-Simon et Fourier? Personne, ou presque personne. La coexistence de trois hommes tels que ceux-là, embrassant le même problème à trois points de vue différents, est cependant bonne à constater.

Qui apprécie au juste comment l'idée, je ne dirai pas purement révolutionnaire, mais infiniment plus révolutionnaire qu'organique, qui avait animé Danton, Camille Desmoulins, Robespierre, se teignit des couleurs de l'*Aurore du Socialisme* (c'est ainsi que je nomme la Triade Saint-Simon — Robert Owen — Fourier)? Personne-encore. Je ne connais cependant rien qui jette plus de clarté sur l'histoire de notre temps.

En soi, cette invisible communion de l'intelligence à travers le temps et l'espace, circulant du Dix-Huitième au Dix-Neuvième Siècle, de la France à l'Angleterre, et de l'Angleterre à la France, est assurément le spectacle le plus curieux que nous puissions nous procurer; car c'est le spectacle de nous-mêmes considérés dans notre essence, dans l'intelligence qui nous éclaire.

CHAPITRE XXXVI.

a demain!

Souffre donc, mon cher Louis, que je te dise, comme il est dit dans l'Evangile : « Arrêtons-nous ici, et faisons-y *trois tentes* (1). »

Mais je t'entends m'objecter que, si nous entamons ce chapitre, il nous conduira loin. Ta curiosité est surexcitée.

— Ne saurai-je donc jamais, me dis-tu, comment M. Mill....

---

(1) S. Matthieu, ch. xvii ; S. Marc, ch. ix ; S. Luc, ch. ix.

Patience! tu le sauras demain. Sais-tu à quoi je pense aujourd'hui?

Je pense à Robert Owen, qui m'a rappelé Saint-Simon et Fourier.

Est-ce que cette Triade aurait passé sur la terre comme un rêve stérile?

Jersey, 1858.

QUATRIÈME PARTIE,

OU J'ACHÈVE MA CONSULTATION.

CHAPITRE I.

LE QUATRE-VINT-TROISIÈME ANNIVERSAIRE DE LA NAISSANCE DE ROBERT OWEN.

L'Angleterre, étonnée de ce torrent d'*idées Socialistes* qui lui venaient depuis plusieurs années de la France, et qui semblaient donner raison à Robert Owen, s'était tournée de nouveau vers son *rêveur*, vers celui qui, depuis un demi-siècle, lui prêchait la théorie du *Bonheur par l'Association*.

Au souffle de la France, la renommée du Socialiste Anglais, qui semblait ternie, avait repris du lustre.

Une faveur inattendue honorait sa vieillesse, et récompensait ses travaux.

Je me rappellerai toujours avec joie avoir assisté à la célébration de son quatre-vingt-troisième anniversaire; et je remarque avec un juste orgueil que les Commissaires de la fête m'avaient placé à un de ses côtés; Cabet était à l'autre.

Quel beau vieillard! et quelle étonnante conservation de toutes les facultés humaines à un âge si avancé! Un trait, mon cher Louis, t'en fera juger.

Il avait lu un long discours qui avait bien duré une heure, et il l'avait lu debout, droit comme un jeune homme malgré sa haute taille, d'une voix ferme et claire, avec cet accent doux et persuasif qui caractérisait son genre d'éloquence. On l'avait, comme tu le penses bien, couvert d'applaudissements.

Il eut alors besoin de sortir, et, ne voulant déranger personne à droite et à gauche, le voilà, avec ses quatre-vingt-deux ans, qui saute lestement sur sa chaise, et passe par-dessus la table comme aurait fait un homme de vingt ans. Il revint à sa place sans plus d'embarras par le même chemin.

Il y avait à cette réunion douze ou quinze cents personnes des deux sexes, et on prenait le thé, suivant l'usage Anglais....

Je m'interromps pour me demander comment mon Biographe ferait cette fois afin de prouver que nous étions ivres! Il ne pourrait pas dire ici, comme au Banquet des Bergers : *Ivres de vin bleu, gorgés de veau froid*. Et quant à l'accusation de M. Thiers : *Vile multitude*, j'avais auprès de moi un des plus illustres médecins de Londres, qui me montrait du doigt, par ci, par là, des Savants, des Artistes, des Manufacturiers, et..... des Millionnaires!

CHAPITRE II.

LA PAROLE EST DONNÉE A CABET.

Je ne me souviens plus quel était le personnage qui, en conformité de la règle suivie en Angleterre dans tous les *meetings*, remplissait la charge de *Chairman* ou de Président de l'Assemblée.

Après avoir répondu courtoisement à l'illustre vieillard, le *Chairman* annonça qu'il allait donner la parole à divers orateurs, et il commença par inviter Cabet à la prendre.

Aussitôt l'idée me vint que le *Chairman* ne manquerait pas de me donner la parole après Cabet; et cette idée me causa un certain frisson. Il faut que je t'explique pourquoi. Mais, pour cela, il faut d'abord que je t'explique Cabet.

CHAPITRE III.

COMMENT CABET NE FIT RIEN CONTRE LES BANDITS.

Après la révolution de 1830, Cabet, qui avait joué un certain rôle dans la *Charbonnerie*, cette grande conjuration du Libéralisme adolescent, fut nommé par Dupont de l'Eure procureur-général en Corse.

Il y avait alors en Corse redoublement de *vendette*, ce qui arrivait régulièrement à toutes les révolutions; et si on l'avait envoyé là, c'était apparemment pour qu'il agît contre les *bannis* ou *banditi*.

Mais Cabet ne trouva pas la besogne de son goût. Il en vint peut-être à penser qu'employer à tort à travers la peine de mort contre des meurtriers n'était pas un remède moral efficace. Il est possible même que ces *banditi* lui aient paru de fort honnêtes gens, quoique un peu trop vindicatifs : tous les Corses pensent ainsi ; et Béranger n'a-t-il pas chanté les Contrebandiers?

Il donna sa démission, revint en France, fut nommé député dans son pays, la Bourgogne, et alla siéger au palais Bourbon.

Mais là il se trouva n'être de l'avis de personne.

Pourquoi? Je vais te le dire.

CHAPITRE IV.

PARALLÈLE DE CABET ET DE BAZARD.

Je rapprocherais volontiers Cabet de Bazard. C'étaient deux esprits infiniment plus politiques que philosophes. Ils s'étaient rencontrés et mesurés dans la Charbonnerie, Bazard conduisant Lafayette, et Cabet menant Manuel ou mené par lui.

Ils avaient une certaine ressemblance, même au physique : hommes d'action, hommes pratiques ; ayant tous deux la rage du commandement, et se croyant faits pour être les papes de la Société moderne.

Bazard était certainement plus fort, plus puissant comme intelligence, et même plus homme pratique que Cabet ; mais celui-ci, qui avait étudié le droit, qui s'était fait recevoir avocat, et avait eu un cabinet d'affaires, était plus fin, et je dirais volontiers, sans y entendre mal, plus retors.

Ces deux hommes étaient donc naturellement émules et dans une certaine rivalité.

Mais, le Carbonarisme ayant été forcé de se dissoudre, ils avaient suivi des routes bien différentes.

Bazard, dégoûté d'un démocratisme qui ne pouvait conduire qu'à des revers, avait cherché une doctrine. Poussant d'abord le principe de Liberté à ses dernières conséquences, il avait été jusqu'à traduire le Traité de Bentham en faveur de l'*Usure*. Mais à cette dernière limite, qui aboutissait à un abîme, *la Société livrée au Capital* (1), il s'arrêta effrayé, et vit tout à coup apparaître devant lui l'ombre de Saint-Simon, lequel venait de mourir.

Trois ans après, il exposait, à la salle de la Société de la Morale Chrétienne, rue Taranne, ce qu'il appelait la *Doctrine de Saint-Simon*.

Que cette désignation fût exacte ou non (Saint-Simon n'ayant réellement pas laissé de doctrine, mais seulement des idées), peu nous importe ici. Ce qui est certain, c'est que cette critique de la Société, faite l'histoire à la main, est à quelques égards un chef-d'œuvre. C'était fort, vigoureux, tout à fait neuf. Bazard ouvrait par cette critique une nouvelle ère de l'esprit, l'ère où il ne lui fut pas donné de s'avancer (2), l'ère de ce que j'ai nommé plus tard et que tout le monde nomme aujourd'hui le Socialisme.

Pendant ce temps, que faisait Cabet? Il s'était mis, comme je viens de te le dire, à la tête d'un cabinet d'affaires; et, la révolution de 1830 arrivée, il s'était déclaré en quelque sorte satisfait, en prenant une place dans la magistrature.

Cependant Bazard, assisté d'Enfantin, qui devait bien-

---

(1) Ce que nous avons aujourd'hui.

(2) Les solutions despotiques auxquelles Bazard s'était arrêté opposaient une barrière insurmontable à ce qu'il fît un seul pas dans cette voie. C'est ce qui amena la dissolution du groupe Saint-Simonien.

tôt causer sa mort (1), se posait hardiment à la salle Taitbout.

Cabet était trop fier pour se faire Saint-Simonien. Il n'en fut pas moins ému par l'exemple de son rival, et devint tout honteux de lui-même.

Il se chercha alors, il alla fouiller dans la cendre de la Révolution; il reprit la tradition de Marat et de Robespierre; il écrivit ou plutôt il rédigea (car écrire, pour lui, c'était rédiger; il ne connut jamais ce qu'on appelle le style), il rédigea son *Histoire de la Révolution* à un point de vue tout démocratique (M. Thiers avait traité avec succès ce sujet au point de vue de la Bourgeoisie).

Puis il voulut passer à l'application de cette histoire, et il publia un journal.

Ce journal ne tarda pas, comme de raison, à être incriminé; on demanda à la Chambre la permission de poursuivre Cabet, on l'obtint, on le condamna.

Mais il connaissait les lois; et, au lieu d'aller en prison, il préféra prescrire sa peine par cinq ans d'exil en Angleterre.

CHAPITRE V.

COMMENT CABET DEVINT LE DISCIPLE DE ROBERT OWEN.

Vois comme *les circonstances*, pour parler le langage de Robert Owen, *influent sur nos destinées*.

Voilà Cabet à Londres. Il y rencontra Robert Owen, revenu en ce moment d'Amérique.

Et ne l'eût-il pas rencontré, qu'il aurait rencontré son école.

---

(1) Je prie qu'on entende cela dans le sens spirituel.

Depuis vingt ans que Robert Owen prêchait son idée, il avait fait de nombreux adhérents.

Ses essais d'application en Écosse, en Irlande, et ensuite en Amérique, pour avoir été entravés, ou n'avoir pas réussi, n'en avaient pas moins éveillé une multitude d'intelligences.

Il y avait des O_wénistes_ à Londres, à Brighton, à Liverpool, à Exeter, à Glascow, à Edimbourg, à Dublin, à Cork, à Belfast, etc.

Ils avaient fondé plusieurs journaux, et avaient tenté de s'organiser à l'instar des Méthodistes pour la propagation de leurs principes.

Ils avaient rencontré immédiatement des adversaires de deux sortes :

D'abord, les dévots. Il ne fallait pas être grand théologien pour voir que Robert Owen renversait toute théologie, et que son idéal consistait véritablement à n'en pas avoir. A ce crime de l'irréligion se joignait le reproche de détruire la morale ; et en effet, Robert Owen n'a jamais pu se tirer de la question du mariage.

Mais il avait contre lui un autre genre d'adversaires, non moins redoutables, les purs démocrates.

Combien d'hommes aujourd'hui parfaitement inconnus, et célèbres alors, se déchaînèrent contre lui ! un M. Waitman, un M. Wooler, et le major Torrens, et le fameux Henri Hunt ! Il y avait aussi le vénérable major Cartwright, le plus philanthrope des réformateurs, et le plus révolutionnaire des philanthropes. Tous le poursuivaient de leurs discours dans les *meetings*, et de leurs railleries dans les journaux. N'avait-il pas osé annoncer sans ménagement que tous les remèdes proposés par le parti populaire, tels que la réduction des taxes et la réforme purement politique, ne guériraient aucun mal, tant qu'on ne trouverait pas les moyens d'occuper les classes industrielles d'une manière permanente, mais surtout tant qu'on n'aurait point refondu entièrement l'éducation intellectuelle et morale de la nation tout entière!

Ainsi Cabet, tombant de Charybde en Scylla, n'avait quitté la France, où les disciples de Saint-Simon attaquaient le Libéralisme comme une impuissance et la pure démocratie comme une rétrogradation, que pour se trouver en Angleterre au milieu d'une controverse identique au fond, quoique bien différente dans la forme et par la nature des idées mises en présence.

Il finit par se convaincre que Robert Owen avait raison, et que la Démocratie comme l'entendaient les démocrates n'était rien qu'une *idée négative*.

CHAPITRE VI.

COMMENT CABET SE MIT DANS LA TÊTE DE DONNER A LA DÉMOCRATIE UNE IDÉE POSITIVE.

Qu'arriva-t-il? Ne se mit-il pas dans la tête alors de donner à cette Démocratie une *idée positive!*

C'était celle qu'il venait de trouver en Angleterre.

D'un côté donc, populariser la BONNE NOUVELLE d'une *communauté* où les machines joueraient le rôle du travailleur, et où l'homme serait affranchi de tout esclavage ; — de l'autre, continuer la tradition révolutionnaire ; — se former ainsi un noyau et comme un peuple de disciples convertis à la doctrine du *Bonheur par l'Association*, mais avoir toujours en vue les événements qui pourraient permettre à ce petit peuple d'intervenir, son guide en tête, sur la scène politique, et d'influer par son exacte discipline sur le Gouvernement à donner à la nation tout entière, tel fut le plan qu'il se forma, et qu'il a suivi toute sa vie.

Pour arriver à le réaliser, il commença, en Angleterre, par se forger ce qu'on pourrait appeler un outil. C'est son *Voyage en Icarie.*

CHAPITRE VII.

STRATAGÈME DE CABET.

L'Evangile ne dit-il pas : « Soyez prudents comme des « serpents et simples comme des colombes » ?

Cabet donna la preuve de sa prudence dans le stratagème qu'il employa pour rendre ce livre invulnérable au Parquet.

Il le fit précéder d'un préambule plein de détails peu intéressants, mais de nature à donner l'idée d'un voyage réel, et d'un voyage qui ne devait rien présenter d'extraordinaire.

Il l'attribua à un certain lord William, et le supposa traduit de l'anglais en français par un maître de langue.

« Il paraît en Angleterre tant de Voyages, se dit-il, et on en traduit tant en français, que le Parquet n'y regardera pas, ou n'y verra goutte. »

En sa qualité d'ancien procureur du roi, il savait qu'alors un livre qui n'avait pas été poursuivi dans les six mois de sa publication ne pouvait plus l'être.

De retour en France, il fait imprimer son ouvrage avec le plus de secret qu'il peut, et le dépôt en est fait à la Direction de la Librairie.

Puis Cabet se tient coi et silencieux pendant six mois, n'annonçant pas même l'ouvrage, et ne le mettant pas en vente. Mais, le lendemain du jour où expiraient ces six mois, il sortit de son inaction, un journal et son livre à la main, le journal pour répandre le livre, le livre pour créer des adhérents à la politique du journal.

CHAPITRE VIII.

LE VOYAGE EN ICARIE.

Ce livre, au fond, n'est qu'un pastiche sur les essais pratiques de Robert Owen, grossis à la loupe et portés à toute l'exagération que peuvent faire supposer les progrès futurs de la mécanique. Mais, le destinant à la France et à servir son plan politique, Cabet se garda bien de dire un mot de son maître, ni de parler soit de New-Lanark, soit des autres tentatives du même genre qui avaient été faites dans la Grande-Bretagne et en Amérique.

Il dépaysa son lecteur en le transportant dans un pays imaginaire, prenant en cela modèle sur l'*Utopie* de Thomas Morus.

Aucune philosophie dans ce livre, mais partout l'idée de l'industrie organisée *au profit de tous*.

Comment? c'est ce qu'il oublie de dire. Il glisse sur les institutions politiques et civiles du pays, aussi bien que sur les mœurs; suppose la famille, ne la discute pas; admet un gouvernement, qu'il ne définit nullement; en un mot n'ouvre que les perspectives qui lui conviennent, lesquelles sont toutes matérielles : comme si son voyageur n'avait eu d'yeux que pour les richesses pondérables dont chacun était censé regorger dans ce pays de Cocagne.

Il faut bien convenir que c'est à cet artifice que ce livre a dû l'espèce de fascination qu'il a produite sur la classe ouvrière.

CHAPITRE IX.

LES ARTIFICES DE CABET.

Artifice! fascination! – plus haut, j'ai dit que Cabet était tant soit peu *retors*. — Il faut que je m'explique. Autrement je ressemblerais à Mazzini, qui s'est servi principalement de Cabet pour perdre le Socialisme.

Mazzini accuse Cabet d'avoir « *animalisé l'homme* » (1) ; il l'accuse d'avoir, par ses *fascinations*, par ses *artifices*, provoqué les ouvriers, le peuple, à la *recherche du bonheur*... du bonheur, entendons-nous, du bonheur qu'on peut se procurer *en soignant le corps* (2).

Ailleurs, lui ou son compère (dans un pamphlet frère des *Devoirs de la Démocratie*, que j'ai là aussi sous les yeux) appelle la doctrine politique de Cabet « le grossier « *détritus* qu'un esprit vulgaire pouvait tirer de la philo- « sophie matérialiste du Dix-Huitième Siècle ».

Pauvre Mazzini! encore une fois, qui ne se doute pas, croyant attaquer la France, que c'est à l'Angleterre qu'il s'attaque, puisque l'origine du Système de Cabet, *c'est Owen*.

CHAPITRE X.

EN QUOI CES ARTIFICES CONSISTENT.

Les artifices de Cabet pour fasciner et tromper le peuple consistent simplement en ceci, que, croyant, comme tant

---

(1) *Devoirs de la Démocratie*, page 3 de la réimpression de Bruxelles.
(2) « Ne dites pas : *Soignons le corps, et tout ira bien*, etc. » (*Devoirs de la Démocratie*, page 6.)

d'autres, aux promesses de la Révolution Française, il tomba, de plus, persuadé, en écoutant Robert Owen, qu'un jour les machines remplaceraient les Ilotes, les Esclaves, les Prolétaires.

Mais, n'étant nullement philosophe, il ne crut pas qu'il fût de son devoir d'élucider tous les problèmes que cette seule annonce de l'avenir soulève.

Il avait entendu tant de discussions en Angleterre sur l'Owénisme, qu'il ne se souciait pas de se jeter dans cette épineuse affaire.

Il avait vu, en France la dissolution récente de l'École dite Saint-Simonienne, école qui n'avait pu subsister dans une unité apparente que deux ans : mauvais encouragement à fonder une école du même genre, quand il en aurait été capable.

Et d'ailleurs, comment l'aurait-il fondée? Avait-il, lui, cinquante élèves de l'École Polytechnique dont il pût surexciter l'ambition? avait-il des fils de millionnaires pour lui fournir des subsides?

Il s'adressait à des ateliers de tailleurs, de cordonniers, aux pauvres, aux non-lettrés, aux déshérités, comme on s'est habitué à dire.

Ce qui arrivait alors à l'École de Fourier, continuée par Considérant, n'était pas plus encourageant. Cette École enseignait, après son Maître, des choses qui révoltaient le goût moral de Cabet, et sur lesquelles il ne voulait pas même jeter un regard. Cependant, s'il eût essayé à son tour de se faire philosophe, il eût été obligé de discuter ces propositions si étranges, et selon lui si criminelles.

Il resta dans sa sphère : *Ne sutor ultra crepidam.*

Il se traça une route étroite, ne se disant ni philosophe, ni même Owéniste, ce qui eût été encore se dire philosophe; mais, prenant son *Voyage en Icarie* pour un Coran, il se baptisa, et il baptisa ceux qui s'enrôlèrent sous son drapeau : *Icariens*, ou encore *Communistes Icariens*.

CHAPITRE XI.

SUITE.

D'autres, tels que Rey (de Grenoble) et un Breton nommé Radiguel, se sont donné beaucoup de peine pour faire connaître Robert Owen en France. A quoi ont-ils abouti? Leurs écrits n'ont eu que quelques rares lecteurs, et n'ont converti personne.

Robert Owen lui-même, quand il vit la ressemblance du Système de Fourier, qui commençait à se répandre, avec le sien, vint à Paris, et, dans quelques séances à l'Hôtel-de-Ville, exposa ou plutôt fit exposer ses idées par une jeune dame qui lui servait d'interprète. Comment fut-il reçu? Il fut éconduit sans aucune politesse.

C'est que Robert Owen, comme tu vas le voir tout à l'heure, mon cher Louis, était un penseur.

CHAPITRE XII.

LES PENSEURS ET LES POLITIQUES.

Or un penseur ne marche pas sans sa philosophie, sans ses dogmes. Il faut de l'attention pour le comprendre, de la résolution dans l'esprit pour adopter ou rejeter ses croyances; et, tout cela fait, on ne possède qu'un idéal dont la réalisation demande le concours d'une infinité d'hommes et de circonstances.

Que si, de plus, ce philosophe ne prêche pas l'emploi de la violence pour la propagation de ses idées ; — s'il n'adopte pas la méthode qu'adopta à la fin Mahomet, voyant que, jusque-là pacifique, on n'avait pas fait grand accueil à sa prédication ; — si ce philosophe, dis-je, veut (ce qu'il doit vouloir, *vu la Solidarité humaine*) la conversion du monde par la conversion des esprits, — on trouve tout cela beaucoup trop long (*attendu que*, le sachant ou non, *il renvoie à une autre vie*, à laquelle on ne croit pas).

Il est infiniment plus simple de se débarrasser de tout cet attirail de philosophie, et on se fait mieux entendre et écouter du vulgaire en allant résolûment à la proclamation du *fait* que l'on veut substituer au fait présent.

C'est la route que suivent les esprits ambitieux et les politiques.

« Je vous donnerai la République, dit l'un ; ce sera un Eldorado. »

— « Je vous ramènerai la Royauté, dit un autre ; ce sera le bonheur. »

Le philosophe est obligé de se contenter de l'influence qu'il peut acquérir sur quelques esprits d'abord.

CHAPITRE XIII.

LE CORAN DE MAZZINI.

Cela me fait songer encore à Mazzini, dont j'ai rapporté plus haut ces paroles :

« Moi ! je suis comme Mahomet ! »,

Et à qui je demandai *subito* : « Où est votre Coran ? »

Évidemment il entendait qu'au lieu d'être *pacifique*,

comme il me reprochait d'être, il était, lui, *guerrier*, sinon par lui-même, au moins parce qu'il employait la guerre.

La guerre, pourquoi?

Qu'on soit pacifique ou guerrier, il faut toujours revenir au Coran.

Il l'a rédigé lui-même, son Coran; il l'a rédigé en ces termes : *Dieu, Peuple, Amour, Association, Liberté, Vérité, Égalité, Vertu, Bien de tous* (1).

Sur quoi on lui répliquait, à Londres :

« Voilà, certes, des mots admirables; mais, pour rallier
« la grande armée de l'avenir, il faut plus que des MOTS;
« il faut un programme formé du sens profond que ces
« mots expriment; il faut des IDÉES, et non des PHRASES.
« Les phrases! elles furent toujours à l'usage des tyrans
« hypocrites et des ambitieux (2). »

CHAPITRE XIV.

LE CORAN DE CABET EN PARALLÈLE AVEC CELUI DE MAZZINI.

Cabet aurait pu, avec plus de raison, se comparer à Mahomet.

Au moins, il avait un Coran : c'était l'*Owénisme* réduit, sous le rapport matériel, à sa plus simple expression :

---

(1) « Il faut que tout homme de cœur vienne se rallier autour du dra-
« peau planté sur ce terrain commun que nous avons tant de fois indi-
« qué, que j'indique encore : *Dieu, Peuple, Amour, Association, Liberté,*
« *Vérité, Égalité, Vertu, Bien de tous.* » (*Devoirs de la Démocratie*, p. 7.)

(2) *Les Socialistes Français à M. Mazzini*, Londres et Bruxelles, 1852, page 26.

« l'homme, c'est-à-dire tous les hommes, servis par des
« machines. »

Et il avait un instrument de réalisation : « Le Gouver-
« nement qui sortirait des masses provoquées par l'attrait
« de cet idéal. »

CHAPITRE XV.

CABET A-T-IL TROMPÉ QUELQU'UN ?

La limite de ce que l'on a appelé le Système de Cabet ainsi tracée, il s'agit de savoir s'il a trompé ou cru tromper.

Et puis il s'agit de savoir s'il n'a point fait infiniment plus de bien que de mal, en supposant qu'il ait fait du mal.

Je dis d'abord qu'il n'a trompé personne, sinon en s'attribuant ou en se laissant attribuer un Programme qui lui venait d'Owen.

Autrement, si le monde a été trompé, c'est Owen qui l'a trompé.

Quant à la seconde question, je réponds, avec toute la force de ma conscience, que Cabet a fait infiniment de bien ; et ceux qui lui ont voulu tant de mal en conviendront, s'ils veulent réfléchir un instant.

CHAPITRE XVI.

QUAND SE LÈVENT LES RÉVOLUTIONS.

Quand se lèvent les révolutions, amenées par vos vices, suscitées par vos discordes, braves gens de la Noblesse et de la Bourgeoisie, qui les modère, qui leur impose une barrière, qui les empêche de tout renverser?

L'*Idéal*.

Et qui a montré l'idéal aux masses? qui leur a mis la mansuétude et l'amour, au lieu de la haine, dans le cœur?

Ceux que vous accusez d'avoir provoqué les révolutions, et qui n'ont fait qu'en prévenir les effets.

CHAPITRE XVII.

DU BIEN QU'A FAIT CABET.

Tu le vois, mon cher Louis, c'est à la Doctrine que Cabet avait été puiser en Angleterre qu'est due, en partie, la modification très-profonde et très-importante qu'éprouvèrent les idées révolutionnaires en France.

Ceux qui ont tant poursuivi Cabet, et qui, après avoir voulu *le faire assassiner* (1), ont tenté (ce qui était une infamie plus affreuse que l'assassinat) de le déshonorer comme escroc, ceux-là ne savent pas les services que Cabet a rendus à ce qu'ils appellent l'ordre. Il est vrai que ce qu'ils aimaient, ce n'était pas tant l'ordre que l'espèce d'ordre qui aurait fait triompher leur ambition, et les aurait élevés au comble des honneurs et des richesses. Sous ce rapport, Cabet, par l'empire qu'il s'était créé sur une partie du peuple, leur était odieux, et méritait tout ce qu'ils ont fait contre lui.

Mais, l'intérêt personnel de ces hommes mis de côté, qui, en 48, a fait plus de bien que Cabet?

---

(1) Je souligne à dessein ces mots.

Est-ce que la révolution de 48 a ressemblé à celle de 93, ou même de 89?

A qui le doit-on?

A Etienne Cabet plus qu'à tout autre.

Certes, ce n'est point Ledru, ni M. de Lamartine, qui ont empêché la violence dans cette révolution.

C'est nous; et, au début, c'est Cabet principalement, parce qu'il était dans un rapport intime avec les classes ouvrières. C'est Cabet qui, ayant fait luire aux yeux des Masses l'idée consolante et pacificatrice d'une société fraternelle, leur rendit odieuse la seule idée d'une révolution où l'on emploierait la guillotine et la lanterne; j'ajoute le sabre et le fusil! Car, si le peuple s'en est servi, c'est que d'infâmes machinations ont été employées pour l'y contraindre. Il n'y a pas une des journées néfastes où la guerre civile s'est déployée dans Paris qui n'ait été méditée et organisée par la police de ceux qui me disaient : « *Nous avons besoin d'une bataille.* » C'est ce que je me charge de démontrer, les faits à la main, avec la plus complète évidence.

Mais j'oublie trop que je ne fais pas ici l'éloge de Cabet, lequel éloge serait grand, si j'avais à parler de son caractère, de son amour pour la justice, de ses vertus privées. Je ne traite de lui qu'incidemment, et pour t'expliquer, mon cher Louis, l'espèce de tremblement que j'éprouvai en pensant que devant cette assemblée nombreuse et choisie, toute dévouée au Philosophe Anglais, je serais forcé de prendre la parole après Cabet.

CHAPITRE XVIII.

OU JE REVIENS A MON RÉCIT.

J'étais préoccupé, sais-tu de quoi? De l'honneur *philosophique* de la France.

— « Par esprit de nationalité? » me demanderas-tu. Tu verras tout à l'heure.

Comment Cabet va-t-il présenter à ces Anglais la philosophie de la France, lui qui la connaît si peu? Nous donnera-t-il son Icarie, ou l'équivalent de son Icarie, pour la contribution de notre pays au foyer des lumières? La grandeur de quelques idées émises par Saint-Simon ne l'a jamais frappé; il n'a jamais étudié le travail considérable qui s'est fait chez ceux qui se sont dits les disciples de ce grand homme. Il a tout rejeté de cette école, il la jalouse. L'originalité et la hardiesse des erreurs de Fourier lui sont également à peu près inconnues; il ferme volontairement les yeux aux problèmes moraux que ces erreurs mêmes suscitent. Toutes les sources pures ou impures du Dix-Huitième Siècle, d'où le Dix-Neuvième Siècle des Novateurs est issu, n'ont jamais été sondées par lui. Il s'est arrangé de la morale Chrétienne sans aucune connaissance théologique, et même en rejetant tous les dogmes du Christianisme. Comment donc va-t-il représenter la France, ici, en présence de Robert Owen? Or, si je suis en communion avec Robert Owen sur certains points, combien sur d'autres je diffère de lui! Il va donc me laisser le plus difficile à faire. Il prendra un rôle aimable et sympathique à cet auditoire, celui de louer le héros de la fête, de se faire son panégyriste : j'aurai pour mon compte toutes les réserves.

Voilà ce que je pensais, et je ne me trompai pas.

CHAPITRE XIX.

CABET PARLA, ET PARLA BIEN.

Cabet parla, et parla bien. Ceux qui trouvent que Cabet écrivait fort mal ne sauraient croire comme il parlait bien !

Le sujet, il faut en convenir, était magnifique. C'était la vie de ce patriarche du Socialisme, bien connu en Angleterre, bien connu en Amérique, et dont la verte vieillesse brillait encore si aimablement à nos regards.

CHAPITRE XX.

LE COMMENCEMENT DE ROBERT OWEN.

Il avait plus de quarante ans qu'il n'était encore qu'un mercier estimé à Manchester, et le riche propriétaire d'une grande filature en Ecosse.

Ce fut en 1811 ou 1812, à un dîner que les habitants de Glascow offraient à Lancaster, l'inventeur de l'enseignement mutuel, qu'il attira pour la première fois sur lui l'attention publique, en révélant à son pays des *pensers nouveaux*.

Je me sers à dessein de ce terme, qui rappelle le vers d'André Chénier :

Sur des pensers nouveaux faisons des vers antiques.

Je ne connais pas en effet une meilleure devise que ce vers pour le filateur de New-Lanark, devenu philosophe et législateur au milieu des travailleurs et à la vue des machines.

Ses *pensers* sont nouveaux. Rien de plus moderne, et en ce sens rien de plus original, que sa conception de la Société humaine servie par des machines, les hommes devenus par là égaux et libres, la machine à vapeur remplaçant l'Ilote.

Mais son système est antique, et ne dépasse pas les conceptions antiques.

CHAPITRE XXI.

UN MERCIER TERRIBLEMENT ÉVOLUTIONNAIRE.

Sa première idée fut donc celle que je viens de te dire : la *possibilité de substituer le travail des machines au travail de l'homme.*

Veux-tu savoir maintenant sa conclusion finale, telle que je l'entendis sortir de sa bouche, lorsque j'étais assis à sa droite et Cabet à sa gauche, et qu'il manifestait ses dernières pensées, mûries par quarante ans de réflexions?

Voici ce qu'il disait, aux grands applaudissements de tous ceux qui l'écoutaient :

« *In our day, and under the existing circumstances of the
« world, old things shall be made to pass away, and all
« things shall be made new.* »

« De nos jours, et sous l'empire des circonstances ac-
« tuelles du monde, toutes les vieilles choses doivent dis-
« paraître, et toutes choses être refaites à neuf. »

Voilà, il faut en convenir, un mercier terriblement *évolutionnaire*.

Je me sers de ce mot : *évolutionnaire*, et non pas du terme *révolutionnaire*, tu verras bientôt pourquoi.

CHAPITRE XXII.

COMMENT LA RÉVÉLATION VINT A ROBERT OWEN.

Robert Owen n'était pas lettré; il avait été mis dans la boutique dès son enfance. C'est pendant qu'il vendait des bonnets de coton à Manchester qu'il s'aperçut que *toutes choses devaient être refaites à neuf.*

Et pourquoi ces sortes de révélations n'arriveraient-elles pas ainsi? S. Pierre raccommodait les mailles de ses filets quand Jésus lui apporta l'idée d'un monde nouveau, d'une Jérusalem nouvelle, d'un règne de Dieu sur la terre, enfin de ce que S. Pierre lui-même appelle une époque de *renouvellement* et de *rafraichissement*.

CHAPITRE XXIII.

DE CEUX QUI RESSEMBLENT AUX RÉVÉLATEURS SANS L'ÊTRE.

Tu me diras peut-être : Est-on révélateur pour s'apercevoir que nous sommes à une époque de renouvellement, ou, comme disait Ballanche, de palingénésie? En ce cas, le nombre des révélateurs serait considérable, et Ballanche lui-même serait un révélateur ; de Maistre aussi, qui a dit quelque chose de semblable, et une foule d'autres.

Remarque bien, mon cher Louis :

Vous êtes aujourd'hui une foule qui voyez cela; mais, quand Robert Owen le vit en 1811 ou 1812, vous n'existiez pas.

Remarque encore :

A toutes les grandes époques de renouvellement, autour des révélateurs, c'est-à-dire des hommes véritablement transformés, des *homines novi*, si tu me permets d'employer ce terme, il y a toujours des hommes du passé, incapables de se transformer complétement, mais capables de simuler à quelques égards une métamorphose.

Il s'en trouve donc qui paraissent avant les révélateurs, d'autres pendant qu'ils accomplissent leur carrière, et d'autres encore après.

Ce sont surtout des hommes de forme, épris de l'éclat que les idées nouvelles peuvent jeter sur eux; mais prêts aussi à les répudier, de peur de se faire tort.

Ils ressemblent par moments aux vrais révélateurs, sans leur ressembler.

Sénèque ressemble à l'Evangile.

Ainsi de notre temps Ballanche, de Maistre, Châteaubriand, et d'autres.

CHAPITRE XXIV.

POUR UN SOCIALISTE, COMBIEN DE RÉVOLUTIONNAIRES!

Fixe aussi, je te prie, ton attention sur ce point.

— Pour un Socialiste, combien de purs Révolutionnaires!

Les Révolutionnaires sont des millions, les Socialistes sont des unités.

Mais les unités deviendront des millions.

Considère donc ceci :

Robert Owen conçoit la nécessité d'une société nouvelle. Il pouvait sortir de là un Révolutionnaire comme il y en a tant en Angleterre et ailleurs. Il en sortit un Philosophe et un Révélateur à quelques égards.

C'est que la raison, — plus que les passions, — guidait Robert Owen.

C'est aussi qu'il avait entrevu du premier coup le remède, ou ce qu'il croyait le remède, l'*Industrie organisée*.

CHAPITRE XXV.

LA RÉVÉLATION DE ROBERT OWEN DISTINGUÉE DE SA PRÉDICATION.

Robert Owen a passé sa noble vie à dire et à répéter, en vrai prédicant :

« *Error, evil, and misery, every where exist; and the means to establish truth, goodness, and happiness, every where abound. Shall the change now be made?* »

« L'erreur, le mal, et la misère, existent partout ; et les moyens d'établir la vérité, la richesse, le bonheur, abondent partout. *Et l'on ne pourrait faire l'échange!* »

Hélas ! il a bien vu lui-même combien il est difficile de faire l'*échange !*

Mais je n'appelle pas cette Prédication une Révélation.

CHAPITRE XXVI.

LA RÉVÉLATION DE ROBERT OWEN DISTINGUÉE DE SON SYSTÈME.

Je distingue aussi la Révélation de Robert Owen de son Système.

Il a imaginé que le Genre Humain se grouperait par petites sociétés de cinq cents à trois mille personnes ;

Il a organisé d'une certaine façon son établissement de New-Lanark ;

Il a fondé New-Harmony ; c'est-à-dire qu'ayant acheté des terres, il les a distribuées à diverses Communautés, qui ont bien ou mal réussi :

Tout cela m'importe peu.

Ce n'est pas ce que j'appelle sa Révélation.

CHAPITRE XXVII.

CE QUE J'APPELLE LA RÉVÉLATION DE ROBERT OWEN.

Ce que j'appelle proprement sa Révélation, ce que je distingue de sa Prédication et de son Système, veux-tu le savoir ? Le voici :

« La Société Humaine, affranchie des forces fatales de
« la nature, deviendra un mécanisme ; et l'homme lui-
« même, devenu libre, sera un rouage de ce mécanisme. »

Et c'est, en d'autres termes, la même Révélation qu'avaient apportée avant lui Saint-Simon et Fourier.

CHAPITRE XXVIII.

ROBERT OWEN N'A PAS DISTINGUÉ SA RÉVÉLATION DE SON SYSTÈME.

Note bien que ce n'est pas Robert Owen qui s'est formulé ainsi. Épris de son Système, il a confondu sa Révélation avec son Système. C'est moi qui, dégageant son idée de son Système, réduis sa Révélation à ceci : « La société est un mécanisme. »

CHAPITRE XXIX.

LA SOCIÉTÉ HUMAINE EST UN MÉCANISME.

Eh! oui, la société est un mécanisme.
J'ajoute :
Non-seulement, comme le pense Owen, elle deviendra un mécanisme, mais elle l'a toujours été, — quoique très-imparfaitement, pour son malheur.

Seulement Robert Owen n'a pas découvert en quoi consistera et en quoi a consisté en germe jusqu'à notre époque ce mécanisme.

CHAPITRE XXX.

SUITE.

Je te renvoie à l'enseignement que tu as reçu de moi, mon cher Louis, dans nos années de Boussac.

Ce mécanisme, voulu par Dieu, et venu de Dieu, c'est la TRIADE, suite et effet de la Trinité divine, reproduite dans notre nature; laquelle Triade a toujours existé dans le Genre Humain plus ou moins inconscient, et a produit toutes les sociétés humaines; laquelle Triade, par une suite nécessaire, existera toujours, et se manifestera de plus en plus.

La fameuse énigme du Sphinx, dont on donne des explications si ridicules, finira par être comprise.

Mais combien Robert Owen était loin de se douter de ce mécanisme naturel à la fois et divin, lui dont la philosophie, comme nous allons le voir tout à l'heure, se bornait à Helvétius!

CHAPITRE XXXI.

ROBERT OWEN N'A PAS CONNU LA LOI DE CE MÉCANISME.

Dépourvu de psychologie, ignorant l'histoire, doué d'un génie plutôt industriel que savant et artiste, il n'a pas vu, il n'a pas pu découvrir comment l'homme serait *rattaché à l'homme*, et comment *tous les hommes s'associeraient au sein même du travail et autour des instruments de la production*.

CHAPITRE XXXII.

LE FATALISME DE ROBERT OWEN.

La Providence, qui dispense ses dons, ne voulut donner à Robert Owen que le degré de Révélation que je viens de dire.

Seulement elle l'arma d'un principe de destruction véritablement invincible à l'époque où nous sommes.

Ce principe de destruction, c'est son Fatalisme, que, dans son illusion, il a regardé comme une *science nouvelle*, et qui n'est qu'une arme destructive appropriée à notre époque.

CHAPITRE XXXIII.

SUITE.

Un disciple d'Owen me disait un jour : — « M. Owen n'a
« jamais rencontré un homme de bon sens qui, après

« une heure de conversation avec lui, n'ait été obligé de
« convenir que la Société actuelle est un hôpital de fous,
« *Lunatic asylum !* »

Je lui répondis : « C'est que la philosophie de M. Owen
« est la philosophie *régnante*. »

Il ne me comprit pas, et pourtant rien n'est plus vrai.

CHAPITRE XXXIV.

COMMENT ROBERT OWEN, DEVENU FATALISTE, ARRIVA A L'ATARAXIE.

Le Fatalisme de Robert Owen n'a aucun rapport avec le fatalisme antique, avec le fatalisme du vulgaire et des poètes. Il ne ressemble pas davantage à l'idée d'un enchaînement nécessaire de tout ce qui constitue l'Univers, d'une chaîne interminable de causes, et d'effets devenus causes à leur tour, que certains philosophes ont opposée à l'idée de la Providence. C'est quelque chose de plus simple ; c'est *le hasard* d'Épicure appliqué à la Société.

Tu vas comprendre aisément comment il est arrivé là.

Je t'ai dit quelle fut sa première idée, son idée-principe : l'influence des machines, et la possibilité de substituer leur travail au travail de l'homme.

Mais quels changements une pareille substitution n'apportera-t-elle pas dans la société ! Cette société sera donc transformée de fond en comble !!! *Il le faut, cela est nécessaire.*

Ce fut sa seconde idée.

La troisième fut : Quelle estime devons-nous faire d'un état social qui est ainsi destiné à disparaître ?

Et la plaie de cet état social lui apparut dans toute sa laideur.

Pourquoi l'inégalité des conditions? Pourquoi des riches et des pauvres?

Il répondit : Hasard de la naissance, absence d'une société *rationnelle*.

On lui objecta, ou il s'objecta à lui-même : Mais le crime ou la vertu, mais les talents ou l'ignorance, la laideur morale ou la beauté?

Et il répondit : Hasard de l'éducation, hasard des conditions, hasard encore de la naissance.

Dès lors cette société, qu'il voyait attaquée d'ailleurs par tant de révolutions, ne lui parut plus ni viable ni regrettable.

A force de réfléchir sur son idée, il en vint à se persuader fortement que le caractère des hommes, leur valeur morale, et ce qu'on pourrait appeler leur titre, leur bon ou leur mauvais aloi, leur est donné par les circonstances, et ne dépend d'eux en aucune façon ; ce qu'il exprime par cet aphorisme : « *The character of man is formed for him, and not by him :* Le caractère de l'homme est formé « pour lui, et non par lui. »

De là cette conclusion : « Il n'y a différence aucune, « aux yeux du philosophe, entre l'homme réputé le plus « estimable et l'homme réputé le plus infâme et le plus « scélérat. »

« L'assassin est égal au bourreau.... et le juge aussi. » Tout ce qui les constitue dépend des circonstances.

Arrivé là, Robert Owen fut un homme transformé ; il avait fait ce que Fourier nomme *l'écart absolu*.

Son principe de la nécessité des actes humains, d'où résultait l'indifférence d'estime pour ce qu'on appelle le bien ou le mal, passa pour ainsi dire dans son sang et dans son tempérament.

Jamais homme, dit-on, ne supporta mieux les défauts des hommes, tout en plaignant leur sort et en se lamentant sur leur folie.

Jamais inventeur de système ne souffrit avec plus de patience les objections et les objurgations de tout genre.

Il était arrivé à l'*ataraxie*.

CHAPITRE XXXV.

ROBERT OWEN RESSEMBLE A SON SIÈCLE.

Chose étrange ! ce philosophe, qui paraît et qui est en effet si original, ressemble pourtant à son siècle.

Le monde est plein d'hommes qui pensent comme lui, sans le savoir ; seulement ils sont inconséquents, et il est logique.

Quand Robert Owen dit : « La société actuelle étant fondée sur le hasard, *tous les caractères sont formés fatalement;* par conséquent, se vanter de sa loyauté, de sa probité, de son honneur, est pure fatuité ; s'enorgueillir de ses talents est aussi insensé que s'enorgueillir de sa fortune ; flétrir le vice est marque d'un petit esprit, puisque les vicieux auraient pu être les vertueux s'ils s'étaient trouvés à leur place, et réciproquement ; punir le crime est une occupation futile, puisque le crime renaîtra toujours ; de plus, c'est une occupation cruelle, puisque vous êtes obligé de faire du mal à votre prochain ; et enfin, c'est une occupation inique, quand on considère qu'au fond il n'y a aucune différence entre un honnête homme et un scélérat, entre le juge le plus intègre et le plus cruel assassin : l'un aurait pu être l'autre..., affaire de *circonstances* » ;

Quand Robert Owen, dis-je, s'énonce ainsi, tout le monde a horreur de pareilles assertions; et pourtant tout le monde admet les prémisses sur lesquelles ces assertions s'appuient.

Non, non, Robert Owen ne détonne pas avec son siècle; sa doctrine fataliste n'est que la note la plus grave du concert d'opinions qui règnent aujourd'hui.

CHAPITRE XXXVI.

A QUOI CROYEZ-VOUS?

Tiens! en parlant de concert, si j'avais là le violon dont les peintres de la Danse Macabre armaient la Mort, je ferais paraître ici tous les rangs, toutes les conditions, tous les partis, les rouges, les blancs, les bleus, et je leur dirais : — « N'est-ce pas que vous pensez comme Robert Owen? » — et ils seraient forcés d'en convenir.

Car ils seraient forcés de convenir qu'ils ne croient à rien qu'au *hasard*.

« Qui gouverne la société? leur demanderais-je; est-ce Dieu? »

Ils répondraient avec Béranger, faisant parler le bon Dieu :

> Si c'est par moi qu'on règne de la sorte,
> Je veux, mes enfants, — etc.

Il y en a bien qui feraient semblant d'avoir une religion, la plus vieille possible, la plus décrépite; mais les plus sincères diraient avec Zaïre :

> J'eusse été près du Gange esclave des faux Dieux, — etc.

ou avec le père de Zaïre :

Nos prêtres ne sont pas ce qu'un vain peuple pense, — etc.

Ils me chanteraient le *Pape* de Béranger, ils auraient toute une bibliothèque de livres sérieux et de pasquinades à mon service sur ce point.

« Qu'est ce qu'un trône ? » leur dirais-je.
Ils me répondraient avec Napoléon :

« Quatre planches de sapin couvertes de velours. »

— « Et si celui qui est dessus vous gêne ? »
Ils me diraient avec Hugo :

Tu peux tuer cet homme avec tranquillité.

— « Qu'est-ce que la propriété ? »
Proudhon répondrait : « C'est le vol. »

— « Et la vertu des femmes, qu'en pensez-vous ? »
Ils me montreraient leur littérature.

Mais tu trouves que je mène ma preuve trop lestement.
Tu t'attends peut-être à ce que je te serve une démonstration en forme.
Eh bien ! écoute-moi.

CHAPITRE XXXVI.

SI ROBERT OWEN PENSE COMME HELVÉTIUS, IL PENSE COMME TOUT LE MONDE.

Est-ce que le Dix-Neuvième Siècle n'est pas issu du Dix-Huitième ?

Est-ce que, par conséquent, les idées les plus avancées

du Dix-Huitième Siècle ne sont pas devenues aujourd'hui le *mezzo termine* de la raison humaine?

Or quelles étaient les idées les plus avancées du Dix-Huitième Siècle?

Evidemment, s'il y a un philosophe qui ait résumé le *Sensualisme* sous toutes ses faces, c'est l'auteur du livre *De l'Esprit* et du livre *De l'Homme*, c'est Helvétius.

Si donc Robert Owen pense comme Helvétius, il pense comme tout le monde.

Or tu vas voir à quel point Robert Owen pense comme Helvétius.

CHAPITRE XXXVIII.

LE FATALISME DE ROBERT OWEN EST IDENTIQUEMENT LE SENSUALISME D'HELVÉTIUS.

Quel est le paradoxe si célèbre d'Helvétius?

« Les hommes naissent avec les mêmes talents, et ils
« doivent tout leur esprit à l'éducation. »

Comment, en effet, Helvétius n'aurait-il pas cru cela, lui qui comblait la distance entre l'homme et les animaux de la même manière, c'est-à-dire avec l'éducation?

« L'homme, disait-il, ne diffère de l'animal que parce
« qu'il a des organes qui lui donnent le moyen de s'in-
« struire, par exemple une main préhensive, au lieu d'un
« sabot comme le cheval. »

Et tout cela, en effet, découlait, d'une manière claire et certaine, de la théorie de Locke et de Condillac, qui attribuaient exclusivement aux Sens toute la Connaissance humaine.

Ainsi donc, suivant Helvétius, tous les hommes naissent avec les mêmes facultés, et doivent *leur esprit* à l'éducation.

Or, par *esprit*, qu'entendait l'auteur du livre *De l'Esprit* et du livre *De l'Homme?* Il entendait l'homme tout entier. Combien de pages n'a-t-il pas écrites pour prouver que « les idées de vice et de vertu dépendent du climat »!

La vertu! quel mot! est-ce qu'il y en a, est-ce qu'il peut y en avoir, avec une pareille philosophie? Je demande à Helvétius : « Qu'est-ce que la vertu? »

Il répond : « L'effet d'un mobile intéressé. » Toujours le même principe.

Je lui demande : « Quel est le mérite des actions? »

Réponse : « Le degré d'utilité selon lequel elles contri-
« buent au bien-être d'une société quelconque. »

Bentham a admis ce *critérium* du mérite de nos actions, *l'utilité.* Robert Owen, plus sincère et par là même plus profond, n'a pas voulu l'admettre.

En effet, dans la théorie d'Helvétius, ceci n'est pas solide; car pourquoi voulez-vous que moi individu, qui ne connais que moi et mes sensations devenues mon esprit, mon caractère, pourquoi voulez-vous, dis-je, que je m'embarrasse du degré d'utilité que mes actions peuvent rapporter à la société, au lieu de m'occuper uniquement du degré d'utilité qu'elles peuvent me rapporter personnellement?

Tu le vois, le Fatalisme de Robert Owen est identiquement le Sensualisme d'Helvétius.

Or, comme le Sensualisme du Dix-Huitième Siècle est la philosophie vulgaire du Dix-Neuvième, comme il a pénétré partout et s'est infiltré dans toutes les intelligences, il s'ensuit que Robert Owen, si étrange en apparence à cause de son Fatalisme, est, à cause de ce Fatalisme même, le philosophe qui ressemble le plus à son époque : *Quod erat demonstrandum*.

CHAPITRE XXXIX.

HELVÉTIUS A LA SECONDE PUISSANCE.

Robert Owen systématique et fataliste n'est donc véritablement qu'Helvétius *à la seconde puissance* (1).

---

(1) Combien de fois n'a-t-il pas répété que tout son système dépendait de cette seule idée : *that the general and individual qualities of man are created, combined and formed for and not by him* : « que les qualités gé-« nérales et individuelles de l'homme sont créées, assemblées et fabri-« quées pour et non par lui »; en d'autres termes, que *l'homme est un produit de l'éducation et des circonstances* : principe qu'il disait avoir échappé jusqu'ici à la connaissance du Genre Humain; ce qui, suivant lui, était cause que ce Genre Humain n'avait pas su d'où lui venait le bien et le mal, et n'avait pu par conséquent faire régner l'un et détruire l'autre.

Mais, pour que l'on puisse mieux juger de l'identité de sa doctrine et de celle d'Helvétius, je vais citer les aphorismes de l'espèce de Catéchisme qu'il a publié sous le titre de : *The Outline of the rational System of Society* : « Esquisse du Système rationnel de Société. »

Voici les *cinq faits fondamentaux* sur lesquels il base ce système :

Les cinq faits fondamentaux.

I. L'homme est un *être composé*, dont le caractère est formé par son organisation et les circonstances extérieures dans lesquelles il est placé depuis sa naissance; cette organisation et les circonstances extérieures agissant continuellement et réagissant l'un sur l'autre, depuis sa naissance jusqu'à sa mort.

II. L'homme est *contraint* par sa constitution à recevoir les *sentiments* et les *convictions* qui sont produits en lui.

III. Ces *sentiments* ou ces *convictions*, ou tous les deux unis, créent le motif d'action appelé la *volonté*, qui le stimule à agir et détermine ses actes.

IV. Il n'y a pas deux êtres humains dont l'organisation soit précisément semblable à l'instant de la naissance; et par conséquent l'art ne saurait former, de l'enfance à la maturité, deux individus de façon à ce qu'ils se ressemblent exactement sous tous les rapports.

V. Néanmoins la constitution de tout enfant, excepté dans le cas d'une maladie organique, est capable d'être façonnée et mûrie de manière à produire un être *très-inférieur* ou un être *très-supérieur*, selon les qualités des circonstances externes qui ont le privilège d'influencer cette constitution à partir de la naissance.

CHAPITRE XL.

SINGULIERS RAPPORTS ENTRE HELVÉTIUS ET ROBERT OWEN.

Il est remarquable qu'il naquit l'année même où mourut Helvétius, en 1771, comme pour lui servir de continuateur.

Il y a quelque chose de plus remarquable encore : c'est que le portrait qu'on nous fait d'Helvétius semble s'appliquer trait pour trait à Owen.

« Peu d'hommes, nous disent les contemporains d'Helvétius, ont été traités par la Nature aussi bien que lui. Il en avait reçu la beauté, la santé, et le génie. Dans sa jeunesse, il était très-bien fait ; ses traits étaient nobles et réguliers ; ses yeux exprimaient ce qui dominait dans son caractère, c'est-à-dire la douceur et la bienveillance. Il avait l'âme courageuse, et naturellement révoltée contre l'injustice et l'oppression. Personne n'a dû être plus convaincu que lui que, *pour réussir, il ne faut que vouloir fortement*. Il avait été bon danseur, habile à l'escrime, tireur adroit, financier éclairé, bon poëte, grand philosophe, dès qu'il avait voulu l'être. Il avait aimé beaucoup les femmes, mais sans passion et entraîné par les sens. Il n'avait pas, dans l'amitié, de préférence exclusive ; il y portait plus de procédé que de tendresse. Ses amis, dans leurs peines, le trouvaient sensible, parce qu'il était bon ; dans le cours ordinaire de sa vie, ils lui étaient peu nécessaires. Il a aimé la gloire avec passion, et c'est la seule passion qu'il ait éprouvée (1). »

---

(1) *Éloge d'Helvétius.*

Tout cela, selon moi, autant que j'ai pu en juger, s'applique parfaitement à Robert Owen.

CHAPITRE XLI.

LE BONHEUR DES NOMS.

On peut dire aussi qu'il eut le bonheur des noms.

Il naquit dans un village appelé *Newton*, ce qui veut dire *nouvelle ville*, mais ce qui rappelle aussi *Newton*. Quand il voulut avoir une manufacture en Ecosse, il rencontra *New-Lanark* : encore le signe du neuf ! Plus tard, il voulut conquérir le *Nouveau-Monde* à son idée ; et quand il alla en Amérique fonder un établissement modèle, il trouva dans l'état d'Indiana une communauté de Moraves qui s'appelaient *Harmoniens*. Ces Moraves lui vendirent 30,000 acres de terre et un village tout bâti ; de sorte qu'il n'eut qu'à joindre l'épithète de *New* à leur nom, pour donner à son établissement le nom sonore de *New-Harmony*, sous lequel on a souvent désigné son système.

CHAPITRE XLII.

RÉSUMÉ DU SYSTÈME DE ROBERT OWEN.

En résumé, quand on considère à fond ce système, qui porte partout l'enseigne du nouveau, on voit que sa base philosophique est antique : c'est l'Épicuréisme, sous le double rapport du Fatalisme, ou de la nécessité absolue des actes humains, et du Sensualisme, ou de la sensation comme principe de la morale.

Certes, ce n'était pas dans les écrits de l'Antiquité qu'Owen avait pris cette doctrine, mais qu'importe !

La forme également est antique; c'est la Communauté, c'est le Couvent, c'est le Phalanstère, pour employer le langage de Fourier, le Monastère moderne.

Mais comment se gouvernera cette Communauté? Sur cette question capitale, aucune réponse, aucune réponse solide.

Évidemment, Fourier, qui était jaloux des succès qu'Owen obtenait en Angleterre et aux Etats-Unis, avait raison de l'accuser de vacuité, et, comme il disait, de *Simplisme*. Seulement ses conceptions à lui, toutes compliquées qu'elles fussent, ne valaient pas mieux que le simplisme de l'autre.

CHAPITRE XLIII.

COMMENT CABET LOUA ROBERT OWEN.

Mais Cabet s'attacha moins à exposer la philosophie de Robert Owen, ou le *déficit* de sa philosophie, qu'à raconter ses actions.

Il le montra vulgarisant incessamment la conception d'un *nouveau monde moral et industriel*, et passant huit fois l'Océan pour porter cette idée d'Europe en Amérique et la rapporter d'Amérique en Europe.

Il rappela les adhésions glorieuses qu'il avait obtenues, sans trop insister sur les adversaires qu'il avait rencontrés.

Il le montra, en 1819, appuyé par le duc de Kent et le duc de Sussex, deux frères du roi, dans deux grands *meetings*; et, à cette occasion, il fit à la reine Victoria, fille du duc de Kent, et au prince Albert son époux, une allusion qui fut fort applaudie, et qui, du reste, était méritée.

Mais ce qui me parut avoir un caractère plus imposant dans la vie du Philosophe Anglais, ce sont ses discours devant la Chambre Représentative des Etats-Unis, quand il osa dire, avec une noble franchise, aux Américains, du haut de leur tribune nationale, « qu'ils n'étaient point « encore une nation vraiment libre, puisqu'il existait au « milieu d'eux un fort esprit d'intolérance en matière de « religion. »

Plus charitable que les fils de Penn, Robert Owen avait tout droit de leur faire la leçon. Quand on ne croit qu'aux *dollars*, comme les Américains, peut-on conserver l'intolérance?

C'est ainsi que Cabet loua dignement cet homme qui, par la sérénité de son âme conforme à son principe, rappelle tout à fait un Sage de l'Antiquité.

CHAPITRE XLIV.

ON ME DONNE LA PAROLE.

Le *Chairman* remercia l'Orateur de son intéressant discours, tout à l'éloge de l'illustre vieillard objet de cette fête. Mais je remarquai que, glissant sur la pente que Cabet lui avait préparée, il rapporta à l'Angleterre plus qu'il n'appartenait à l'Angleterre, comme si les idées que Cabet et moi représentions dans cette fête Anglaise n'avaient pas d'autre origine qu'Owen. Il termina, ainsi que je l'avais prévu, en m'invitant à prendre à mon tour la parole.

Dès les premiers mots, je m'attachai à mettre de la clarté où Cabet, par les raisons que j'ai dites, avait laissé l'obscurité la plus profonde.

Je louai de mon mieux, et comme je le sentais, notre vénérable ami et maître ROBERT OWEN, ce Mercier Anglais qui a fait un plan et pris de mesures :

> TO WELL PLACE, AND WELL FEED, WELL CLOTHE,
> WELL LODGE, WELL EMPLOY, WELL EDUCATE,
> WELL GOVERN, AND CORDIALLY UNITE,
> THE POPULATION OF THE WORLD :

> *Pour bien distribuer, bien nourrir, bien vêtir,*
> *bien loger, bien employer, bien éduquer,*
> *bien gouverner, et cordialement unir,*
> *la population du globe.*

Mais je n'oubliai ni SAINT-SIMON ni FOURIER ; et je ne subalternisai pas les *rêveurs* de France au *rêveur* d'Angleterre.

CHAPITRE XLV.

ARRÊTONS-NOUS ICI, ET FAISONS-Y TROIS TENTES.

Si le *Chairman* avait parlé par un esprit de patriotisme Anglais, il dut être bien étonné, car tout esprit de nationalité avait disparu dans ma réponse.

Tu sais ce que je te disais hier, mon cher Louis : *Arrêtons-nous ici, et faisons-y trois tentes;* — c'est le fameux chapitre sur la *Transfiguration*.

Les trois tentes de l'Evangile se rapportent aux trois Révélateurs : Moïse, Elie, et Jésus.

Moïse, dans cette Triade, est le révélateur au point de vue de la SENSATION.

Elie, tige des Prophètes, est le révélateur au point de vue du SENTIMENT.

Jésus, qui apporte la doctrine de l'Homme-Dieu, du Dieu-Homme, du Dieu-Humanité, est le révélateur au point de vue de la Connaissance.

Ces *trois* s'unissent, couverts d'une nuée resplendissante ; et tout d'un coup une voix sort de la nuée, qui dit : « C'est ici mon fils bien-aimé. »

Comment est-il possible qu'on prenne un pareil texte pour un *récit légendaire*, quand il porte tous les caractères d'une révélation métaphysique ?

CHAPITRE XLVI.

SUITE.

Jésus choisit *trois* de ses disciples. Pourquoi trois ?

Deux de ces *trois* sont S. Pierre et S. Jean, dont le caractère traditionnel est si fortement marqué, et qui ont été chacun à la tête d'une des trois Deuteroses du Christianisme : — S. Jean, l'apôtre du Sentiment, de l'Amour ; — S. Pierre, l'apôtre de la Sensation, de l'Activité, l'homme du fait. Quant au troisième, S. Jacques le Majeur, il tient ici la place de S. Paul, qui n'avait pas encore paru.

Jésus se fait donc accompagner, sur la haute montagne où la Leçon va se donner, par une Triade d'Apôtres parfaitement choisis pour représenter :

La Connaissance — le Sentiment — la Sensation.

Mais pourquoi une *haute montagne ?*

C'est qu'il s'agit de pénétrer dans la sphère la plus élevée des idées, dans la nature divine, qui est en même temps la nature humaine.

CHAPITRE XLVII.

SUITE.

Or voilà Jésus qui *se transfigure*. Qu'est-ce à dire?
Que sa vraie nature, ce qu'il est en essence, va se révéler :

« Son visage devint resplendissant comme le Soleil, et ses habits devinrent éclatants comme la Lumière (1). »

Pourquoi le Soleil? pourquoi la Lumière?
C'est que la décomposition du rayon blanc, qui donne lieu à *trois rayons*, est la meilleure analogie qu'on puisse présenter pour exprimer la décomposition *en trois* du Verbe dans toutes les créatures, et en particulier dans l'âme humaine.

Quoi! me diras-tu, l'Antiquité connaissait donc la décomposition de la Lumière?

L'Arc-en-Ciel est-il d'hier?

CHAPITRE XLVIII.

SUITE.

Alors l'union de la Connaissance, du Sentiment, et de la Sensation, représentés par les trois Révélateurs, s'accomplit sous une nuée lumineuse; et quand le phénomène a eu lieu, il ne reste qu'un homme au lieu de trois; il ne reste que Jésus : *Ecce Homo!*

---

(1) Dire que Le Maistre de Sacy a traduit τὸ φῶς par *la neige!* Il a suivi la Vulgate. Voilà pourtant l'Evangile que lisent les Catholiques!

LIVRE I.   403

Mais il me plait de citer le texte, sans y ajouter plus long commentaire :

« Six jours après, Jésus prit Pierre, Jacques, et Jean son frère, et les
« mena à part sur une haute montagne.
« Et il fut transfiguré en leur présence. Son visage devint resplendis-
« sant comme le Soleil, et ses habits devinrent éclatants comme la
« Lumière.
« En même temps, Moïse et Élie apparurent, qui s'entretenaient avec
« lui.
« Alors Pierre, prenant la parole, dit à Jésus : Seigneur, il est bon
« que nous demeurions ici ; si tu veux, faisons-y trois tentes, une pour
« toi, une pour Moyse, et une pour Élie.
« Comme il parlait encore, une nuée resplendissante les couvrit ; et
« tout d'un coup une voix sortit de la nuée, qui dit : C'est ici mon fils
« bien-aimé, en qui j'ai mis toute mon affection ; écoutez-le.
« Ce que les disciples ayant entendu, ils tombèrent le visage contre
« terre, et furent saisis d'une très-grande crainte.
« Mais Jésus s'approchant les toucha, et leur dit : Levez-vous, et
« n'ayez point peur.
« Alors, levant les yeux, ils ne virent plus que Jésus seul.
« Et comme ils descendaient de la montagne, Jésus leur commanda,
« disant : Ne dites à personne ce que vous avez vu, jusqu'à ce que le
« Fils de l'Homme soit ressuscité des morts (1). »

Le Fils de l'Homme est-il donc aujourd'hui ressuscité des morts, que nous comprenons si bien ce que nos pères ne comprirent jamais ?

CHAPITRE XLIX.

SUITE.

Donc il me passa dans la tête quelque chose comme si j'avais à remplir devant ces Anglais le rôle de S. Paul parlant du *Dieu inconnu* devant l'Aréopage.

---

(1) S. Matthieu, ch. XVII, v. 1-9.

Pour la première fois une Assemblée en Angleterre entendit ce que nos prolétaires de France avaient si souvent acclamé sous le nom de Triade.

« Pourquoi, m'écriai-je, ces *trois hommes* : Saint-Simon, Robert Owen, Fourier, ont-ils paru en même temps à notre époque, avec le caractère de Révélateurs? »

Et je repris :

« Pourquoi y a-t-il trois rayons dans la Lumière?

« Pourquoi les sept rayons que votre Newton avait cru décomposer par le prisme se sont-ils réduits à trois sous l'œil de Brewster?

« La même loi se retrouve dans l'esprit humain... »

Mais, comme je n'ai nullement l'idée de refaire ici, à la façon des anciens ou à la façon de M. de Lamartine, le Discours que je prononçai, je te renvoie, mon cher Louis, à ma *Lettre au Docteur Deville* (1), où j'ai développé ce sujet.

Je ne sais si je fus bien compris de ces auditeurs, dont un grand nombre au moins entendait notre langue, ou s'ils jugèrent de mon *speech* par l'animation que j'y mettais. Ce que je sais, c'est que je fus couvert d'applaudissements.

CHAPITRE L.

LES TROIS RÉVÉLATEURS DU SOCIALISME DANS LA MÊME GLOIRE.

Je vois avec plaisir que mon idée d'unir Saint-Simon, Robert Owen, et Fourier, *dans la même gloire*, comme disent les Chrétiens, a déjà passé l'Océan.

---

(1) Dans l'*Espérance* : Jersey, 1858.

Je lis dans l'*Echo Français* de New-York :

« On sait que Pierre Leroux considère Robert Owen
« comme un des trois initiateurs du Socialisme. Il le re-
« garde comme complétant Saint-Simon et Fourier. Ces
« trois philosophes représentent à ses yeux une TRIADE
« humanitaire, dont chacun des termes répond aux trois
« mots de la devise de la Révolution Française : LIBERTÉ,
« ÉGALITÉ, FRATERNITÉ, etc. (1) »

CHAPITRE LI.

OVATIONS EN FAVEUR DU SOCIALISME.

Je ne quittai l'assemblée qu'après avoir écouté plusieurs des orateurs qui parlèrent après moi, et je n'entendis qu'éloges de Robert Owen, auxquels on mêlait les noms des penseurs de la France.

Il est évident que M. Mill n'était pas le seul dont le Socialisme eût troublé la tête (2).

Ceci me ramène à cette vérité que je t'ai déjà exprimée, mon cher Louis. Avant le Coup-d'Etat et même après le

---

(1) *L'Echo Français de New-York*, numéro du 8 décembre 1858.

(2) NOTE AJOUTÉE EN IMPRIMANT : Il y a des personnes qui ne peuvent pas concevoir que le Socialisme ait troublé, et si fort, tant de bonnes têtes : cela les passe! Hier, dans la boutique d'un libraire, j'ouvris un volume intitulé *Etudes critiques sur la littérature contemporaine*, par M. Edmond Schérer, et tombai sur un article consacré à JOHN STUART MILL, celui précisément dont nous nous occupons. J'y lus : « L'esprit et « les vues de M. Mill se sont développés sous l'action de plusieurs « influences successives. » Le critique énumère ces influences, et ajoute : « *Il n'est pas*, ENFIN, *sans avoir éprouvé la séduction des systèmes « socialistes Français!* » Cette réflexion naïve m'a fait sourire. — (1863).

Coup-d'Etat, mais avant les *œuvres* de Mazzini, l'Angleterre était dans la voie d'une Réforme Socialiste.

CHAPITRE LII.

A TOUT SEIGNEUR TOUT HONNEUR.

A tout seigneur tout honneur! Commençons, pour te le prouver, par le prince Albert.

Ce prince évidemment tournait au Socialisme; je ne sais à quoi tournait la reine : peut-être étaient-ils deux en un, comme M. Mill et sa femme.

Je plaisante, et j'ai tort.

Et pourquoi donc, je vous le demande, la reine n'aurait-elle pas partagé les inspirations de son époux? Mais savez-vous bien que la reine, en se faisant Socialiste, n'aurait fait que suivre l'exemple de son père? Robert Owen ne se vantait-il pas, preuves en main, d'avoir eu pour disciple le duc de Kent?

CHAPITRE LIII.

LE PRINCE ALBERT.

Ce qui est certain, c'est que le prince Albert révélait la force de sa conviction dans des phrases admirables.

Tiens! en voici une dont il me souvient :

« Nous vivons à l'époque de la plus merveilleuse transi-
« tion, d'une transition qui tend rapidement à accomplir
« cette grande fin à laquelle toute l'histoire converge, *la
« réalisation de l'unité du Genre Humain.* »

Qui a dit cela? Ce n'est pas moi, quoi qu'il semble. C'est... le prince Albert.

En voici une autre où on sent la forte préoccupation de ce prince, qui prêta un si puissant appui à ma théorie du *Circulus :*

« L'homme, fait à l'image de Dieu, a une grande et sa-
« crée mission à accomplir sur la terre : c'est de *découvrir*
« *les lois par lesquelles le Tout-Puissant gouverne sa créa-*
« *tion*, et, en faisant de ces lois son étendard d'action, de
« *conquérir la nature pour son propre usage*, étant lui-même
« *un divin instrument.* »

Je te le demande à toi qui, de tes *nobles* mains (jamais on ne donnera plus justement cette épithète), qui de tes nobles mains, dis-je, et sans te soucier des plaisants, préparas si souvent à la terre l'engrais qui sauvera des millions d'hommes condamnés par Malthus à sortir en toute hâte du banquet de la vie, peut-on exprimer mieux et en termes plus profonds la Loi de la Nature, la loi du *Circulus ?*

CHAPITRE LIV.

LE RÉVÉREND M. KINGSLEY.

C'était le temps, en effet, où M. Kingsley portait cette théorie en Angleterre, et où, au nom de l'idée philosophique, en me citant, en ne craignant pas, comme Victor de Tulle, de me citer, il attaquait dans ses livres, dans les journaux et dans la chaire, le colosse Malthus, dont la loi homicide pesait depuis soixante ans sur toutes les intelligences, sur tous les cœurs.

CHAPITRE LV.

M. WARD.

Et après le prince Albert, après M. Kingsley, citerai-je un homme de pratique, un esprit philosophique sans doute, mais tourné vers l'industrie; citerai-je M. Ward, qui, en présence des membres du *General Board of Health* et d'autres hommes spéciaux, me dit avec tant d'effusion : « La France n'a pas compris votre théorie du *Circulus*, « nous allons l'appliquer » ?

Et en effet, ce que certains Français, aujourd'hui encore, s'acharnent à appeler une idée Anglaise, est une idée Française.

CHAPITRE LVI.

UN TEMPLE A MANCHESTER.

Mais était-ce le seul emprunt que l'Angleterre me fît alors ? Oh ! non.

« Allez à Manchester, me dit Jules Lechevalier la première fois que je le revis; allez à Manchester, vous y entendrez prêcher votre Doctrine de l'Humanité par un membre du Parlement (1), qui a ouvert un temple et a rempli toutes les formalités nécessaires pour l'établissement d'un culte. »

Je n'allai pas à Manchester; mais je sais bien que ma Doctrine de l'Humanité, qui n'est pas mienne en ce sens

---

(1) M. Bright.

que c'est la pensée profonde de toutes les grandes religions et de toutes les grandes philosophies, sera un jour enseignée non pas à Manchester seulement, mais sur toute la terre.

CHAPITRE LVII.

L'ARISTOCRATIE ANGLAISE.

Et encore une fois, si on était monté à ce diapason en Angleterre, ce n'était pas dans la *Mob*, c'était dans la *Gentry*, dans la *Nobility*; c'était aussi au Barreau. Pourquoi n'ajouterais-je pas, ce qui est vrai : c'était dans le Clergé dissident et jusque dans l'Eglise Anglicane, même dans la *High Church*?

Oh! l'Aristocratie Anglaise évite avec sagesse la route où l'Aristocratie Française a trouvé sa ruine. Au lieu de lutter obstinément contre le progrès pour être vaincue par lui, elle s'efforce, quand les signes des temps lui paraissent venus, de prendre la direction des esprits, afin de se conserver et de tourner le progrès en sa faveur.

La réforme de Peel était déjà oubliée, c'était un fait accompli : il s'agissait d'une autre réforme!

Aller au-devant du Socialisme, pour n'en être pas envahi, tel était le programme. Les quelques nobles esprits avec lesquels il m'a été donné de m'entretenir à Londres m'ont bien expliqué cela. Ils voulaient, en accueillant les vérités assez mûres pour devenir pratiques, prévenir toute révolution violente, et ils se croyaient sûrs d'y réussir.

L'Angleterre est le pays des applications, et je n'avais pas eu tort de fonder mes espérances sur ce pays.

Il y a plus : aujourd'hui même, après tout ce que j'ai

éprouvé, je serais fâché de n'avoir pas été en Angleterre et de n'avoir pas vu ce dont j'ai été témoin.

CHAPITRE LVIII.

LA COOPERATIVE LEAGUE.

Te parlerai-je maintenant du mouvement politique qui se préparait pour amener la réalisation pratique du Socialisme?

La ligue de Cobden, je viens de te le dire, avait accompli son œuvre. Déjà une autre ligue était formée; et quel était le nom de cette nouvelle ligue? *Cooperative League.*

Il s'agissait de faire voter au Parlement des lois en faveur du *travail coopératif,* c'est-à-dire en faveur de l'association, de l'association ouvrière, ou, pour mieux dire, de l'association humaine autour de tous les instruments de travail.

Des hommes de probité, de mérite, de fortune, M. Vansittart-Neale, neveu, je crois, du célèbre Vansittart; M. Coningham, que sa ville natale, Brighton, a envoyé l'an dernier (1) au Parlement; le jeune lord Gooderich, fils de l'ancien ministre des finances de ce nom et gendre de lord Gray, et d'autres encore, s'étaient mis à la tête de cette ligue.

La *Ligue* devait devenir le centre de ralliement de tous les efforts tentés pour populariser l'*Association,* sous cette double forme : Association *dans la production,* Association *dans la consommation.*

---

(1) 1857.

En attendant que les associations ouvrières pour la production s'étendissent hors du cercle où il est facile de les établir, les membres de la *League* se montrèrent disposés à soutenir les réclamations des travailleurs sous toutes les formes qu'elles pourraient revêtir.

Les ouvriers mécaniciens s'étaient mis en grève. Le jeune lord Gooderich se fait leur *trustee*. Les ouvriers soutinrent la grève pendant six mois, et dépensèrent dans cette lutte une somme énorme, cent mille livres sterling, je crois.

En même temps un des plus forts légistes de l'Angleterre, M. Ludlow, un descendant de l'illustre Ludlow, prenait en main leur cause, faisait pour leur justification des lectures publiques, et écrivait en leur faveur un livre remarquable.

Un des plus profonds penseurs de l'Angleterre, sous la forme d'un théologien, se joignait à lui.

Cependant les associations pour la consommation, c'est-à-dire pour supprimer les intermédiaires entre le producteur et le consommateur, et mettre un frein à tous les gains illégitimes, commençaient à pulluler à Londres et dans les comtés.

M. Vansittart-Neale avait surtout provoqué la formation de ces sociétés. Elles se répandaient à vue d'œil.

Tel était l'état des choses lorsqu'une catastrophe subite arriva.

En six mois, que dis-je! en six semaines, tous ces établissements tombèrent.

M. Vansittart-Neale se vit forcé de renoncer à son œuvre.

La Ligue fut dissoute avant d'avoir rien fait.

M. Coningham se présenta à l'élection de Londres, et ne réussit pas.

Le jeune lord Gooderich fut nommé dans un comté, mais se tint silencieux, ou à peu près, dans le Parlement.

M. Ludlow se replongea dans les affaires, et son ami le théologien s'enferma, je le présume, dans la théologie (1).

Quant à M. Kingsley, cet esprit éminent, prédicateur, poète, et écrivain populaire, un peu déconcerté de cet étonnant revers, il chercha, le volage (du moins je le soupçonne), à se frayer une autre voie, à se faire une autre tradition, à se présenter au public, qui l'aime parce qu'il est éloquent et doué du charme d'écrire, sous de nouveaux auspices.

Mais comment s'accomplit si subitement un si grand changement? Pourquoi tant d'espérances trompées!!! Quel vent funeste a soufflé sur ces fleurs, les a brûlées, a désséché ces germes?

CHAPITRE LIX.

UN SINGULIER PERSONNAGE.

Il était près de minuit quand je quittai le *meeting*. Je suivais mon chemin, n'ayant, malgré les émotions que je venais d'éprouver, que pensées mélancoliques (c'était assez mon habitude), quand j'entendis quelqu'un prononcer derrière moi, en me les adressant, ces étranges paroles : « *Adieu, paniers! vendanges sont faites.* »

---

(1) Si je ne me trompe, c'est ce même théologien qui, après avoir publié deux volumes sur *les Devoirs de l'homme*, dont on annonce en ce moment une traduction, a écrit les *Méditations sur l'Éternité*, qui ont paru sous les auspices de la reine Victoria, et qui ont eu dernièrement tant de retentissement en Angleterre et en France. Par la nature des idées, ce théologien-là est fort de nos amis. (1863.)

Je me retournai brusquement, et je vis un homme d'une haute taille, d'un visage plein et gracieux, avec des yeux magnifiques, une prestance admirable, et l'air le plus doux et le plus aimable que j'aie rencontré de ma vie.

Je connaissais tous ces avantages de sa personne, pour lui avoir serré la main quelques instants auparavant, lorsqu'il m'avait été présenté par le Docteur dont je t'ai parlé, lequel voulait bien me servir d'acolyte. J'avais eu à son sujet l'entretien que tu vas lire.

CHAPITRE LX.

QUEL ÉTAIT CE PERSONNAGE.

« Quel est, dis-je au Docteur, ce monsieur qui est si avenant et qui a un air si distingué?

— C'est un des hommes les plus fortement pénétrés de la doctrine d'Owen, du moins quant à ce point que ce monde est un *Lunatic Asylum*. Je l'ai entendu souvent parler fort éloquemment à ce sujet. Mais quant à la réforme proposée par le Maître, et même à toute autre réforme, il n'y croit guère.

— Et à quoi croit-il?

— Il croit au fait du *Lunatic Asylum*, et mène la vie en conséquence. La nature, du reste, l'a bien doué. Il a des talents très-divers. Si je vous disais que c'est un de nos romanciers à la mode?....

— Je le croirais.

— Et si j'ajoutais que c'est un auteur de théâtre, et un auteur heureux?

— On a vu ces talents réunis.

— Si j'ajoutais encore qu'il est au besoin acteur lui-même, qu'il vit au milieu des acteurs et des actrices, qu'il parcourt souvent l'Angleterre avec des troupes de comédiens?

— Shakespeare et Molière étaient directeurs de théâtre.

— Mais si je terminais en vous disant qu'il a encore un autre métier?

— Lequel?

— C'est délicat pour vos oreilles Françaises. »

En ce moment Robert Owen commençait son discours. Le Docteur se tut, et je n'en pus savoir davantage.

CHAPITRE LXI.

ADIEU, PANIERS! VENDANGES SONT FAITES.

Je me tournai donc, comme je viens de te le dire, vers ce personnage.

— « Ah! c'est vous, lui dis-je; je vous fais mon compliment. Vous connaissez nos proverbes. Celui que vous venez de citer est des plus jolis.

— J'ai été élevé en partie en France, et j'y fais de fréquents séjours.

— Mais, continuai-je, que voulez-vous me faire entendre avec ce proverbe? »

Il s'approcha tout près de moi, et d'un air courtois : — « Vous devez me comprendre : ce bonhomme Robert Owen, dont nous venons de célébrer le quatre-vingt-troisième anniversaire, peut vivre jusqu'à cent ans; toutes ces vieilles coquettes qui étaient là et tous ces beaux *gentlemen* ne lui feront plus pareille fête. La terreur règne déjà dans la Cité; et il s'agit de savoir si vous autres *n'irez pas tous en Amérique.*

CHAPITRE LXII.

L'HALLALI VA SONNER.

— Que m'annoncez-vous? m'écriai-je.

— Ne vous êtes-vous pas aperçu que, malgré l'adhésion de tous les assistants aux idées Socialistes, il régnait une certaine tristesse et une grande inquiétude dans l'assemblée que nous venons de quitter?

— J'ai la vue basse, répondis-je en riant; mais d'ailleurs qui peut deviner vos secrets, messieurs les Anglais?

— J'ai grande compassion, continua-t-il, de vous tous que l'exil a amenés en ce pays. L'opinion vous a été d'abord favorable; mais une réaction se prépare. Dans quinze jours d'ici, ni vous ni Cabet ne seriez invités à pareille fête, ou plutôt cette fête n'aurait pas lieu, ou n'amènerait que quelques rares partners. L'hallali contre vos idées va sonner, et ce sont deux renards... »

Il s'interrompit.

— « Eh bien! vous vous taisez? » lui dis-je.

CHAPITRE LXIII.

SITUATION DE L'ANGLETERRE.

Il se rapprocha encore de moi.

— « Eh quoi! ne comprenez-vous pas dans quelle situation grave se trouve l'Angleterre? J'ai vu bien des crises politiques, je n'en ai jamais vu de pareille. Voilà trois ans que nous examinons comment votre Révolution se terminera. Deux partis, tous deux en expectative, se sont assez nettement dessinés.

L'un de ces partis pourrait passer pour avoir à sa tête, au moins secrètement, le mari de la Reine, le prince Albert. Mais vous savez que le soin de la Reine a toujours été et sera toujours d'empêcher son mari de jouer un rôle actif dans la politique.

L'autre parti n'a pas de chef plus habile que Lord Palmerston, l'homme qui compte sur les incidents.

Palmerston a en ce moment le dessous, ce qui ne l'empêchera peut-être pas d'avoir le dessus demain.

Son système est de continuer l'*alliance*, comme au règne de Louis-Philippe. Seulement l'opinion le gêne horriblement, et la cour est contre lui. Pourtant on parle d'incidents qui pourraient le favoriser. La Russie, dit-on, ne veut pas en France de dynastie nouvelle. Vous comprenez ce qui peut résulter de là.

En attendant, pour vous parler franc, nous ne savons ce que nous devons faire de vous.

— Je le vois bien, lui répliquai-je. Ce n'est pas l'exemple que la France a donné en recevant chez elle tous les vaincus de la fortune.

— Ni, ajouta-t-il, l'exemple fourni par nos pères, lorsqu'ils accueillirent avec tant de générosité et d'empressement vos émigrés. Mais devons-nous faire comme eux? Ce serait aboutir peut-être ou plutôt certainement où ils ont abouti, à une guerre contre la France. Sommes-nous en mesure pour cela?

CHAPITRE LXIV.

SUITE.

Il est pourtant évident, continua-t-il, si l'opinion ne change pas, si le *Times* et les autres journaux s'obstinent à parler comme ils parlent, que la guerre doit éclater tôt ou tard, ou plutôt très-prochainement, et qu'un pareil discord ne peut se terminer qu'à coups de canon. Mais il y a un fait, c'est que le Coup-d'État ne s'est pas fait sans notre participation.

— Vraiment! » m'écriai-je.

Il se reprit :

« Ah! ça mais, vous ne savez donc rien des secrets de la diplomatie?

— Je n'ai pas été à même de connaître ces secrets-là.

— Je vous affirme que le Coup-d'État ne s'est pas fait sans l'intervention plus ou moins active de tous les cabinets de l'Europe. Comment l'Angleterre n'en aurait-elle point pris sa part?

— L'Angleterre! dis-je.

— L'Angleterre ne sait pas toujours ce qu'on lui fait faire. La politique extérieure est couverte de grandes ténèbres, même dans les pays de gouvernement représentatif. En tout cas, soyez sûr que cela ne viendra pas devant le Parlement. Et c'est peut-être ce qui vous sauvera d'un *alien bill*, car la discussion pourrait amener des révélations qu'on tient à éviter.

— Je savais bien, dis-je, je savais, dès Paris, que la Russie...; mais l'Angleterre!

— La seule présence des agents de Carlier ici devrait vous le dire. Carlier n'est-il pas à la tête d'une *Police générale de l'Europe*? Nous étions si bien prévenus du Coup-d'État, que nous l'attendions pour le 7 décembre; c'était le jour fixé. On en a avancé le terme en France, à cause de la loi sur la responsabilité, qui ne plaisait pas et qui pouvait embarrasser.

CHAPITRE LXV.

SUITE.

Enfin, poursuivit-il, le Coup-d'État a eu lieu, au grand contentement de toutes les Cours; mais le *modus faciendi* n'a point plu à toutes, et surtout à la nôtre. Palmerston a eu contre lui, et a encore... »

Je l'interrompis :

« Assez! assez, lui dis-je. Vous êtes poète de théâtre : est-ce une tragédie ou une comédie que vous entreprenez de me raconter?

— C'est un drame, repartit-il : il y a du tragique et du comique.

— Et comment ce drame se terminera-t-il? voilà ce qui m'intéresse. Pourriez-vous me le dire?

— Qui pourrait dire avec assurance le dénouement des drames qui se passent dans le *Lunatic Asylum!* (Il riait en disant cela.) Mais, quant à la péripétie du moment, je vais vous la faire connaître. Ce drame va se dénouer en vous immolant. Vous serez sacrifiés ici comme en France; le plus affreux, c'est que le sacrificateur, ici, sera un des vôtres! Mazzini n'est-il pas des vôtres?

— Il passe pour tel, dis-je.

— Mazzini *a tiré son épingle du jeu.*

— Encore un proverbe! dis-je en moi-même. »

CHAPITRE LXVI.

AS TO ME, I AM NOT SOCIALIST.

Nous étions arrivés, ainsi causant, à ce pont (le nom m'échappe) qui se bifurque en trois branches, dont l'une est coupée en deux voies par une grille de fer. Là nous nous séparâmes.

Après l'avoir quitté, je me trouvai dans la rue (voisine du pont) où était, où est peut-être encore le bureau du *Leader* (si le *Leader*, ce dont je me soucie peu, continue à paraître).

J'avisai une taverne, moitié taverne, moitié café français, où je savais que je trouverais ce journal.

J'entre, je prends le *Leader*, et, l'ouvrant, je tombe sur cette phrase :

As to me, I am not Socialist.

Quant à moi, je ne suis pas Socialiste.

Je regarde le titre de l'article : c'est un Discours prononcé devant la *Société des Amis de l'Italie*.
L'orateur, *Mazzini.*

En effet, dis-je, en jetant le *Leader*, l'homme avec qui je viens de m'entretenir avait raison, Mazzini *a tiré son épingle du jeu.*

CHAPITRE LXVII.

COMMENT M. MILL N'AVAIT DIT QUE LA VÉRITÉ OU CE QU'IL CROYAIT LA VÉRITÉ.

Sorti, je tombai de cette rue dans *Fleet Street* ; c'était le chemin que j'avais suivi pour aller à *East India House.*

Je pensai alors à M. Mill et à cette phrase que toute mon intelligence n'avait pu comprendre :

« Je ne crois pas que M. Pierre Leroux puisse rester « en Angleterre. »

Je la compris à la fin, cette phrase, et je vis que M. Mill n'avait fait aucun mensonge, et n'avait dit que ce qu'il pensait.

CHAPITRE LXVIII.

M. MILL EST ENFIN EXPLIQUÉ.

Enfin M. Mill nous est expliqué.
Voici ce qui a dû se passer dans son esprit.
Il s'est dit :

« Je voudrais bien être utile à M. Leroux, auquel je me souviens d'avoir écrit certaine lettre.

« Mais je ne puis oublier que je suis secrétaire de l'honorable Compagnie des Indes. Ma place m'oblige. Je ne suis pas libre de suivre en tout et toujours mes inclinations. Je représente. Je tiens au gouvernement de S. M. la Reine Victoria.

« Or j'ai appris hier que lord Palmerston, qui dirige nos affaires extérieures, est un des fauteurs du Coup-d'État.

« Le ministère est aujourd'hui divisé, mais on ne sait ce qui peut sortir de là, et je crains de me compromettre...

« Moi ! non ;... mais la Compagnie des Indes....

« Définitivement il est bon que je mette une barrière entre ce malheureux Socialiste et moi. »

Et M. Mill était déjà tout prêt à mettre cette barrière, lorsqu'une autre peur le saisit.

CHAPITRE LXIX.

SUITE.

Cette fois, c'était la peur Mazzinienne.

« Qui aurait pu s'attendre, se dit-il, à ce revirement de l'opinion ? Personne aujourd'hui ne veut plus s'avouer Socialiste. Combien se targuaient de ce titre, qui mettent leur cocarde dans leur poche !

« Qu'ai-je entendu hier 11 février, dans un discours prononcé par Mazzini devant la *Société des Amis de l'Italie?* N'ai-je pas entendu dire que le Socialisme Français n'est qu'*un ramas impur de conceptions réactionnaires, étroites, impuissantes,* et que ce sont ces *absurdes conceptions* qui, *brisant en France tout lien moral d'unité, supprimant tout pouvoir de dévouement, ont conduit, à travers l'anarchie intellectuelle et une égoïste terreur, à*... je n'ai pas besoin de rien ajouter.

« Diable ! Diable ! que va devenir le Socialisme ?

« Mazzini est véritablement très-puissant ici ; il y avait beaucoup de monde à son Thé ; le *Leader* insère aujourd'hui sa diatribe tout au long ; elle va être répétée dans vingt autres journaux, elle intéresse notre orgueil national.

« Après tout, je suis Anglais avant d'être Humanitaire. »

Et devant cette persécution, M. Mill fit comme S. Pierre, il renia le Socialisme.

CHAPITRE LXX.

SUITE.

Suppose, mon cher Louis, qu'une épidémie règne. Un homme fort et plein de santé tombe subitement comme frappé de la foudre.

Tout le monde dira en ce cas : « Cet homme est mort de l'épidémie. Il y a dans l'air un fléau qui a frappé cet homme. »

Et on ne s'étonnera pas qu'il soit mort dans la force de l'âge, et quand il paraissait fait pour durer longtemps.

Il en est au moral comme au physique.

M. Mill est assurément un des esprits les plus éminents de l'Angleterre. Sa lettre le prouverait, ses écrits en sont un témoignage, la réputation dont il jouit achève de le démontrer.

Et pourtant, quelle chute!

Comment expliquer un pareil phénomène, sinon par une cause générale, extérieure, qui est venue s'enter pour ainsi dire sur la nature de M. Mill, détruire son organisation, anéantir son être?

Mais, s'il a régné en effet à Londres une cause pareille, l'étonnement cesse, la défaite morale de M. Mill s'explique, le phénomène rentre dans les lois ordinaires.

CHAPITRE LXXI.

LE CHOLÉRA MORAL A LONDRES.

Eh bien, oui! en effet, après le Coup-d'État, il y a eu une épidémie morale à Londres. Et cette épidémie venait de deux causes :

La participation secrète du Gouvernement Anglais dans le Coup-d'État, participation qui commençait à percer pour les gens clairvoyants ou bien informés ;

Et l'attaque violente, acharnée, atroce, de Mazzini contre les victimes du Coup-d'État.

CHAPITRE LXXII.

LES DEUX TÊTES DE MÉDUSE.

La peur ! la peur ! Je ne connais point de passion plus triste, plus destructive de notre honneur, plus cruelle à nous-mêmes et plus féroce aux autres.

J'ai vu… j'ai vu la moitié de la France prête à exterminer l'autre *par peur !*

Le Gouvernement et la Cité confédérés, sans qu'il y parût, pour l'extermination du Socialisme, quelle découverte !

Palmerston et Mazzini, deux têtes de Méduse, une à droite, l'autre à gauche, comme je disais en commençant !

Je vous demande s'il n'y avait pas là pour M. Mill de quoi trembler ?

Une peur froide, glacée, constringente, et venant par petites bouffées, sortait du palais de White-Hall, et le prenait à la gorge, tandis qu'une autre peur, semblable à la fièvre chaude, s'exhalant par bourrasques des *Thés* des *Amis de l'Italie*, envahissait son cerveau et oblitérait ses fonctions intellectuelles.

CHAPITRE LXXIII.

DE TROIS CHOSES EN FEREZ-VOUS UNE?

Décidément j'en ai assez vu... Il se fait tard... Laissons toutes ces paperasses sur ma table, et allons nous coucher.

De trois choses en ferez-vous une? C'est ce qu'on dit à ceux qui sont pris aux petits jeux. On leur cherche les trois choses les plus désagréables. Ils hésitent ; on leur dit : Choisissez ! choisissez donc !

Des trois choses qu'on me propose, je n'en trouve pas une de mon goût.

Il est très-peu probable que j'emploie le reste de mes jours à lire la Bible ;

Encore moins probable que je me décide à faire de la politique active ;

Et je trouve odieux d'écrire mes mémoires.

Jersey, 1858.

FIN DU LIVRE PREMIER ET DU TOME PREMIER.

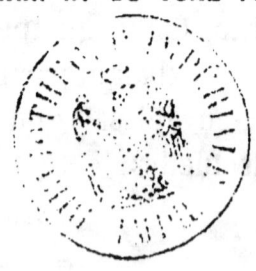

www.ingramcontent.com/pod-product-compliance
Lightning Source LLC
Chambersburg PA
CBHW070929230426
43666CB00011B/2367